VEREDAS PSICANALÍTICAS

CONSELHO EDITORIAL
André Luiz V. da Costa e Silva
Cecilia Consolo
Dijon De Moraes
Jarbas Vargas Nascimento
Luís Augusto Barbosa Cortez
Marco Aurélio Cremasco
Rogerio Lerner

Blucher

VEREDAS PSICANALÍTICAS

À sombra de Winnicott

Alfredo Naffah Neto

2ª edição
Revista e ampliada

Veredas psicanalíticas: à sombra de Winnicott
© 2017 Alfredo Naffah Neto
1ª edição – Novas Edições Acadêmicas, 2017
2ª edição – Editora Blucher, 2023
Editora Edgard Blücher Ltda.

Publisher Edgard Blücher
Editores Eduardo Blücher e Jonatas Eliakim
Coordenação editorial Andressa Lira
Produção editorial Kedma Marques
Preparação do texto Ana Lúcia dos Santos
Diagramação Thaís Pereira
Revisão de texto Ana Maria Fiorini
Capa Laércio Flenic
Imagem da capa iStockphoto

Blucher

Rua Pedroso Alvarenga, 1245, 4º andar
04531-934 – São Paulo – SP – Brasil
Tel.: 55 11 3078-5366
contato@blucher.com.br
www.blucher.com.br

Segundo o Novo Acordo Ortográfico, conforme 6. ed. do *Vocabulário Ortográfico da Língua Portuguesa*, Academia Brasileira de Letras, julho de 2021.

É proibida a reprodução total ou parcial por quaisquer meios sem autorização escrita da editora.

Todos os direitos reservados pela Editora Edgard Blücher Ltda.

Dados Internacionais de Catalogação na Publicação (CIP)
Angélica Ilacqua CRB-8/7057

Naffah Neto, Alfredo.
   Veredas psicanalíticas : à sombra de Winnicott / Alfredo Naffah Neto. - 2. ed. rev. e ampl. -- São Paulo : Blucher, 2023.
   p. 294
   Bibliografia
   ISBN 978-65-5506-594-7

   1. Psicanálise 2. Winnicott, Donald Woods, 1896-1971 I. Título

23-3484   CDD 150.195

Índices para catálogo sistemático:
1. Psicanálise

Apresentação

Guimarães Rosa descreve a "vereda" como uma espécie de oásis verde e fértil, no meio das chapadas; numa de suas cartas ao tradutor italiano das suas obras, ele nos diz:

> *Mas, por entre as chapadas, separando-as (ou, às vezes, mesmo no alto, em depressões no meio das chapadas) há as veredas. São vales de chão argiloso ou turfo-argiloso, onde aflora a água absorvida. Nas veredas há sempre o buriti. De longe, a gente avista os buritis, e já sabe: lá se encontra água. A vereda é um oásis. Em relação às chapadas, elas são, as veredas, de belo verde-claro, aprazível, macio. O capim é verdinho-claro, bom. As veredas são férteis. Cheias de animais, de pássaros. (Sant'anna Martins, 2001, pp. 520-521)*

Meus encontros com Winnicott, como psicanalista, aconteceram sempre no âmbito de uma hospedagem generosa: sentia-me sempre convidado a adentrar alguma *vereda* desconhecida, com água, comida e sombra abundantes, em momentos em que eu morria de sede, fome e insolação, em meio a algum deserto (ou acidente de percurso), seja conceitual ou clínico. Adentrar essas veredas possibilitava-me, então, explorá-las em todos os seus rincões e, assim, torná-las também um pouco *minhas*.

Os relatos dessas minhas andanças foram, desse modo, traduzindo-se em vários artigos, que constituem, por assim dizer, o que de melhor produzi nos últimos 25 anos de labor psicanalítico. À medida em que iam surgindo, iam sendo publicados em diferentes revistas de psicanálise.

Retomar, agora, alguns desses textos antigos para revisá-los, ou mesmo reescrevê-los, a fim de publicar esta coletânea livro constitui uma tarefa difícil e, por vezes, dúbia. Eliminam-se as inevitáveis repetições? Optei por não as eliminar, para que cada capítulo continue sendo uma totalidade autossuficiente, e o leitor possa lê-lo, independentemente da leitura dos outros, na seleção e ordem que lhe aprouver, em respeito, pois, à liberdade de leitura de cada um. Peço desculpas àqueles que forem atravessar o livro de ponta a ponta.

Alguns títulos originais foram alterados, porque, muitas vezes, eles tinham a ver com o nome da coletânea na qual estavam inseridos na primeira publicação. Também a minha leitura de Winnicott foi-se alterando ao longo dos anos, tornando-se mais refinada e sutil, o que me obrigou a modificar partes de alguns textos, especialmente dos mais antigos.

Para a segunda edição da coletânea, os artigos foram novamente revisados e alterados em algumas partes, além de sofrerem acréscimos importantes. Além disso, foi adicionado o último texto, sobre a reconstrução do ambiente traumatogênico na clínica winnicottiana, que não aparecia na primeira edição do livro.

A finalidade maior desta coletânea é facilitar a vida do leitor interessado nos meus escritos winnicottianos e desobrigá-lo a ir atrás de diferentes revistas psicanalíticas, de instituições diversas e de períodos também diferentes, às vezes até difíceis de encontrar, como tem acontecido até agora. Ainda assim, não foi fácil escolher, dentre todos os artigos produzidos, aqueles que poderiam caber num livro e formar um mosaico significativo. Mas foi norteado por esses critérios que escolhi os que aqui se encontram.

Também compete avisar ao leitor que as datas da publicação original das obras de Winnicott (que aparecem colocadas em primeiro lugar nas citações) obedecem à catalogação temporal realizada em *Complete contents of the collected works of D. W. Winnicott* (2017), editado por Lesley Caldwell e Helen Taylor Robinson.

Espero que percorrer esses artigos possa gerar no leitor um desejo de ir às fontes originais, beber da mesma água que bebi, comer da mesma comida que experimentei e refrescar-se à mesma sombra generosa na qual pude descansar. Quiçá estas nunca serão as mesmas – diria Heráclito de Éfeso –, o que não impede, evidentemente, que cada um faça a sua própria experiência.

Tenho dito.

Alfredo Naffah Neto
Junho de 2023

Referências

Caldwell, L., & Robinson, H. T. (2016). *Complete contents of the collected works of D. W. Winnicott*. Oxford Academic.

Sant'anna Martins, N. (2001). *O léxico de Guimarães Rosa*. Fapesp/Edusp.

Prefácio

Alexandre Patricio de Almeida[1]

O mais importante e bonito, do mundo, é isto: que as pessoas não estão sempre iguais, ainda não foram terminadas – mas que elas vão sempre mudando.

Trecho de *Grande sertão: veredas*, de
João Guimarães Rosa, 2019, n.p.

---

[1] Psicanalista, mestre e doutor pelo programa de estudos pós-graduados em Psicologia Clínica da Pontifícia Universidade Católica de São Paulo (PUC-SP). Autor de diversos livros e artigos científicos, dentre eles *Perto das trevas: a depressão em seis perspectivas psicanalíticas* (Blucher, 2022) e *Por uma ética do cuidado, volumes 1 (Ferenczi) e 2 (Winnicott)* (Blucher, 2023). Membro da *International Winnicott Association* (IWA). Criador do podcast "Psicanálise de boteco". Atualmente, realiza um estágio de pós-doutorado na PUC-SP, trabalhando com a comparação das diferentes linhagens psicanalíticas.

Winnicott em fluxo: o oásis de um saber criativo

O meu encontro com Alfredo se deu em 2016, dentro do ambiente acadêmico, mais precisamente no interior das salas de aula do programa de estudos pós-graduados em Psicologia Clínica da Pontifícia Universidade Católica de São Paulo (PUC - SP), onde ele exerce a função de professor titular, "firme e forte", até os dias de hoje, orientando pesquisas sobre as diferentes linhagens psicanalíticas. Eu estava no início do mestrado e também, da minha vida como pesquisador – sem saber que esse percurso mudaria completamente os rumos da minha prática profissional.

Alfredo, então, foi a pessoa responsável por me apresentar às ideias do pediatra e psicanalista inglês D. W. Winnicott, que, naquela época, eu conhecia muito pouco, ou melhor, quase nada. Os meus estudos se concentravam, basicamente, nas teorias de Sigmund Freud e Melanie Klein. Desse modo, preferi ficar nas "bordas", aprendendo as singularidades das teses winnicottianas de forma lenta e gradual, enquanto debruçava-me sobre a perspectiva kleiniana – que havia sido o tema central da minha dissertação[2]. Após dois anos desse começo, decidi, por impulso e empolgação, emendar um doutorado, mas agora, desafiando-me a mergulhar, efetivamente, nas águas turvas de Winnicott. Mais uma vez, segui ao lado da companhia de Alfredo, que aceitou a empreitada de conduzir-me nesse oceano um tanto quanto emblemático e complexo.

Confesso, de antemão, que a particularidade mais admirável da sua didática, é a clareza com que ele consegue explicar os conceitos mais rebuscados da teoria winnicottiana. Isto é: Alfredo tem uma habilidade de "traduzir", em minutos e de maneira consistente, aquilo

---

2 A pesquisa, orientada por Alfredo, virou um livro publicado pela editora Zagodoni (2018), com o título *Psicanálise e educação escolar: contribuições de Melanie Klein*.

que ficamos horas "quebrando a cabeça" em busca de alguma compreensão. Ele faz isso como alguém que joga xadrez com maestria, movendo as peças do tabuleiro com segurança e precisão.

Dito de outro modo, a psicanálise "corre em suas veias"; foi apropriada e experienciada por ele no decorrer desse longo tempo de contínua atividade e produção científica. Tais aspectos são facilmente identificados pela leitura dos seus ensaios e, principalmente, por meio dos recortes da sua prática clínica – que ele utiliza tanto nas suas aulas quanto nos seus artigos, para exemplificar a dinâmica dos fenômenos psíquicos e a etiologia dos adoecimentos emocionais.

Trata-se, pois, de um registro *vivo* que costura, de modo artesanal, epistemologia e técnica. É essa postura, talvez, que diferencia o jeito de Alfredo dos demais professores que conheci no campo universitário. Além disso, ele *humaniza* a psicanálise, ao se afastar do jargão e do pedantismo – tão típicos em nossa comunidade. Porém, esse gesto não denota qualquer perda de rigor, tampouco excesso de benevolência. Pelo contrário: ele é bastante exigente com todos os seus alunos, assim como se cobra em sua própria produção escrita. De forma paradoxal, ele respeita o nosso tempo de criação. Afinal, o conhecimento é algo que deve ser apropriado pelo *self* e não uma conquista deslocada da unidade psicossomática, imposta de "fora para dentro" – como ele costuma dizer.

Por esses e outros critérios, o que o prof. dr. Alfredo Naffah Neto nos oferece em seu belíssimo *Veredas psicanalíticas: à sombra de Winnicott*, é um livro robusto e fundamentalmente claro, que agora ganha uma nova edição, produzida pelo selo de qualidade da editora Blucher e amplamente revisada pelo autor. Aliás, já estava na hora dessa obra ganhar o reconhecimento que merece, evidenciando o que há de mais rico no legado das suas "andanças" pelas ideias winnicottianas.

O percurso que nos convida o autor consiste em um caminho livre, sem roteiro prévio. Trata-se, pois, de uma coletânea de artigos produzidos nos últimos 25 anos de pura pesquisa psicanalítica. Alfredo optou por não eliminar algumas repetições, inevitáveis, para que cada capítulo "continue sendo uma totalidade autossuficiente" e os leitores possam lê-los, independentemente da leitura dos outros, na ordem que bem quiserem e pelos assuntos que mais lhe agradam. O nosso autor preza, assim, pela liberdade de leitura de cada um e, logo, pede desculpas àqueles que forem atravessar o livro do início ao fim.

Essa maneira de escrever sobre Winnicott e, também, sobre outros autores como Freud, Klein, Bion etc., pressupõe, obviamente, uma grande familiaridade com a totalidade dos seus respectivos pensamentos, porém, *ultrapassa* esse aspecto, à medida que se atenta para os pontos em que essas teorias se comunicam ou se distanciam. Com efeito, se distingue dos outros livros do gênero, que se limitam a exaltar as descobertas de Winnicott em detrimento dos demais pensadores. Não é isso que encontramos nessas páginas. Alfredo avança para muito além das trincheiras reducionistas e expande o que há de mais inovador no arcabouço do pediatra inglês, tocando em assuntos que muitos pesquisadores preferem evitar – atitude que acaba produzindo mais do mesmo em nossa área, lamentavelmente.

Portanto, caros leitores, não esperem um livro mediano, com construções rasas. Temos, em mãos, o mais puro néctar da herança winnicottiana que, em nenhum momento, nega a importância dos seus antepassados. Atravessamos, no decorrer desta obra, a história da psicanálise e, por conseguinte, nos deparamos com o peso da contribuição de cada um dos analistas que antecederam Winnicott – fator que ele próprio nunca deixou de reconhecer. Isso posto, resta-me apresentar a vocês, ainda que brevemente, a estrutura da obra, mencionando alguns trechos que merecem destaque.

Histórico, método e criatividade

> *Em qualquer tipo de artista podemos detectar, acho eu, um dilema inerente, o da coexistência de duas tendências: a necessidade urgente de se comunicar e a necessidade ainda mais urgente de não ser decifrado. Isso talvez explique o porquê de não podermos conceber o artista chegando ao fim da tarefa que ocupa toda sua natureza.*
> Winnicott, 1963/2022, p. 37

Toda vez que nos propomos a estudar a obra de um grande autor, é essencial considerar os fatores históricos, analisando os registros da sua biografia. Apenas assim, temos condições de localizar o seu pensamento no *tempo* e no *espaço*, formulando críticas ou acréscimos.

Em 1924, D. W. Winnicott estabelece o seu consultório particular. Tempos depois, no ano de 1927, ele se registra como candidato no Instituto de Psicanálise da Sociedade Britânica. Após dois anos, ele começa a participar das "Reuniões Científicas" dessa mesma instituição. Em 1931, publica "Nota sobre a normalidade e a ansiedade"[3], considerado o seu primeiro texto psicanalítico. Posteriormente, em 1933, termina a sua análise com James Strachey (tradutor das obras de Freud do alemão para o inglês), iniciada em 1923.

No ano de 1934, Winnicott é qualificado como psicanalista de adultos. E, nesse momento, podemos dividir o arcabouço teórico do autor em três períodos, conforme a proposta de Jan Abram (2018):

a. Fase um: abrange a sua definição de ambiente saudável e desenvolvimento individual (1935-1944). Lembrando que de 1935 até 1941, Winnicott realiza as suas supervisões de

---

3 Disponível no livro "Da pediatria à psicanálise" (Ubu, 2021).

atendimentos clínicos com Melanie Klein e é nomeado por ela como um dos cinco principais analistas kleinianos;

b. Fase dois: marcada pela noção de "fenômenos e objetos transicionais" (1945-1959). Em 1945, apresenta à comunidade psicanalítica, um dos seus textos mais importantes: "Desenvolvimento emocional primitivo"[4]. Nesse ensaio, ele defende o uso da prática psicanalítica, levando em consideração *o grau de integração* dos pacientes – concepção inédita até então. Além disso, é no ano de 1956, em que ele se torna, pela primeira vez, o presidente da Sociedade Britânica de Psicanálise.

c. Fase três: esse período está relacionado aos alicerces das suas teses sobre "o uso de um objeto" (1960-1971). Em 1960, apresenta o artigo "Distorção do ego em termos de *self* verdadeiro e falso *self*"[5], responsável por tingir as novas nuances da psicopatologia psicanalítica. No ano de 1963, Winnicott se aposenta do *Paddington Green Hospital*, onde trabalhou por quarenta anos, como pediatra e psiquiatra infantil. Em 1965, torna-se presidente da Sociedade Britânica de Psicanálise pela segunda vez. Falece no dia 25 de janeiro de 1971, em Londres, por conta de um ataque cardíaco.

Acredito que esse breve panorama seja suficiente para que os leitores tenham uma ideia de quem foi a *pessoa* D. W. Winnicott. Sem dúvida, um grande clínico e um teórico entusiasmado que desafiou os pressupostos da psicanálise ortodoxa, a começar pela sua desconsideração da dualidade instintual freudiana – instinto de

---

[4] Disponível no livro *Da pediatria à psicanálise* (Ubu, 2021).
[5] Disponível no livro *Processos de amadurecimento e ambiente facilitador* (Ubu, 2022).

vida *versus* instinto de morte. Winnicott não acreditava na incidência destrutiva do instinto de morte (*death instinct*) e isso fez com que ele reformulasse grande parte da epistemologia psicanalítica, mudando completamente os rumos da sua prática terapêutica. Além disso, ele não trabalhava com a existência de um "aparelho psíquico", pois a *natureza humana*, a seu ver, não podia ser compreendida de uma forma puramente mecânica e funcional, baseada apenas em fatores quantitativos e dinâmicos.

Todas essas alterações, que agitaram o edifício da nossa disciplina, fizeram com que a obra winnicottiana fosse compreendida através de partes separadas do todo. Explico melhor: diversos comentadores pegaram "pedaços" das ideias de Winnicott e realizaram interpretações sem considerar o contexto que as cercava. Foi o que aconteceu, por exemplo, com a questão da sexualidade; isto é, não é raro observar autores que afirmam que a linhagem winnicottiana despreza o papel da sexualidade infantil. Nada mais incoerente, pois o pediatra britânico tece uma hipótese bastante singular a respeito desse tema – característica que evidencia ainda mais a sua espontaneidade criativa. A mesma premissa se aplica a outros conceitos de Winnicott.

Esse, porém, é apenas um dentre os *diversos* mal-entendidos corriqueiros nesse território de pesquisa. E é exatamente sobre essas controvérsias que Alfredo se propõe a discorrer. Para tanto, ele divide a sua obra em quatro partes, agrupando os textos de acordo com os assuntos centrais que eles abordam.

Na parte I, intitulada "Winnicott na tradição psicanalítica", Alfredo situa o arcabouço winnicottiano em meio ao campo histórico-conceitual da psicanálise, articulando suas ideais, inclusive, com outros autores, como André Green, Wilfred Bion, René Roussillon, e outros mais clássicos e mais atuais. Assim, ele propõe a apresentação de quatro ensaios robustos. O primeiro deles aborda a "noção de experiência", para o autor inglês – esse, aliás, foi um dos trabalhos que eu mais utilizei ao longo da escrita do meu doutorado. Assinalando uma diferença basilar entre Winnicott e Freud, Alfredo afirma:

> *Winnicott, buscando interpretar o mesmo acontecimento do ponto de vista do bebê, pensaria diferentemente: o bebê não suga o dedo em busca de prazer, mas, sim, em busca do corpo materno – e como substituição ao mesmo –, a fim de prolongar o seu controle onipotente sobre o objeto, na tentativa de reassegurar-se de que pode recriá-lo sempre que dele necessitar. Suga o dedo para se sentir potente e confiante. É evidente que alguma sensação prazerosa advirá desse ato, e ela será registrada e apropriada pelo self, vindo a compor, mais tarde – junto com outras lembranças prazerosas, capazes de produzir desejo –, a sexualidade infantil. Entretanto, para Winnicott, nesse período, não é disso que se trata. São duas interpretações radicalmente diferentes, baseadas em pontos de vista igualmente diferentes.*

Logo,

> *Se todo impulso vital, para ser sentido como real, necessita passar pela experiência, é evidente que isso se aplicará necessariamente aos impulsos sexuais. Assim, poderá se formar uma sexualidade verdadeira ou uma sexualidade falsa, dependendo do quanto esses impulsos puderem*

ser experienciados e apropriados pelo self verdadeiro, ou não. (grifos meus)

No segundo capítulo, ainda trabalhando com a noção de experiência, Alfredo dialoga com André Green, questionando (ou criticando?), a leitura parcial que esse autor faz, ao propor uma compreensão insuficiente no que tange ao papel da sexualidade infantil na totalidade do pensamento winnicottiano.

No capítulo seguinte – um dos meus preferidos –, Alfredo explica, com extrema honestidade intelectual e clareza, a diferença entre os conceitos de *rêverie*, de Bion, e *holding*, de Winnicott. Para tanto, Alfredo se vale da etiologia e do tratamento das psicoses para ambos os autores. Cito-o:

> *Ou seja, tendo uma concepção mais histórica e diacrônica do paciente – em comparação com a de Bion, mais estrutural e sincrônica –, Winnicott entende a regressão em situação terapêutica como uma segunda chance de, diante de condições ambientais mais propícias, o paciente poder retomar experiencialmente situações traumatogênicas e repará-las por meio do* holding *transferencial. Ou seja, aí a ênfase recai sobre o* holding, *como ferramenta clínica básica de reparação, nessas situações de regressão a estágios de dependência. Bion pensava de forma totalmente diferente.*

Em síntese: Bion não acreditava na possibilidade da regressão em análise e tampouco considerava esse fenômeno como um recurso terapêutico para o tratamento de pacientes graves (psicóticos e *borderlines*).

No capítulo quatro, Alfredo tece uma crítica pontual e certeira às afirmações de René Roussillon, que soam um tanto quanto duvidosas em relação ao método de pesquisa usado pelo psicanalista francês para referenciar as ideias de Winnicott – ele simplesmente não o faz:

> *Geralmente, aceitam-se as afirmações de Roussillon quando ele diz que Winnicott propõe tais e tais conceitos de tais e tais formas etc., e isso é facilitado porque normalmente, não cita livros nem artigos para referendar o que afirma, de forma bastante diferente de como se comporta com Freud, com cujos escritos mostra-se mais cuidadoso, inclusive nas referências.*

> *Entretanto, basta um leitor um pouco mais familiarizado com a obra winnicottiana para que a leitura dos textos de Roussillon produza surpresa e mal-estar, ao perceber-se que muitas das suas referências a Winnicott não se encaixam na teoria em questão e que tal apoio é, no mínimo, controvertido.*

Mas o ensaio de Alfredo vai muito além desses impasses metodológicos, questionando a problemática das filiações teóricas respaldada em entendimentos superficiais. Para tanto, ele nos cede um exemplo e compartilha uma situação na qual analistas de outra linhagem teórica diziam trabalhar com pacientes esquizofrênicos induzindo a simbolização e evitando a regressão, pois, na visão deles, ela estaria ligada aos efeitos disruptivos da pulsão de morte. Nada mais equivocado, já que Winnicott não trabalhava com esse conceito freudiano – conforme mencionado anteriormente. Alfredo é contundente e destaca:

Para mim, as discussões psicopatológicas e metapsicológicas contemporâneas não têm qualquer valor se caem numa generalidade indiscriminatória, incapaz de distinguir quem é quem, no frigir dos ovos; que pontos de partida são os escolhidos, que princípios clínicos se originam daí e quais são as consequências clínicas desse conjunto de decorrências.

Identifico-me, aqui, totalmente com as suas ideias – e sustento essa mesma crítica para as pesquisas que venho publicando atualmente. Essa, contudo, é somente uma das minhas diversas afinidades com o estilo de investigação levado a cabo por Alfredo.

Pois bem, na parte II, dedicada ao tema da "Teoria do amadurecimento infantil" – assunto tão batido e esgotado em nosso campo, saturado por publicações que dizem mais do mesmo –, Alfredo se inova, debruçando-se sobre um dos conceitos mais complexos de Winnicott: "a elaboração imaginativa das funções corporais". Para tanto, ele utiliza recortes clínicos que dão corpo e consistência à sua explanação teórica. Sem dúvidas, trata-se de uma *masterpiece* do livro.

Na parte III, chamada "Psicopatologias winnicottianas", Alfredo problematiza a temática do "falso *self*" – pedra angular do arcabouço de Winnicott. Na minha opinião, temos, nesse ponto, um guia de orientação teórico-clínica para a prática psicanalítica efetivamente orientada por esse vértice. Somos agraciados por um estilo vivo, vibrante, desabrochando como uma flor que nasce no asfalto (*a la Drummond*), trazendo esperança e vitalidade em suas linhas escritas. Como uma espécie de bônus, no capítulo 8, encontramos um ensaio potente e um estudo de fôlego sobre a "neurose obsessiva", tema pouco debatido na comunidade winnicottiana.

Por fim, quando pensávamos que estava bom, o livro consegue ficar melhor, fechando com chave de ouro, com a "Clínica winnicottiana". Abordando temas como: o divã, as funções da interpretação, as modalidades de transferência e a reconstrução do ambiente traumatogênico, Alfredo conclui o seu trabalho desvelando o que há de mais precioso em sua ética profissional: uma transmissão clara, sincera e, sobretudo, autêntica – aspectos praticamente extintos nos terrenos acadêmicos da contemporaneidade.

Finalizo esse extenso "prefácio" deixando vocês com o desejo de leitura, ao compartilhar mais um fragmento das contribuições geniais do meu grande mestre e amigo:

> *Com Winnicott, a ferramenta psicanalítica ganha uma função diferente, já que pretende abarcar períodos precoces, nos quais o bebê ainda não tem uma sexualidade constituída, lançado que está, simplesmente, no esforço de manter-se vivo, numa continuidade de ser* (going on being), *sustentado por seu meio ambiente.... Entretanto, a que pesem as diferenças entre as duas práticas, advindas das concepções teóricas distintas dos dois autores [Freud e Winnicott], a construção permanece como uma ferramenta clínica de grande utilidade, indispensável a qualquer processo psicanalítico no qual a recuperação da história de vida do paciente ocupe um lugar central. (colchetes meus)*

Referências

Rosa, J. G. (2019). *Grande sertão veredas.* Companhia das Letras.

Abram, J. & Hinshelwood, R. D. (2018). *The clinical paradigms of Melanie Klein and Donald Winnicott.* Routledge.

Winnicott, D. W. (2022). Comunicação e falta de comunicação levando ao estudo de certos opostos. In *Processos de amadurecimento e ambiente facilitador.* Ubu. (Trabalho original publicado em 1963).

Conteúdo

PARTE I – Winnicott na tradição psicanalítica

1. A noção de *experiência* no pensamento de Winnicott como conceito diferencial na história da psicanálise   27

2. A problemática da sexualidade infantil, segundo D. W. Winnicott: desfazendo mal-entendidos   51

3. A função básica da mãe (e do analista) em Bion e Winnicott, com foco nos conceitos de *rêverie* e *holding*   77

4. René Roussillon e D. W. Winnicott: encontros e desencontros nos interstícios da construção teórica   103

PARTE II – Teoria do amadurecimento infantil

5. Sobre a *elaboração imaginativa das funções corporais*: o corpo e o *holding* materno na constituição do *psico-soma*   137

Parte III – Psicopatologias winnicottianas

6. A problemática do falso *self* em pacientes de
tipo *borderline*: revisitando Winnicott 163

7. Falso *self* e patologia *borderline* no pensamento
de Winnicott: antecedentes históricos e
desenvolvimentos subsequentes 189

8. Contribuições winnicottianas à caracterização
e à clínica da neurose obsessiva 213

Parte IV – Clínica winnicottiana

9. O divã psicanalítico e o corpo materno:
algumas considerações sobre o *holding* em
processos de regressão psicanalítica 237

10. As funções da interpretação psicanalítica
em diferentes modalidades de transferência:
as contribuições de D. W. Winnicott 261

11. A reconstrução do ambiente traumatogênico
a partir da dinâmica transferencial na
clínica winnicottiana 281

Parte I
Winnicott na tradição psicanalítica

1. A noção de *experiência* no pensamento de Winnicott como conceito diferencial na história da psicanálise[1]

Heranças e influências

A formação psicanalítica de Donald Winnicott carrega, sem dúvida, heranças e influências que coube a ele assumir e transformar ao longo de sua carreira como teórico e clínico.

Winnicott passou por duas análises: a primeira, mais longa – 1923 a 1933 – com James Strachey, que havia sido analisado por Freud, além de ter se tornado editor e tradutor de língua inglesa das obras do mestre vienense. Além disso, Strachey supervisionou os casos clínicos de Winnicott durante esse período de cerca de dez anos (Rodman, 2003, p. 70). Por essa linhagem, temos uma herança basicamente freudiana.

Sua segunda análise durou um período mais curto – de 1936 a 1941 – e foi recheada de interrupções, devido a doenças da analista Joan Riviere, que pertencia ao grupo de Melanie Klein e que, como

---

1 A primeira versão deste texto foi publicada em *Natureza Humana*, 9(2): 221-242, jul./dez. 2007. A presente versão foi inteiramente revista e, em parte, reescrita.

boa kleiniana – segundo o biógrafo F. Robert Rodman –, dava ênfase ao mundo interno, em claro detrimento do mundo externo (Rodman, 2003,p. 81). Também entre 1935 e 1940, Winnicott foi supervisionado por Melanie Klein, ao mesmo tempo que analisava seu filho, Erich. Por essa segunda linhagem, temos, pois, uma herança claramente kleiniana.

Além disso, Winnicott tratou de um ex-paciente de Michael Balint, que anteriormente havia sido analisado por Ferenczi. Diz F. Robert Rodman (2003):

> *Winnicott aprendeu um bocado sobre os métodos de Ferenczi por meio do tratamento do paciente que tiveram em comum. Ele dizia que evitava ler Ferenczi para proteger o seu pensamento original, dando a entender que esperava encontrar e realmente sabia existirem similaridades. (p. 109; tradução minha)*

Ora, todos sabem que, antes de Winnicott, Ferenczi já dava destaque à postura do analista, deixando em segundo plano a interpretação, especialmente quando lidava com pacientes difíceis. Do mesmo modo, Ferenczi foi um precursor da ênfase às regressões em análise – também quando tratava de pacientes difíceis –, pensando-a como possibilidade de repetição do trauma numa relação mais continente e capaz de facilitar a significação e elaboração do mesmo. Temos aí, se não uma terceira linhagem de herança, pelo menos uma influência indireta ferencziana.

No entanto, a que pesem todas essas heranças e influências, caberia a Winnicott alterar significativamente toda a tradição que o precedeu, impondo-lhe uma perspectiva, um ponto de vista eminentemente seu. Vamos tentar compreender como se deu essa reviravolta.

O homem freudiano, como descrito pela segunda teoria pulsional, é basicamente atravessado, formado e moldado pelo trabalho conjuntivo e disjuntivo de Eros e Tânatos, vistos como dois impulsos da natureza. Há nisso uma composição de fora para dentro, uma dinâmica de cunho construtivo e desconstrutivo, importada da natureza para o âmbito humano. Nessa óptica, o ambiente externo do bebê serve como contraponto e lócus de investimento do trabalho pulsional, produzido pelas conjunções e disjunções entre esses dois impulsos. Ou seja, por esse prisma, as relações objetais vêm despertar e dar forma a uma dinâmica basicamente interna, à qual servem de continente e receptáculo.

Melanie Klein leva essa concepção às últimas consequências. O bebê kleiniano é atravessado e violentado pelos choques e disjunções entre Eros e Tânatos, tendo de cindir-se em vários pedaços e de criar muito rapidamente uma diferenciação dentro/fora, que lhe permita expelir as partes de si e do objeto que o atacam por dentro; um bebê torturado e psicótico por vocação – poderíamos dizer –, que experimenta a loucura como um passo necessário ao devir psíquico saudável. Aí, a ênfase ao mundo interno é bastante pronunciada; o mundo externo funciona como continente das identificações projetivas do bebê – oriundas das conjunções/disjunções dos impulsos que o atravessam –, além de ser parcialmente introjetado pelo psiquismo desde muito cedo, participando, dessa forma, da sua constituição.

Quanto a Ferenczi, embora tenha alterado substancialmente os rumos da clínica, preconizados tanto por Freud quanto por Klein – e baseados quase exclusivamente na força da *interpretação* –, acabou não vivendo o suficiente para desenvolver, de forma sistemática, um aparato teórico-clínico mais condizente com as suas descobertas. Foi, sem dúvida, um experimentador clínico corajoso, o único dos pioneiros a perceber que a técnica preconizada por Freud servia muito bem aos neuróticos, mas muito mal aos *borderline* e psicóticos. Passando por tentativas técnicas nem sempre bem-sucedidas conseguiu, no final, compreender a importância fundamental do processo *regressivo* na análise de paciente difíceis. Nos seus escritos finais, fragmentários, chegou a realizar uma crítica da noção de pulsão de morte e a propor, como um princípio mais primário, a ideia de uma *pulsão de repouso* (ou *princípio de apaziguamento*), que se realizaria pela busca de uma partilha com o outro. Mas não houve tempo para que levasse adiante e sistematizasse essas conclusões.[2]

Michael Balint foi o discípulo mais eminente de Ferenczi, tornando-se um psicanalista bastante criativo e inovador. E, muito embora

---

2 No seu *Diário clínico*, quando tenta responder à questão: "Podemos amar todo mundo?", Ferenczi diz: "A ciência . . . é 'apaixonada', quando vê e reconhece somente instintos egoístas. Mas a necessidade natural de *compartilhar os sentimentos de prazer*, após saturação normal correspondente, e o princípio de harmonia da natureza não são suficientemente considerados. A ideia da pulsão de morte vai longe demais, ela já está tingida de sadismo; a *pulsão de repouso* e a partilha (comunicação, *sharing*) do prazer *e* do desprazer acumulados, 'em excesso', é isso que é verdadeiro, ou que será, a menos que haja uma perturbação artificial, quer dizer, traumática" (Ferenczi 1985, p. 272, tradução minha). Ou seja, originalmente, um excesso de excitação, desprazeroso, não buscaria puras descargas, mas uma partilha com outrem, exceto nas perturbações traumáticas. Ora, isso equivale *praticamente* a postular, como primária, uma "busca de objeto" envolvendo comunicação e partilha, diferente da relação de objeto proposta por Freud (a partir da segunda teoria pulsional), que se faz, em grande parte, pela necessidade de proteger o organismo da *pulsão de morte,* desviando uma parte dela para o ambiente (e constituindo, assim, o sadismo primário). Desse modo, a crítica de Ferenczi acaba por refutar tanto a noção de pulsão de morte quanto o sadismo primário no qual ela se desdobra necessariamente (na formação das relações objetais proposta por Freud), ao postular, nos acontecimentos não traumáticos, um outro funcionamento diferente e mais primário, além de saudável. Sua crítica à pulsão (ou instinto) de morte possui forma ainda mais peremptória e conclusiva na afirmação de um dos seus fragmentos póstumos: "*Nothing but life instinct; death instinct, a mistake*", ou seja, "nada além de instinto de vida; instinto de morte, um erro" (Dupont, 1998, p. 82).

as suas noções de *amor primário* e de *falha básica* guardem alguma correspondência com os conceitos homólogos de Winnicott – *mãe suficientemente boa* e *falha ambiental* –, há outros aspectos da teoria e da clínica em que os autores caminham por direções diversas. Mas ampliar essa discussão exigiria um estudo à parte.[3]

Um novo ponto de vista

No seu texto "The location of cultural experience", do livro *Playing and reality* (1971), Winnicott começa com uma epígrafe de Tagore, que diz: "Crianças brincam nas costas do mar de mundos sem fim" (p. 95). Logo em seguida, comenta:

> *Quando me tornei um freudiano, eu sabia o que isso significava. O mar e a costa representavam intercursos sem fim entre o homem e a mulher, e a criança emergia dessa união, para ter um breve momento antes de tornar-se adulta e genitora. Então, como um estudante do simbolismo do inconsciente, eu sabia (sempre se sabe) que o mar é a mãe, e que é sobre a costa que a criança nasce. Bebês saem do mar e são cuspidos sobre a terra, como Jonas o foi da baleia. Então, a costa era o corpo da mãe, após o nascimento do bebê, e a mãe e o bebê, agora viável, começavam a conhecer-se. (Winnicott, 1971, pp. 95-96, tradução minha, grifos do original)*

---

3 Não é o objetivo deste texto explorar as convergências e divergências entre Balint e Winnicott, pois isso envolveria distanciar-me das metas às quais me propus.

A continuação do texto é de fundamental importância, porque é nela que Winnicott anuncia aquela que seria a sua guinada fundamental. Acompanhemos, então, as suas palavras:

> *Então, eu comecei a ver que aí se emprega uma concepção sofisticada da relação pais-infante, e que pode* haver um ponto de vista infantil não sofisticado (an unsophisticated infantile point of view), *diferente daquele da mãe ou do observador externo, e que* esse ponto de vista infantil (this infant's viewpoint) *pode ser examinado de forma proveitosa. (Winnicott, 1971, p. 96, tradução e grifos meus)*

Podemos dizer que está aí expressa a perspectiva assumida pela teorização winnicottiana: o *ponto de vista do bebê*, diferente daquele da mãe ou do observador externo.

Dou um exemplo: quando vemos um bebezinho sugando o dedo e inferimos que ele busca obter prazer por meio da alucinação do seio ausente da mãe, estamos interpretando o acontecimento como um observador externo. Ou seja, interpretamos essa busca de prazer baseados no prazer que nós, adultos, podemos sentir ao sugar o dedo. Toda a teorização freudiana termodinâmica – ligada ao aumento e à diminuição do nível de excitação do organismo – e a própria definição de prazer e desprazer como seus corolários vêm a posteriori, para dar forma a essa interpretação primeira.

Winnicott, buscando interpretar o mesmo acontecimento do ponto de vista do bebê, pensaria diferentemente: o bebê não suga o dedo em busca de prazer, mas, sim, em busca do corpo materno – e como substituição ao mesmo –, a fim de prolongar o seu controle onipotente sobre o objeto, na tentativa de reassegurar-se de que pode recriá-lo sempre que dele necessitar. Suga o dedo para se sentir potente e confiante. É evidente que alguma sensação prazerosa advirá desse ato, e ela será registrada e apropriada pelo *self*, vindo a compor, mais tarde – junto com outras lembranças prazerosas, capazes de produzir *desejo* –, a *sexualidade infantil*. Entretanto, para Winnicott, nesse período, não é disso que se trata. São duas interpretações radicalmente diferentes, baseadas em pontos de vista igualmente diferentes.

Alguns, entretanto, poderão argumentar que o meu raciocínio é falacioso, que o ponto de vista do bebê, em si mesmo, é *inacessível*, somente podendo ser conjeturado, quer dizer, *construído*; e de um ângulo que, evidentemente, não é o infantil. O argumento é válido; porém, penso que a existência de um *cuidado especial* na consideração da forma *singular* de existência do bebê, culminando numa avaliação da perspectiva infantil como essencialmente *distinta* da do adulto, pode significar um ponto a favor da versão winnicottiana. O fato de que essas reconstruções do infantil tenham sido feitas a partir das observações de Winnicott, como pediatra, bem como de regressões a fases de dependências de pacientes de tipo *borderline*, na sua experiência como psicanalista, pode constituir outro ponto a favor.

Ainda assim, ao interpretar o recém-nascido como não essencialmente pautado pelo princípio do prazer, Winnicott não estava totalmente fora da tradição psicanalítica que o precedera, pois, como ele mesmo diz, somente assumia, por um novo ângulo, aquilo que Fairbairn já propusera em 1941, ao pensar numa "busca do objeto", em oposição à "busca de satisfação" proposta por Freud como meta pulsional (Winnicott, 1971, p. 101). A diferença viria, efetivamente, do fato de Winnicott tentar assumir esse "ponto de vista do bebê" de forma radical, na construção de sua psicanálise. É justamente por essa via que viria a erigir o conceito de *experiência* como a noção central do seu pensamento.

Entretanto, foram as análises de pacientes de tipo *borderline* que o conduziram à noção de *experiência,* como veremos a seguir.

Verdades e falsidades

Apesar de os conceitos de *falso* e *verdadeiro self* só terem ganhado seu estatuto teórico definitivo no artigo "Ego distortion in terms of true and false self", publicado em 1960, essas noções já existiam anteriormente no pensamento de Winnicott, tendo sido mencionadas em "Mind and its relation to the psyche-soma", publicado em 1949. A verdade é que, muito cedo, ele foi tocado pela percepção de que existiam psiquismos *verdadeiros* e psiquismos *falsos.*

Mas, também nesse âmbito, não chegou a ser um pioneiro, já que Helene Deutsch, num artigo publicado em 1942, "Some forms of emotional disturbance and their relationship to schizophrenia", já cunhara o termo "personalidade como-se" para designar essa forma de psiquismo que funciona sobretudo no plano do "como se fosse", sem sê-lo verdadeiramente; uma personalidade montada como uma casca exterior, que exibe uma série de características funcionais adaptativas, todas destituídas de vida interior. A importância de Winnicott foi retomar essa questão e dar-lhe um estatuto teórico mais bem elaborado e, sobretudo, inventar-lhe uma terapêutica eficaz.

É importante ressaltar que os adjetivos "falso" e "verdadeiro", utilizados por Winnicott para caracterizar diferentes tipos de *self,* têm um sentido eminentemente *clínico* e, a meu ver, são um tanto quanto avessos a abordagens de cunho filosófico. Ou seja, soa um tanto ridículo querer saber se essa noção de *verdade* aproxima-se da noção filosófica clássica, ou filia-se melhor às concepções mais contemporâneas, como as de Heidegger ou Foucault, já que não é disso que se trata.

Trata-se de considerar aquilo que inúmeras análises evidenciam: que alguns pacientes sentem a sua vida psíquica como altamente *falsa*, o que quer dizer destituída de vida emocional, de *sentido de realidade*, repleta de lacunas de memória. Como me disse uma paciente, já mencionada num artigo anterior:

> *Quando encontro amigas da infância e conversamos, rememorando situações de jogo, situações em que estávamos juntas e, segundo elas, expressando emoções intensas, elas acabam ficando sempre muito surpresas – e eu muito envergonhada –, porque nunca me lembro de nada. É como se as lembranças não grudassem em mim, como se não houvesse cola capaz de fazê-las grudar em mim*". (Naffah Neto, 2005, p. 452)

Essa mesma paciente, numa outra sessão, deu uma outra definição, talvez até mais definitiva do que significa essa *experiência de falsidade*, concluindo: "Até agora eu só tinha pré-história, sinto que, agora, estou começando a criar uma história" (Naffah Neto, 2005, pp. 452-453). Ou seja, um psiquismo falso é aquele que não se desdobra e não se acumula sob a forma de uma *história de vida*, resvalando sempre numa pré-história, num vazio, incapaz de encontrar sentido e realidade.

O termo *verdadeiro self*, como o próprio Winnicott observa, serve apenas de contraponto ao *falso self*, tal qual descrito aqui.

De qualquer forma, se existem psiquismos verdadeiros e falsos, clinicamente falando, é preciso um *critério diferencial* que dê conta dos dois tipos de produção psíquica. Esse critério diferencial será justamente a noção de *experiência*.

A definição desse conceito aparece um tanto marginalmente na obra de Winnicott, o que não deixa de ser curioso, em função da importância que ele ocupa na sua obra. Encontramo-la numa carta a Roger Money-Kyrle, datada de 1952: "A experiência é um constante trafegar na ilusão, a repetida consecução de um entrejogo (*inter-play*), tendo de um lado a criatividade; do outro, o que o mundo tem a oferecer" (Winnicott 1987/1999, p. 43, tradução minha). Notem que eu adotei uma tradução um pouco diferente da assumida pela edição brasileira da obra (p. 38), usando "entrejogo" em vez de "interação", para justamente dar conta do termo inglês *inter-play* e do sentido que o verbo *play* possui na obra de Winnicott.

Podemos dizer que *toda* experiência se produz, pois, nesse entrecruzamento do mundo subjetivo e do mundo objetivo que virá a constituir, ao longo do tempo, o *espaço potencial*.[4] Winnicott nos diz:

> *1. O lugar no qual a experiência cultural está alocada é o* espaço potencial, *entre o indivíduo e o meio ambiente (originalmente, o objeto). O mesmo se pode dizer do brincar. A experiência cultural começa com o viver criativo, manifesto no brincar.*
>
> *2. Para cada indivíduo, o uso desse espaço é determinado pelas experiências de vida que acontecem nos estágios primeiros da existência individual.*

---

4 É evidente que o início da experiência é muito anterior à constituição do espaço potencial. Segundo Winnicott, ela começa ainda dentro do útero materno, quando o bebê advém de um estado de não-ser para um estado de ser. Entretanto, é sempre nessa conjunção paradoxal de criar/encontrar o mundo, no entrejogo entre a criatividade e o ambiente, que ela se tece (se pensarmos que o universo intrauterino constitui o primeiro ambiente oferecido ao bebê).

> 3. Desde o início, o bebê tem experiências maximamente intensas no espaço potencial, entre o objeto subjetivo e o objeto objetivamente percebido, *entre extensões do eu e o não-eu. Esse espaço potencial situa-se na interação lúdica entre o "não existir nada além de mim" e o "existir objetos e fenômenos fora do meu controle onipotente".*
>
> 4. *Cada bebê tem aí a sua experiência própria, favorável ou desfavorável. A dependência é máxima.* O espaço potencial acontece somente em relação ao sentimento de confiança *por parte do bebê, quer dizer, confiança relacionada à condição de dependência da figura da mãe ou de elementos ambientais, a confiança sendo a evidência de que a condição de dependência está sendo introjetada.* (Winnicott, 1971, p. 100, tradução minha)

Estão expressos aí alguns dos pontos básicos da concepção winicottiana que articula experiência e espaço potencial. O primeiro deles é que toda experiência se processa partindo do mundo biológico em direção ao universo *cultural*, estando, pois, destinada – se tudo correr bem ao longo do amadurecimento infantil – a tornar-se *experiência cultural*. Isso na medida em que há um *contínuo* entre as primeiras experiências de amamentação – e os elementos de exploração quase lúdica do seio, que a acompanham – e a posterior aquisição da capacidade de brincar e de introjetar o universo cultural, simbólico, do mundo circundante. Quero dizer com isso que a constituição de um âmbito simbólico na vida de uma criança, para ser saudável, depende inteiramente do tipo de relação objetal dos primeiros tempos. A experiência cultural começa com o viver criativo, presente na amamentação (e que constitui uma espécie de precondição sua), prolonga-se no brincar e vem alocar-se, a partir daí, no espaço potencial criado.

O espaço potencial, por sua vez, é constituído justamente no intervalo entre o *objeto subjetivo* e o *objeto objetivo*, entre a *ilusão de onipotência de criação do objeto* e a *descoberta de um mundo real, preexistente*, entre o *controle onipotente do mundo* e a *descoberta da alteridade*. Nem inteiramente subjetivo, nem inteiramente objetivo, ele define justamente uma *terceira zona*, zona *lúdica* por excelência, característica dos fenômenos *transicionais* (ou seja, aqueles que fazem a *transição* entre o mundo subjetivo e o mundo objetivo).

Por fim, a criação e o funcionamento do espaço potencial significam a possibilidade (ou não) de a *experiência se desdobrar ao longo do tempo, formando uma história de vida*. Isso depende de uma mãe-suficientemente-boa, capaz de produzir *sentimento de confiança* no bebê, levando-o a incorporar a condição de dependência e a confiar no mundo, de forma a poder brincar sem se sentir ameaçado.

Quando o ambiente não é suficientemente bom, um espaço potencial não pode se formar, o que significa dizer que o bebê fica impossibilitado de desenvolver a sua capacidade de brincar e de *experienciar*.

Isso porque, sempre que o ambiente do bebê estiver *em excesso* ou *em falta* diante das suas necessidades e sempre que esse excesso ou essa falta ultrapassarem certo nível de suportabilidade, o bebê tenderá a formar um falso *self* patológico, como uma barreira ante o meio ambiente ou diante dos impulsos vitais ameaçadores, barreira essa destinada a proteger o *self verdadeiro* daquilo que Winnicott denominou *agonias impensáveis*.[5]

---

5 Winnicott define da seguinte forma as *agonias impensáveis*: retornar a um estado de não integração; cair para sempre num vazio sem fundo; o estranhamento em relação ao próprio corpo, sentido como não próprio; a perda do sentido

Explico-me melhor: um ambiente *em excesso* é um ambiente basicamente *intrusivo*, que se impõe à subjetividade do bebê, fazendo-o descobrir a *alteridade* num período em que não tem condições próprias para lidar com ela; esse é o tipo de ambiente que impede a criação do *objeto subjetivo* por meio de uma presença impositiva. Nesse caso, o falso *self* forma-se entre o *self* verdadeiro e o ambiente.

O ambiente *em falta* é aquele que deixa o bebê à mercê dos seus impulsos vitais (como a fome, uma dor intensa etc.), que nessa fase ainda não são experimentados como próprios e que são vividos como uma ameaça eminente de colapso – quando atingem um nível de intensidade excessiva, por um tempo também excessivo; nesse caso, o falso *self* forma-se entre o *self* verdadeiro e os impulsos ameaçadores.

Entretanto, essas duas dinâmicas descritas de forma distinta têm apenas um cunho didático, nunca se realizando de forma absoluta. Na verdade, o ambiente intrusivo também deixa, em algum nível, a criança à mercê dos impulsos vitais, já que impõe formas e padrões que pouco têm a ver com as necessidades reais do bebê: seu ritmo e tempo de mamadas etc. De forma análoga, o ambiente que não atende às necessidades mínimas do bebê também acaba levando à criação de barreiras protetoras contra ameaças ambientais, já que gera uma total desconfiança do bebê sobre o que pode esperar do que vem de fora. Isso significa dizer que o falso *self* sempre se forma como uma barreira, em parte diante do ambiente, em parte perante os impulsos vitais ameaçadores, em maior ou menor grau.

Acontece, então, uma cisão entre os dois *selves*; caso contrário, a função protetora do falso *self* não teria eficiência. Isso significa dizer que tudo aquilo que o falso *self* recebe como impacto, seja do ambiente ou dos impulsos vitais, não chega ao *self* verdadeiro,

---

de realidade; a perda da capacidade de relacionar-se com objetos; o completo isolamento, sem qualquer forma de comunicação.

ou chega intensamente filtrado, não podendo, pois, ser processado como *experiência*, ou sendo processado de forma parcial e lacunar. Os graus maiores de cisão definem a dinâmica básica do paciente *borderline*, entendido, aqui, no sentido mais amplo do termo.[6]

No âmbito do falso *self* cindido, não podemos falar de *experiência*, no sentido winnicottiano do termo, ou seja, como entrejogo, já que não existe mais nenhum *self* verdadeiro para interagir ludicamente com o ambiente. Aí, todas as aquisições se dão primeiramente por mimetizações e, num segundo momento, por introjeções de traços ambientais, formadores da casca adaptativa e desconectada do ser próprio da criança.[7] Mas até na consideração dessas questões

---

6 É verdade que Winnicott estende a noção de falso *self* também a indivíduos saudáveis; nesse caso, entretanto, o falso *self* não se forma como uma defesa patológica, cindida do *self* verdadeiro, mas define apenas a face social, adaptativa do *self*, diferenciada daquele seu lado sempre irredutível, incomunicável e silencioso.

7 Esse quadro de cisão, característico do paciente *borderline*, pode, entretanto, sugerir uma questão sobre qual dos dois *selves* é capaz de sentir e avaliar a vida como irreal e destituída de sentido, encaminhando o paciente para uma análise. A pergunta cabe, já que, nesses casos, o *self* verdadeiro permanece, grande parte das vezes, inacessível, e o falso *self* é destituído da capacidade de *experienciar*. Entretanto, dizer que o falso *self* não pode ter *experiência* significa considerar que ele funciona como uma espécie de *escudo*, tendo de manter o psiquismo fechado, inacessível a grande parte das afetações do ambiente e dos impulsos vitais ameaçadores, com a função de proteger o *self* verdadeiro. Nesse sentido, ele pode filtrar todo o impacto afetivo dessas fontes traumatizantes, retendo somente os vestígios *intelectuais* dessas intrusões (se for um falso *self* formado por hipertrofia mental, fadado a controlar o ambiente por vias intelectuais) e/ou recortar e mimetizar do ambiente traços que possam compor a sua função eminentemente adaptativa/protetora. Voltado a uma função *exclusivamente* defensiva, o falso *self* não pode experienciar. Mas isso não quer dizer que ele seja destituído de discernimento. Temos de lembrar-nos de que ele designa a parte cindida que se diferenciou daquele núcleo que viria a formar um *self* integrado, justamente para proteger o bebê dos traumatismos; portanto, ele "sabe" (mesmo que se trate de um saber difuso, não representável) dos bloqueios e filtragens que se montaram, à espera de condições ambientais melhores para reabrir o acesso ao *self* verdadeiro e retomar a experiência. Além

Ferenczi foi um pioneiro. Vejam o que ele diz no seu *Diário clínico*: "A esquizofrenia é uma reação de *mimikry* (= *mimetismo*) . . . no lugar de uma afirmação de si mesmo (*revanche*, defesa) (ou seja, os esquizofrênicos são afetados pelo trauma, de fato, *antes* que tenham uma personalidade) (Ferenczi, 1985, p. 212, tradução minha). Não é curioso o quanto essas afirmações antecipam a problemática winnicottiana do falso *self* como defesa esquizofrênica?

Nessa direção, lançando nova luz sobre essas questões, Winnicott poderá, então, dizer que somente podem ser sentidos como *reais* os acontecimentos de vida que puderem ser processados pela *experiência*, o que significa, pelo *self* verdadeiro, que se desdobra no *espaço potencial*, por meio dos fenômenos transicionais. Para exemplificar a força desse argumento, Winnicott cita o exemplo de um artista renomado que só conseguia se sentir *real* durante os períodos de criação artística, isto é, enquanto funcionava na terceira área:

> *Aqui, estou tentando . . . relacionar experiência aos fenômenos transicionais. Estou sugerindo que a experiência real não se origina diretamente nem da realidade psíquica individual nem dos relacionamentos externos do indivíduo. Isso soa um tanto surpreendente, mas se pode apreender o sentido do que digo ao se pensar em Van Gogh experienciando, quer dizer, sentindo-se real enquanto pinta um de seus quadros, mas se sentindo irreal seja nos seus relacionamentos com a realidade externa, seja na sua vida privada interna retraída.* (Winnicott, 1987/1999, p. 124, tradução minha)

---

disso, o falso *self* falha, inúmeras vezes, como mecanismo de defesa, e quanto mais isso acontece, mais a precariedade, a irrealidade e a falta de sentido desse tipo de vida ficam evidenciados. Nessa direção, Winnicott afirma que é o falso *self*, grande parte das vezes, que leva o paciente para uma análise.

Assim, a noção de *experiência* assume o estatuto de *conceito diferencial* entre a *sanidade* e a *loucura* no pensamento winnicottiano, já que discrimina a constituição de psiquismos verdadeiros da produção de psiquismos falsos, o uso de defesas normais/neuróticas das assim chamadas defesas esquizofrênicas, nas quais o falso *self* cindido se inclui. Isso trará também consequências radicais na reinterpretação winnicottiana das heranças psicanalíticas recebidas.

Sexualidade e pulsão de morte

Se todo impulso vital, para ser sentido como real, necessita passar pela experiência, é evidente que isso se aplicará necessariamente aos impulsos sexuais. Assim, poderá se formar uma sexualidade verdadeira ou uma sexualidade falsa, dependendo do quanto esses impulsos puderem ser experienciados e apropriados pelo *self* verdadeiro, ou não.

Winnicott diz que, inicialmente, o *id* é externo ao bebê e que somente será apropriado pelo *self* de forma paulatina e nos casos saudáveis (Winnicott, 1960/1990, p. 40). Mas o que realmente significa o termo "externo" nesse contexto, já que, nesse estágio, não temos ainda um mundo interno diferenciado de um mundo externo? Penso que a palavra "externo" é usada em dois sentidos. Primeiramente como força de expressão, querendo dizer, com isso, que os impulsos do *id* são, a princípio, experienciados pelo bebê de forma análoga a uma luz ou ao barulho de um trovão. Tão "externos", por analogia, quanto esses outros tipos de estímulos. Depois, com um sentido mais preciso, que define uma *exterioridade em relação ao self*, ou seja, um sentido de não inclusão, a priori. As provas de Winnicott são, mais uma vez, clínicas: há psicóticos que, já adultos, ainda vivem seus "impulsos sexuais" de forma inteiramente física, o que quer dizer não apropriada como *sensações psico-somáticas*. E eu retomo um exemplo clínico, envolvendo aquela paciente *borderline* já citada neste texto, e já usado num outro contexto, que define a "sexualidade" encampada por uma função psíquica mais primitiva:

> *(Essa paciente) em momentos de extrema angústia, busca relações "sexuais" com parceiros diversos: "É uma forma d'eu me sentir viva, existindo, de não me dissolver no nada", ela me diz. Ou seja, quando se sente ameaçada de cair num grande vazio, usa dessa forma de contato corporal para recompor a sua* presença no mundo, *buscando o contato "sexual" como uma forma de* holding/handling. *Qualquer insistência psicanalítica em interpretar esses atos como busca de* prazer *pode significar esticar o sentido desse conceito até um ponto em que ele já não significa mais nada. (Naffah Neto, 2005, p. 441, grifos do original)*

Essas considerações, entretanto, põem em xeque a premissa psicanalítica da existência da sexualidade desde o início da vida ou, pelo menos, desde as primeiras mamadas. Para Winnicott, a sexualidade advirá ou não, de forma mais íntegra ou mais lacunar – aliás, como todo o resto –, dependendo do transcurso das experiências do bebê.

A *pulsão de morte* também se põe como uma noção problemática para Winnicott, a ponto de ele claramente rejeitá-la como conceito. As razões também têm a ver com o *ponto de vista do bebê*, portanto com a questão da *experiência*.

As observações de Winnicott, seja como pediatra, observando mães e bebês, seja como psicanalista, reconstruindo fases mais arcaicas do psiquismo, por meio de regressões clínicas, indicam que, do ponto de vista do bebê, impulsos amorosos e impulsos agressivos são experienciados conjuntamente, como duas dimensões de uma mesma dinâmica, pelo menos em bebês saudáveis. A experiência infantil indica, pois, uma visão monista ou, quiçá, pluralista (e não dualista) dos instintos.[8]

Por outro lado, a clínica de psicóticos e pacientes de tipo *borderline*, vivendo fases de regressão a um estágio de dependência, mostra-lhe que a insistência de *compulsões repetitivas* de experiências traumáticas possui a função saudável de criar um segunda, terceira, enésima chance de reviver o trauma em condições ambientais mais propícias, a fim de fazer passarem pela área de *experiência* acontecimentos que originalmente não puderam atingi-la, devido à cisão produzida como defesa contra falhas ambientais.

Ou seja, a compulsão à repetição tem uma função regressiva e saudável, não de pura descarga, ou de transformação de *energia livre* em *energia ligada*, como queria Freud em *Além do princípio do prazer*.

Assim, embora *compulsão à repetição* não seja, conceitualmente falando, equivalente à pulsão *de morte*, foi do fenômeno repetitivo que Freud deduziu a ideia de um impulso natural de retorno a um estado inorgânico. Ao outorgar à repetição compulsiva uma função diferente, Winnicott vem descartar, desse modo, a noção de *pulsão de morte*, já que – com base nisso – esse *constructo* teórico torna-se desnecessário na sua função explicativa do fenômeno repetitivo. Também porque, por outro lado, os impulsos agressivos/destrutivos não pressupõem, *necessariamente*, *pulsão de morte* alguma, nos termos definidos por Freud. Eles podem, simplesmente, ser considerados a contraparte dos impulsos amorosos, como propõe Winnicott.

---

8 Na verdade, pode-se pensar tanto num monismo quanto num pluralismo, já que se pode dizer que, para Winnicott, existem tantos instintos quantas são as diferentes funções corporais.

Entretanto, é impossível deixar de perceber, nessas desconstruções dos conceitos freudianos, uma clara influência ferencziana, já que, nesse plano, Winnicott simplesmente levou às últimas consequências aquilo que o psicanalista húngaro já intuíra, embora não tenha tido tempo para sistematizá-lo.

Com isso, a noção de *experiência* transformou-se não só num conceito diferencial na teoria e na clínica winnicottianas, mas também na história da psicanálise. Nunca, antes disso, alguém tinha levado tão a sério um conceito diferencial, a ponto de pôr em questão afirmações consideradas premissas essenciais ao universo psicanalítico, e criado um ponto de vista tão singular e próprio, iluminando questões até então obscurecidas pela tradição anterior.

Tratar-se-ia de um novo *paradigma científico* para a psicanálise, como propõe Željko Loparić?

Um novo paradigma?

Até o presente momento, a minha tendência é ver essa questão mais como a proposta de um *ponto de vista singular* – e, como tal, produtor de diferenças – do que como um novo paradigma propriamente dito. Estou falando de ponto de vista no sentido de variação de perspectiva. Por exemplo: se não conhecemos o conteúdo de uma sala porque ela está às escuras e a iluminamos com uma lanterna pela porta de frente, veremos um conjunto de coisas. Se a iluminamos pela porta dos fundos, veremos outro conjunto de coisas. Assim, a variação do ângulo de visão, do ponto de vista, sempre revela coisas diferentes, embora a sala seja a mesma. Como aquela anedota em que um grupo de cegos tenta descobrir como é um elefante. Um deles apalpa a tromba e diz: "O elefante é comprido e fino". Outro toca o corpo do animal e diz: "Não, você está enganado; ele é compacto e amplo". Um terceiro tateia as orelhas e diz: "Não, ele tem duas asas".

E assim seguem os argumentos, baseados em diferentes perspectivas, sem se chegar a acordo algum.

Obviamente, não estou sugerindo que tanto faz olhar de um ângulo como de outro e que "todos os caminhos levam a Roma". Diferentes ângulos de visão produzem teorias e práticas clínicas diferentes, com consequências igualmente diversas. Entretanto, para que o ponto de vista winnicottiano se tornasse um novo paradigma científico, seria necessário, segundo as próprias indicações de Thomas Kuhn, que os praticantes dessa especialidade científica chamada *psicanálise* aderissem profundamente a essa maneira de olhar e de investigar. Mais do que isso, que cessassem de opor-lhe pontos de vista ou alternativas rivais, reconhecendo-a como um novo *modelo* a ser seguido (Kuhn, 1974, pp. 65-67).

Ora, isso está muito longe de acontecer. A psicanálise winnicottiana, no que tem de mais potente, clinicamente falando, que é a maneira como concebe e trata pacientes de tipo *borderline* e psicóticos, encontra alternativas rivais por vários lados.

Por exemplo, André Green, um psicanalista que permanece inteiramente dentro da metapsicologia freudiana, mas a desdobra numa teoria das relações objetais e enfrenta, com base nisso, tanto uma teorização condizente quanto uma clínica de *borderline/psicóticos*. Alguns poderiam argumentar que ele utiliza as formulações winnicottianas, o que é verdade, mas ele também utiliza Klein, Lacan e Bion. Na verdade, ele recorta, da produção desses autores, aquelas ideias que mais podem corroborar a sua produção teórica e clínica. É melhor? É pior? Difícil dizer, inclusive porque sou *parti pris*; escolhi e trabalho com o referencial winnicottiano. Mas, independentemente de ser melhor ou pior, a proposta greeniana é uma concepção rival e – o que é ainda mais grave para a questão do paradigma – mantém a tradição freudiana.

De forma semelhante, tenho tomado conhecimento de psicanalistas lacanianos que têm se debruçado sobre as mesmas questões: outras concepções rivais.

Nos dias de hoje, a psicanálise ainda não existe no singular, mas somente no plural: o que há são *psicanálises*. E, dentro desse universo, Winnicott, infelizmente, ainda ocupa uma posição quase marginal. No ano de 2006, estive em Londres, sua cidade natal, para assistir a um simpósio sobre a importância de sua obra na atualidade.[9] Descobri que, até então (pasmem vocês!), a British Psychoanalytic Society ainda estava basicamente dividida entre grupos annafreudianos e kleinianos, e que, nesse contexto, grande parte das vezes, a psicanálise winnicottiana ainda era vista como mera extensão da kleiniana.

Um paradigma suplanta o anterior quando se impõe de forma praticamente inquestionável, como modelo de produção científica: como o paradigma copernicano diante do ptolomaico, na astronomia; como o paradigma einsteiniano ante o newtoniano, na física.

Na psicanálise, precisamos de um pouco mais de humildade. Nesse momento, ainda trabalho – por isso escrevi este texto – para mostrar às pessoas que Winnicott possui um ponto de vista *próprio* e que este tem implicações importantes, tanto teóricas quanto clínicas, e para levá-las a refletir sobre isso.

Mas não sei dizer, por exemplo, se um colega psicanalista que se afina mais com as propostas de André Green é melhor ou pior psicanalista do que eu, quando trabalha com um *borderline* e/ou um melancólico. Ou se algum de nós dois trabalha melhor ou pior do que outro colega que busca, cada vez mais, apoio nas propostas lacanianas.

---

9 Trata-se de "Donald Winnicott Today", ocorrido em Londres, entre 09 e 11 de junho de 2006, e patrocinado pela UCL Psychoanalysis Unit, em associação com a New Library of Psychoanalysis.

Num grupo de seminários clínicos do qual participei por quase 30 anos e que é formado por psicanalistas de diferentes linhagens, percebi que cada um entende e analisa os seus pacientes de maneira diversa. Ainda assim, grande parte das vezes, cada um consegue compreender o ponto de vista do colega e as razões que o levam a privilegiar tal ou qual intervenção.

Mas também existem momentos de diálogos de surdos, em que não conseguem falar o mesmo idioma, em que pensam em estratégias clínicas divergentes, quando não opostas.[10]

Convergências, divergências, diálogos, monólogos... um pouco de cada coisa, mesmo quando se discutem as novas patologias. O que significa que, a meu ver, nenhum novo paradigma ainda se impôs como definitivo. O futuro é que dirá.

Referências

Deutsch, H. (1942). Some forms of emotional disturbance and their relationship to schizophrenia. *Psychoanalytic Quarterly, 11*, 301-321.

Dupont, J. (1998). Les notes brèves inédites de Sándor Ferenczi. In *Le Coq-Héron, Ferenczi à Madrid: pulsion de mort, identification à l'agresseur, transfert et contra--transfert, 149*, 69-83.

Ferenczi, S. (1985). *Journal clinique: Janvier - octobre 1932*. Payot.

Kuhn, T. (1974). Função do dogma na investigação científica. In J. D. de Deus (Org.), *A crítica da ciência - sociologia e ideologia da ciência*. Zahar.

---

10 Recentemente, saí desse grupo por entender que o meu caminhar clínico necessitava de um tanto de solidão e que ele (o grupo) já tinha cumprido a sua função na minha formação psicanalítica.

Loparić, Z. (2006). De Freud a Winnicott: aspectos de uma mudança paradigmática. In *Natureza Humana, 8*, (n. esp. 1), 21-47.

Naffah Neto, A. (2005). Winnicott: uma psicanálise da experiência humana em seu devir próprio. *Natureza Humana, 7*(2), 433-454.

Rodman, F. R. (2003). *Winnicott - life and work*. Perseus Publishing.

Winnicott, D. (1971). *Playing and reality*. Routledge.

Winnicott, D. (1990). Ego distortions in terms of true and false self. In D. Winnicott. *The maturational processes and the facilitating environment*. Karnac. (Trabalho original publicado em 1960)

Winnicott, D. (1992). Mind and its relation to the psyche-soma. In D. Winnicott, *Through paediatrics to psychoanalysis*. Karnac. (Trabalho original publicado em 1949)

Winnicott, D. (1999). *The spontaneous gesture – selected letters of D. W. Winnicott*. Karnac. (Trabalho original publicado em 1987)

2. A problemática da sexualidade infantil, segundo D. W. Winnicott: desfazendo mal-entendidos[1]

Talvez nenhuma outra problemática, dentre as propostas winnicottianas, gere tantas críticas e tantas discórdias quanto aquela que envolve a sexualidade infantil dos primeiros tempos.

Como um psicanalista ousa discordar da postulação freudiana que afirma que a sexualidade infantil se forma de imediato, logo nas primeiras mamadas e como uma excrescência prazerosa da pura satisfação biológica, criando uma marca mnêmica que leva o bebê a alucinar o seio e a sugar o dedo, como o seu substituto, em busca do prazer (Freud, 1905/1975, pp. 164-166)? Mais ainda: como ousa afirmar que existem laços afetivos apoiados numa *afinidade de ego* (*ego-relatedness*), distintos daqueles pautados por um *relacionamento de id* (*id-relationship*) – os primeiros, sendo a matriz das relações nas quais domina um "gostar" (como as amizades); os segundos, descrevendo o que se denomina "amar", no sentido pleno do termo (Winnicott, 1957/1990, pp. 31-33)? O que o leva a desconsiderar

---

[1] A primeira versão deste texto foi publicada, sob o mesmo título, na *Revista Brasileira de Psicanálise*, 48(4) 2014. A versão presente sofreu revisões e correções.

a *universalidade* do conceito freudiano de *sublimação* e o primado da sexualidade em *todas* as relações humanas (Freud, 1905/1975, pp. 218-219)?

Trata-se, aí, de uma concepção de sexualidade restrita e pré-psicanalítica, como ouvi certo colega afirmar? Não teria razão André Green, quando lança suas críticas a Winnicott, dizendo que ele não levava suficientemente em conta a sexualidade humana e que chegava, mesmo, a censurá-la (Green, 2003, pp. 81-82)?

É para tentar responder a essas críticas e desfazer esses mal-entendidos que resolvi escrever este artigo.

Mas, para elucidar questões tão complexas, é preciso caminhar passo a passo.

O primado da experiência na constituição da psique

A primeira questão que temos de considerar é um dos pontos de partida essenciais à teoria winnicottiana: a afirmação de que a constituição da psique se faz a partir da *experiência* infantil, definindo experiência como "um constante trafegar na ilusão, a repetida consecução de um entrejogo (*inter-play*), tendo de um lado a criatividade; do outro, o que o mundo tem a oferecer" (Winnicott 1987/1999, p. 43). Ou seja, dado o fundamento da ilusão paradoxal do bebê, de criar/encontrar o seio materno (constituição do objeto subjetivo), grande parte da experiência infantil dá-se nesse trafegar no espaço da ilusão, tendo de um lado a sua criatividade (que é primária, ou seja, existe desde o início) e, de outro, o meio ambiente, num entrejogo entre ambos.

Deve-se, pois, considerar, em primeiro lugar, que essa ilusão nunca é abolida, de fato, nem mesmo quando a criança descobre o mundo externo e tem acesso ao *princípio de realidade*, já que ela será um elemento constitutivo do *espaço potencial*, que sempre se produz numa sobreposição entre o mundo subjetivo e o mundo objetivo, entre a ilusão e a realidade compartilhada.

Mas o início da experiência, para Winnicott, é ainda anterior ao período da criação do objeto subjetivo; ele se dá ainda dentro do útero materno, quando o bebê, em formação, advém de um estado de *não-ser* para um estado de *ser* (Winnicott, 1988, p. 131-134). A partir daí, desenvolve-se ao longo de toda a existência humana, até a morte.

Esse é um dos fundamentos que leva Winnicott a rejeitar a noção de *pulsão de morte* freudiana. Alegando que o bebê não advém de um estado inorgânico, mas de componentes orgânicos (um espermatozoide e um óvulo) e que a sua experiência mais pregressa, mais regredida, é a de advir de um estado de não-ser para um estado de ser, ele advoga que não cabe dentro da experiência infantil qualquer impulso tendo como meta um estado inorgânico (já que esse suposto "estado inorgânico" é totalmente exterior à experiência humana, a não ser como um puro conhecimento *intelectual* do mundo natural e que advém bem depois desse início de vida) (Winnicott, 1988, p. 133).

Partindo daí, Winnicott afirma que o desejo de morrer, em qualquer ser humano, sempre encobre, na verdade, o desejo de regredir a esse estado de não-ser, primevo, e, a partir dele, renascer (Winnicott, 1988, p. 132). Poderíamos acrescentar: isso não significa que, *biologicamente*, não possamos falar de um impulso aos estados inorgânicos, portanto, à morte (que, na física, aliás, pode se relacionar com a noção de entropia). A vida sempre se realiza sobre um fundo de morte, como seu horizonte. Todavia, um princípio biológico não implica diretamente experiência psíquica, pois – para Winnicott – para que todos os processos biológicos possam constituir um sentido *psíquico*, eles necessitam ser *elaborados imaginativamente*, e esse é um dos postulados mais importantes do seu pensamento.[2]

Esses argumentos levam à conclusão de que a morte somente pode adquirir sentido – na *experiência* humana – na hora em que se morre; eles até poderiam ser rebatidos, com a alegação de que existem as experiências de morte dos entes queridos – incluindo o luto indispensável – e que isso já daria um sentido humano para o ato de morrer. Entretanto, podemos pensar que o sentido que a nossa elaboração imaginativa consegue extrair dessas mortes, efetivamente sentidas e sofridas, é somente o de um *mistério*, um *enigma*. O que efetivamente acontece quando se morre? Quando se fala num desejo de morrer, talvez possamos concluir que desejar um acontecimento que apenas existe para nós como um enigma somente deve sua razão de ser às fantasias que projetamos nele.[3] Para Winnicott, o sentido oculto dessas fantasias é o de regredir e renascer.

É evidente, entretanto, que esses argumentos de Winnicott não rebatem, em nenhuma instância, aqueles da postulação freudiana da pulsão de morte, já que se desenvolvem em bases teóricas diversas, que não são as freudianas. Ou seja, Freud não pensa, em momento algum, que a pulsão de morte tenha de ter algum lugar na experiência infantil para ter a sua justificativa como conceito metapsicológico. Muito pelo contrário, ele a deduz da *compulsão à repetição* – presente, principalmente, nas neuroses e nos sonhos traumáticos (Freud, 1920/1975, pp. 31-32) –, como um processo mais básico do que o princípio do prazer. Significa que ela é postulada como agindo na

---

2 Sobre o processo de *elaboração imaginativa das funções corporais*, cf. o capítulo dedicado ao tema na presente coletânea.
3 É evidente que a nossa ciência, materialista e positivista, pensa na morte como um acabar completo de qualquer possibilidade de vida. Esse não é, entretanto, o ponto de vista do budismo, do espiritismo e de tantas outras teorias que circulam por aí.

dinâmica psíquica, independentemente de qualquer experiência humana, qualquer que seja o seu caráter. Além disso, no mesmo texto em que formula tal conceito, Freud se estende pelo reino da biologia, da proliferação, reprodução e morte das células de corpo humano, para referendar, nesse domínio *puramente biológico*, as justificativas das noções de pulsão de vida e de pulsão de morte (Freud, 1920/1975, capítulos V e VI). O que nos informa que, para ele, essas noções são postuladas como impulsos da natureza, presentes tanto no domínio biológico quanto no psíquico, sem que haja distinção alguma considerável entre esses dois domínios, pelo menos no nível da ação da pulsão de morte.

Ora, Winnicott trabalhava num solo conceitual bastante diverso. Conforme já mostrei em outros textos (Naffah Neto, 2007a; Naffah Neto, 2012), para ele, somente possui realidade psíquica aquilo que passa pela *experiência* infantil, o que quer dizer pelo processo de *elaboração imaginativa das funções corporais*, e isso funda, sem dúvida, uma distinção muito clara – se não um abismo – entre o domínio biológico e o psíquico. Além disso, conforme já evidenciei em outro artigo (Naffah Neto, 2007a, p. 237), Winnicott tende a ver as compulsões à repetição – na linhagem do último Ferenczi[4] – como tentativas de produção de uma regressão a estágios de dependência com

> *a função saudável de criar uma segunda, terceira, enésima chance de reviver o trauma em condições ambientais mais propícias, a fim de fazer passar, pela área da*

---

4 Ferenczi, nos seus últimos escritos, da década de 1930 e especialmente no seu *Diário clínico*, foi um dos primeiros a postular a compulsão à repetição, no contexto transferencial, como parte de processos regressivos com a finalidade de garantir a elaboração do trauma num contexto ambiental mais propício (cf., nesse sentido, os termos "regressão terapêutica" e "regressão traumática" em Kahtuni & Paraná Sanches, 2009, pp. 322-326).

experiência, acontecimentos que não puderam atingi-la, devido à cisão produzida como defesa contra falhas ambientais. (Naffah Neto, 2007a, p. 237)

Outra consideração importante a ser lembrada aqui é que, se a experiência infantil efetivamente começa ainda dentro do útero materno (Winnicott, 1988, pp. 131-134), isso significa que grande parte dela se dá num nível inconsciente, não de um inconsciente recalcado, mas de um inconsciente incapaz de atingir um limiar de consciência, já que esta somente se constitui, enquanto tal, muito mais tarde.[5] Não se pode, pois, confundir – em nenhuma instância – *experiência* com *consciência*.[6]

Feitas essas considerações, a consequência que se segue, de imediato, é a de que a sexualidade infantil somente poderá se

---

5 O inconsciente recalcado somente se inicia, segundo Winnicott, quando a criança já consegue distinguir fantasia de realidade, podendo, então, recalcar as fantasias sempre que elas gerem uma angústia insuportável. Aí aparece, sem dúvida nenhuma, uma influência kleiniana (para quem o inconsciente é pensado com formado essencialmente pelo que Klein denominava *phantasias*, diferentemente de Freud, para quem o recalque se dava primordialmente sobre *lembranças*). Entretanto, para Klein, as *phantasias* (inconscientes) existem desde o início, como traduções diretas do instinto e, no seu pensamento, a noção de recalque perde um pouco a importância, sendo, então, retomada por Winnicott. No entanto, para Winnicott, conforme tentarei evidenciar ao longo do texto, as primeiras memórias são essencialmente *marcas corporais, impressões puramente sensoriais, fisiológicas*, que não se articulam ao seu *correlato psíquico* enquanto psique e corpo não se juntam no processo que ele denominou *personalização*. Dessa forma, essas puras impressões sensoriais, desprovidas de qualquer correlato psíquico, nos primeiros tempos, não podem ser recalcadas (isso pode ter alguma correlação com a afirmação freudiana de que somente *representações* podem ser recalcadas, muito embora Winnicott não utilize a noção de representação).

6 Esse é, a meu ver, o principal entrave às tentativas de interpretação da teoria winnicottiana a partir de fenomenologias diversas que tenham como fundamento a noção de consciência.

constituir, psiquicamente, por meio da experiência da criança e, assim, seguirá passo a passo o tempo e as circunstâncias necessários à sua elaboração.

O recém-nascido: uma identidade evanescente, sem articulações espaçotemporais

Outro ponto de partida da teoria winnicottiana é a de que o recém-nascido possui uma identidade totalmente evanescente, sem qualquer permanência e articulação no espaço e no tempo. Podemos, com um pouco de imaginação, tentar descrever essa condição.

Vivendo fundido ao meio ambiente, sem qualquer distinção entre sujeito e objeto, a identidade evanescente do bebê é garantida pelo *holding* e pelo *handling* maternos; assim, naqueles estados que Winnicott denominou como *relaxados,* na ausência de qualquer impulso instintivo,[7] o bebê vem a assumir, por vezes, o formato do colo da mãe, quando ela o nina, por exemplo, ou a descobrir-se na imagem que ela lhe devolve, em espelho, quando o fita, ao trocar as suas fraldas ou festejar a sua presença, com jogos e mimos. Nos *estados excitados*, quando é atravessado pelos instintos, ele também assume a forma do objeto-alvo; quando mama, por exemplo, transforma-se, ao longo do processo alimentar, em boca faminta, em seio e em leite.

---

7 É importante salientar (como, aliás, tenho feito em vários artigos) que o termo *pulsão* é totalmente estranho à psicanálise inglesa (que sempre traduziu o alemão *Trieb* pelo termo inglês *instinct*, ao contrário da proposta lacaniana, que propõe o termo francês *pulsion* para distinguir os termos alemães freudianos *Trieb* e *Instinct*). James Strachey, o tradutor de Freud em língua inglesa, entendia que *Trieb* e *Instinct* são sinônimos, seguindo a tradição da filosofia alemã do final do século XIX (incluindo Nietzsche). Mas, para além das questões de tradução, Winnicott nunca se guiou por nenhuma das teorias pulsionais (ou instintivas) de Freud: nem pela primeira nem pela segunda. Winnicott sempre falou em *instintos*, no plural e sem quaisquer categorizações.

Vigora, pois, tanto nos estados relaxados quanto nos excitados, o que Winnicott denominou *identificação primária*, na qual o bebê está totalmente identificado ao outro, seja à *mãe-ambiente*, nos estados relaxados, seja à *mãe-objeto*, nos estados excitados.

A alternância contínua entre estados excitados e relaxados, e a *presença* dos instintos nos primeiros e sua *ausência* nos segundos criará, gradativamente, para o bebê uma espécie de distinção entre os dois estados, já que, na excitação, é atravessado por uma urgência em busca de um objeto desconhecido que (com a formação da memória) logo virá a ser reconhecido (Winnicott, 1964/1965, p. 90), enquanto no relaxamento não está atravessado por nada, mas "derramado" no ambiente, numa espécie de vivência oceânica.

Também criará uma distinção entre as duas mães. Isso porque, quando o bebê se sacia inteiramente na mamada – tendo uma *mãe suficientemente boa*, que lhe permite explorar o seio para além do tempo da alimentação fisiológica (aquele necessário à elaboração imaginativa da função alimentar) e entrar num estado de relaxamento –, desaparece da experiência infantil a mãe-objeto (o seio, vorazmente sugado), e entra em cena outra mãe, a mãe-ambiente (que troca as fraldas, nina, acalenta etc.), que o bebê não associa à primeira, já que – além de ele ainda não ter condições de reconhecer o *objeto total*, mas apenas recortes do mesmo, devido à sua imaturidade – todo o seu universo é tecido de instantes descontínuos no espaço e no tempo.

Assim, o que marcará alguma diferença, nesses primeiros tempos, será a *presença e ausência dos instintos* nos dois estados, o que levará o bebê a viver em dois universos distintos e a experimentar duas mães, também distintas, ainda sem condições de serem integrados no fluxo da experiência temporal.

Nesse contexto, a sexualidade infantil vai se formar, primeiramente, como *oralidade*. Por meio da repetição intercalada entre os estados excitados e os estados relaxados, o bebê gradativamente passa a poder prever a vinda do seio e a aluciná-lo para antecipá-lo e não depender *inteiramente* da qualidade de resposta do meio ambiente (muito embora a alucinação do seio somente possa substituir o seio real por um curto espaço de tempo, após o qual, sem a presença do seio real, o bebê pode entrar em sofrimento). Então, a *elaboração imaginativa das funções corporais* começa a dar um sentido psíquico às sensações fisiológicas geradas pela mamada (e que são prenunciadas pela *presença* do instinto), e o bebê vem a distinguir, gradativamente, sensações de pura saciedade fisiológica de sensações de prazer.[8] É somente a partir desse sentido dado às funções corporais pela elaboração imaginativa que as experiências do bebê podem começar a ser armazenadas como memória, vindo a formar gradativamente uma história de vida.[9]

A partir daí, pode-se dizer que sempre que o instinto entra em ação, ou a qualquer aumento da excitação corporal, esse processo aciona a memória do seio e o bebê o alucina, levando o dedo à boca. Essa memória pode ser evocada devido ao estado de integração momentâneo promovido pelo instinto, que, quando surge, atravessa todo o corpo e toda a psique (ainda incipiente e em formação), articulando-os como uma totalidade. É esse estado *fugaz* de integração – que reúne, ainda que por curtos períodos, corpo e psique – que permite evocar a memória do seio com a entrada em cena do instinto ou da

---

8 Nas mamadas, o bebê experimenta um sentimento incipiente de si mesmo que, ao mesmo tempo, passa a vir eivado de sensações de prazer. Isso pode ir sendo experimentado e registrado graças a essa integração *momentânea* entre psique e corpo presente nos estados excitados.

9 Nesse sentido, é possível dizer que a noção de *elaboração imaginativa das funções corporais* desempenha, na teoria winnicottiana, um papel homólogo àquele que cumpre o conceito de *rêverie* na teoria de Bion. Entretanto, para Winnicott é o próprio bebê, *sustentado* pela mãe, quem realiza a elaboração imaginativa, enquanto para Bion é a mãe quem realiza as funções de *rêverie* para o bebê.

excitação corporal. Entretanto, assim que a tensão desaparece e o bebê entra em estado de relaxamento, misturando-se novamente ao ambiente, a memória se desvanece inteiramente, não podendo mais evocar qualquer imagem ou lembrança, já que o corpo (que produz a experiência de excitação) e a psique (que guarda a memória do seio) se desassociam, retornando a um estado de não integração. Mas convém precisar melhor esse processo.

Comecemos dizendo que, para Winnicott, a vida sensorial do corpo, tendo inicialmente um estatuto puramente fisiológico, precisa, para adquirir um sentido psíquico, passar pelo processo de elaboração imaginativa (assim, a experiência das primeiras mamadas, para criar uma imagem de seio capaz de ser memorizada como "aquilo que sacia a fome", necessita desse processo). Entretanto, muito embora os *sentidos psíquicos*[10] das funções corporais estejam sendo produzidos pela elaboração imaginativa a cada vez que alguma delas entra em ação, na experiência do recém-nascido essa produção se dá sob a forma de *momentos descontínuos*. Para que uma memória se produza e esses sentidos ganhem consistência temporal – passível de *evocação*, a partir da experiência armazenada –, é necessário que o bebê ultrapasse esse tipo de *temporalidade evanescente,* criada pelas necessidades instintivas e de caráter puramente pontual. Enquanto ele vigora, é tão somente nos momentos das integrações pontuais entre corpo e psique, produzidas pela emergência do instinto, que uma imagem pode ser evocada como associada a ele. Ou seja, devido ao

---

10 Um exemplo típico do que estou denominando *sentido psíquico* – ideia que me foi dada por Elsa Oliveira Dias, diga-se de passagem – é a constituição do seio como aquilo que sacia (ou não) a fome, isto é, o sentido que adquire o seio, na sua articulação com a fome, por meio da experiência. Ou o colo da mãe, com o aquele que sustenta (ou não) o corpo do bebê, produzindo medo de cair ou conforto. Ou seja, *sentido* designa aí mais uma *direção geral* (discriminativa do objeto, como suficiente ou insuficientemente bom) do que uma *significação,* no sentido mais preciso do termo.

estado de não integração do bebê no espaço e no tempo, nem sempre ele pode dispor de suas experiências armazenadas de forma mais livre, independentemente da emergência instintual; isso perdura até que a psique venha se alocar no corpo *permanentemente* (integração espacial, dada pelo processo de *personalização*)[11] e o bebê conquiste uma temporalidade efetiva (integração temporal, por meio da qual a sucessão de momentos descontínuos forma um presente contínuo, passível de desdobrar-se num passado – uma história de vida – e num futuro projetável).[12]

É por essa razão que a sexualidade infantil somente estará constituída, com algum nível de *consistência* e de *permanência*, após o processo de integração do *self*, quando a criança pode experimentar e usufruir das sensações eróticas num *continuum* de tempo não fragmentado e com uma articulação funcional entre corpo e psique, capaz de evocar a memória das sensações de prazer (sem mais depender das integrações fugazes, criadas pela presença do instinto).

---

11 Winnicott postulava *psique* e *corpo* como entidades integradas numa *totalidade "psico-somática"*, nos indivíduos saudáveis, muito embora irredutíveis uma à outra (por isso a grafia, aqui, com hífen, e não como uma palavra só). Teve pacientes psicóticos que não habitavam o corpo, vivendo seja em partes isoladas dele – uma de suas pacientes, por exemplo, habitava a região dos olhos e sentia todo o restante do corpo como uma máquina estranha –, seja vivendo de forma totalmente desencarnada. Por isso, postulou a alocação da psique no corpo como um processo (denominado *personalização*), que pode vir a acontecer nos processos saudáveis, realizar-se apenas parcialmente, ou mesmo não se realizar, nas grandes patologias.

12 Ainda assim, muitos dos acontecimentos de cunho traumático permanecem sem sentido psíquico evocável, dado que o falso *self* protetor – por meio de uma cisão – impede que adquiram estatuto psíquico, bloqueando a sua experiência e consequente elaboração imaginativa (permanecendo essas experiências numa condição de puras marcas corporais). Além disso, se o acontecimento ocorre num período em que a criança ainda não é capaz de dar forma a ele via pensamento, ele permanece num estado não configurável. Dessa forma, somente pode vir a adquirir uma forma e um significado psíquico bem mais tarde, na relação transferencial com o analista.

Nesse sentido, é possível conjeturar que Freud podia pensar na sexualidade como se formando de imediato, logo nas primeiras mamadas, porque não chegou a considerar a *imaturidade* do bebê recém-nascido (e o seu estado de não integração espaçotemporal), não tendo desenvolvido uma teoria do *amadurecimento infantil*, como Winnicott. Então, tudo podia ser descrito como acontecendo de um modo mais direto e imediato: bastava a criação de uma marca mnêmica do seio como lembrança evocativa do prazer – e Freud chegou a tentar criar bases neurológicas para tentar fundamentar esse processo (Freud, 1895/1975) – e o bebê passaria a sugar o dedo na sua ausência: estavam, assim, lançados os fundamentos da sexualidade. Mais adiante, com a segunda teoria tópica, a noção de id veio dar um estatuto mais constitucional à sexualidade – com Freud espraiando-se largamente no apelo à filogênese (Freud, 1923/1975).

Winnicott sempre teve uma posição mais empirista com relação a essas questões: nunca admitiu a existência de protofantasias (tampouco de *phantasias*, no início da vida, como traduções *diretas* do instinto, como Melanie Klein); e, quando se referia ao id, sempre dizia que ele é *exterior* à experiência do recém-nascido, somente vindo a tornar-se interior a partir da apropriação dos instintos, realizada pela elaboração imaginativa das funções corporais. Assim, ele nos diz:

> *As forças do id clamam por atenção. No início, elas são externas ao infante. Na saúde, o id é reunido a serviço do ego e o ego assenhoreia-se do id, de tal forma que as satisfações do id se tornam fortalecedoras do ego. Isso, entretanto, é uma conquista do desenvolvimento saudável e, na infância, existem muitas variações que dependem do fracasso relativo dessa conquista. . . . Na psicose infantil (esquizofrenia), o id permanece relativa ou totalmente "externo" ao ego, e as satisfações do id permanecem físicas,*

e têm o efeito de ameaçar a estrutura do ego, isto é, até que defesas de qualidade psicótica sejam organizadas. (Winnicott, 1960/1990, p. 40)

Nos primeiros tempos, as experiências de cunho sexual se constituem lentamente. Embora não se possa dizer que a experiência de alucinar o seio e sugar o dedo seja isenta de prazer, Winnicott pensava que, no início da vida, essa característica autoerótica era secundária, já que o que está em questão é a *posse e o controle do objeto*. Eu o cito:

> *Esses fenômenos (de sucção) somente podem ser explicados assumindo que o ato é uma tentativa de localizar o objeto (seio etc.) e a mantê-lo a meia distância entre o dentro e o fora. Isso é uma defesa contra a perda do objeto ou no mundo externo ou no interior do corpo, quer dizer, contra a perda de controle sobre o objeto.*
>
> *Eu não tenho dúvidas que a sucção normal do polegar tenha essa função também.*
>
> *O elemento autoerótico (aí) não é sempre de importância soberana.... (Winnicott, 1945/1992, p. 156)*

Ou seja, Winnicott pensa que, para um bebê nos primórdios da vida, é mais importante uma sensação de controle do objeto – indispensável à sua sobrevivência – do que qualquer experiência de prazer. Entretanto, é inegável que a experiência autoerótica está presente desde os primórdios e é elaborada, imaginativamente falando, vindo a ganhar cada vez maior importância à medida que a segurança e a confiança do bebê no seu entorno aumentam e as questões de sobrevivência tornam-se asseguradas.

Mas o tempo passa, e, com cerca de 12 meses, o bebê já possui uma boa integração do *self*, surgindo a fase do "Eu sou". Isso significa dizer que, por essa época, a sexualidade infantil já se encontra razoavelmente constituída, faltando ainda, entretanto, uma maior fusão dos impulsos agressivos/destrutivos com os impulsos eróticos.[13]

Essa fusão somente advirá com a experiência repetida, inúmeras vezes, do *ciclo benigno*, característico do *estágio da concernência*, que se desenrola entre cerca de 8 meses e 2 anos e meio. Por essa ocasião, a mãe-ambiente e a mãe-objeto já se integraram, para o bebê, numa única mãe, que ele já reconhece como um ser semelhante. Aí surge a fantasia de destruir o corpo materno devido ao sadismo oral (já constituído), seguida de sentimento de culpa (geralmente inconsciente) e de desejo de reparação do que foi destruído (na fantasia), processo esse que, quando devidamente recebido e sustentado pela mãe, constitui o ciclo benigno. A partir da repetição dessa experiência ao longo do tempo, a criança começa a não temer tanto os seus impulsos agressivos/destrutivos, podendo vir a apropriar-se dos mesmos, pois sente que o que ela destrói consegue reparar. Como consequência dessa apropriação, eles vêm a se fundir aos impulsos eróticos já apropriados, criando condições para a sustentação infantil da ambivalência afetiva, característica do complexo de Édipo. Assim, é forçoso admitir que é somente por volta dos 2 anos e meio, 3 anos, que a criança possui uma sexualidade infantil solidamente

---

13 *Grosso modo*, Winnicott via a agressividade do bebê como ligada à motilidade infantil, presente, em parte, no impulso amoroso originário ligado à amamentação (nos estados excitados) e, em parte, nos processos de oposição sensorial entre o corpo infantil e o corpo materno (nos estados relaxados). Uma boa amamentação e uma boa sustentação corporal do bebê (envolvendo tônus muscular) ajudam numa apropriação desses impulsos pelo *self* infantil, nos primeiros tempos. O restante do processo, entretanto, será realizado no *estágio da concernência*.

constituída, capacitando-a a enfrentar, sem grandes problemas, a experiência e a elaboração do complexo de Édipo.[14]

Entretanto, a partir daí, o desenvolvimento sexual se processa como Freud o descreveu, descrição que Winnicott retoma, ainda que com um colorido próprio (Winnicott, 1988, parte II). Aparecem, na sua descrição: a sexualidade oral, anal e fálica, a inveja do pênis na menina (e a evolução desse processo até a descoberta da vagina), o complexo de castração e a passagem da fase fálica para a genital. E, com a elaboração do complexo de Édipo, a formação do *superego* (Winnicott, 1960/1997). Portanto, penso que a afirmação de que Winnicott não levava devidamente em conta a sexualidade infantil é parcial e advém, a meu ver, de uma leitura insuficiente da sua obra.

Cumpre, ainda, salientar que, para Winnicott, a sexualidade infantil somente será uma sexualidade *verdadeira* se constituída *a partir da experiência própria do bebê*, ou seja, de *dentro para fora*, partindo da experiência subjetiva da criação do seio rumo ao processo de personalização e temporalização, cabendo à mãe oferecer o seio no momento oportuno e sustentar toda a experiência ao longo do tempo. Quando isso não acontece – e, a sexualidade forma-se *de fora para dentro*, por imposições e invasões ambientais –, pode constituir-se o que eu denomino *sexualidade falsa* como parte de um falso *self* patológico, cindido do restante da personalidade e formado por mimetizações ambientais.

Essa noção de *sexualidade falsa* não chega a ser formulada explicitamente por Winnicott, mas é uma dedução *necessária,* a meu ver, da noção do falso *self* cindido. O que ele afirma, de fato, é que,

---

14 Winnicott via como uma das principais aquisições da elaboração do complexo de Édipo, além das normatizações da sexualidade (pela interdição do incesto), a sustentação psíquica da *ambivalência afetiva*, ligada ao *odiar e amar uma mesma pessoa* (tanto o pai quanto a mãe, já que o complexo de Édipo é sempre duplo, muito embora uma das formas seja a dominante).

quando o *self* verdadeiro é isolado do contato ambiental por um falso *self* patológico, a experiência cessa completamente. Ora, a experiência cessando, não se pode formar nenhuma sexualidade verdadeira, já que cessa, também, a elaboração imaginativa das funções corporais, capaz de produzir, gradativamente, a transformação de impulsos de cunho biológico em experiências psíquicas. Entretanto, pode formar-se outro tipo de "sexualidade", a partir da mimetização de traços ambientais pelo falso *self,* criando um padrão falso, com finalidades mais primárias do que a busca de prazer.

A sexualidade falsa cria uma impressão errônea de desfrute erótico – para o observador externo – e está presente na maior parte dos pacientes de tipo *borderline,* servindo, geralmente a fins mais primitivos do que os ligados à busca de prazer. Lembro-me, aqui, de uma paciente minha que, durante certas crises de angústia, necessitava copular com várias pessoas, dizendo-me que essa era uma forma de "não se sentir dissolvendo no nada". Ou seja, essa suposta "sexualidade" servia para criar uma integração psico-somática mínima, capaz de afastar o terror de aniquilamento.[15] Esse é um exemplo típico de falsa sexualidade de patologia *borderline.*

Com relação a essa questão, André Green analisou uma paciente *borderline* que fora anteriormente analisada por Winnicott (Green, 2003)[16] e, a partir dessa experiência, acusa o psicanalista inglês de

---

15 Pode-se, sem dúvida alguma, tentar estender artificialmente a noção de prazer erótico *ad infinitum,* por meio de um apelo à dimensão econômica da metapsicologia freudiana; então, tudo o que implicar alguma redução (ou alteração) do nível de excitação pulsional será considerado prazer, incluídas aí as cópulas realizadas com a finalidade de aliviar o *terror de desintegração* (tão comum em pacientes de tipo *borderline*). Entretanto, é forçoso também admitir que, com esse estiramento, o conceito de *prazer* vai perdendo a sua consistência, até chegar a não significar mais quase nada.
16 Trata-se da paciente relatada no Capítulo 1 do livro *Playing and reality* (Winnicott, 1971, pp. 20-25).

não levar devidamente em conta os aspectos sexuais do caso (Green, 2003, pp. 81-82). Green refere-se ao traço que denomina *analidade primária* da paciente – analidade esta que ele considera como tendo uma constituição erótica, pela fixação da libido no narcisismo anal – e que produz uma forma de constipação intestinal crônica, na qual o bolo fecal retido funciona como uma espécie de *eixo da personalidade*, expressando-se psiquicamente por obstinação, paralisia psíquica e incapacidade de tomar decisões.[17] Figueiredo e Ulhoa Cintra (2004) assim se expressam sobre essa patologia *psico-somática*:

> *O resultado da obstinação como forma de ligação opositiva, de amor-ódio conjugados, é justamente a constituição de uma prótese – a coluna fecal – que procura substituir as estruturas malformadas ou inexistentes. A ambivalência e a paralisia em que ela redunda são, assim, a própria "espinha dorsal" desses indivíduos. (pp. 43-44)*

Ora, esse tipo de analidade poderia, a meu ver, ser claramente classificado como *falsamente sexual*. Isso na medida em que serve a fins mais primitivos do que a busca do prazer, é mais uma defesa de sobrevivência – manter uma espinha dorsal psíquica, ainda que precária – do que a busca e manutenção de um prazer erótico. Além disso, ela se forma como uma defesa primitiva, provocando um retraimento esquizoide, o que – na concepção winnicottiana – implica a proteção do *self* verdadeiro por um falso *self* cindido, conforme já demonstrei em outro artigo (Naffah Neto, 2007b). Ou seja, um tipo de dinâmica psíquica em que a experiência cessa, impedindo a constituição de qualquer sexualidade verdadeira.

---

17 Para uma descrição mais completa desse quadro *psicossomático*, recomendo a leitura de Figueiredo e Ulhoa Cintra, 2004, parte IV.

Mas Green insiste na sexualidade da paciente em questão, contando-nos um sonho relatado por ela, no qual Elizabeth Taylor dançava com a sua mãe. E assim o interpreta:

> *Na verdade, o sonho com Elizabeth Taylor representa uma relação homossexual com a sua mãe. Suponho que Elisabeth Taylor representava a menina de 15 anos voltando para casa, com a expectativa de seduzir a mãe. (Green, 2003, p. 81)*

Ora, essa interpretação parece-me forçada e não convincente, especialmente na medida em que Green não descreve as associações livres da paciente, nem como chegou a essa formulação. Assim, outras interpretações do sonho são possíveis: a imagem onírica de Elizabeth Taylor dançando com a mãe da paciente, como descrita por ela, pode simplesmente significar uma cisão da figura materna em duas imagens: uma idealizada, glamorosa, como os outros a percebiam, ao dizer: "Sua mãe é tão maravilhosa" (Winnicott, 1971, p. 24); e outra real, empobrecida, a mãe mentirosa (como a paciente realmente a experimentara, em função de a mãe ter-lhe mentido em certa ocasião). Winnicott referendaria, possivelmente, tal interpretação, por considerar que o mecanismo de introjeção da figura materna tem, muitas vezes, a função defensiva de produzir introjetivamente uma mãe idealizada, para fazer frente à mãe real, deficiente (Winnicott, 1988, pp. 75-77). Ora, nesse sentido, Elizabeth Taylor não pode, simplesmente, representar a mãe introjetada, idealizada, frente à mãe real, deficiente (mentirosa)? E a dança, a coexistência das duas mães como objetos cindidos, mas que coexistem na dança da vida?

Mas é evidente que Green, considerando a sexualidade, como Freud a postulava, como uma espécie de substância primordial da qual toda a vida se tece, tendia a buscá-la em qualquer material onírico, fosse ele qual fosse. Não levando em conta as distinções winnicottianas entre o *verdadeiro* e o *falso*, nunca poderia chegar a esse tipo de considerações sobre verdadeira e falsa sexualidade.[18]

Concluindo, podemos afirmar que é a presença do instinto infantil nos estados excitados e a elaboração do prazer advindo da sua satisfação que constituirão, paulatinamente, a sexualidade infantil. Por isso Winnicott nunca propõe – ao contrário de alguns psicanalistas franceses pós-lacanianos como Serge Leclaire (1968) – que a sexualidade advenha por meio de uma erotização materna do corpo infantil. Assim se expressa Serge Leclaire:

> *Imaginemos antes a doçura do dedo de uma mãe a brincar "inocentemente", como nos instantes do amor, com aquela covinha original do lado do pescoço e o rosto do bebê a se iluminar com um sorriso. Podemos dizer que o dedo, com sua carícia amorosa, vem imprimir nessa cova uma marca, abrir uma cratera de gozo, inscreve uma letra que parece fixar a intangível instantaneidade da iluminação. No oco da covinha abre-se uma zona erógena, fixa-se um intervalo que nada pode apagar, mas sobre o qual se realizará de maneira eletiva o jogo do prazer, sempre que um objeto qualquer venha reavivar nesse lugar o brilho do sorriso que a letra fixou.* (Leclaire, 1968, p. 60)

---

18 Convém assinalar, aliás, que *verdadeiro* e *falso*, no vocabulário winnicottiano, não realizam nunca qualquer distinção de cunho metafísico, mas possuem um âmbito puramente *clínico* (descrevendo os sentimentos de pacientes com relação à própria vida, sentida por alguns como *verdadeira*, por outros como *falsa*). Green nunca levou em consideração essa distinção clínica realizada por Winnicott, ou seja, nunca trabalhou com as noções de falso e verdadeiro *self*.

É obvio, e ninguém poderia negar, que uma mãe, quando troca o seu bebê, produz algum tipo de carinho ou de carícia no corpo infantil, e podemos até afirmar que é desejável que assim seja. No entanto, se prevalecer o estado de *preocupação materna primária* – descrito por Winnicott –, temos de considerar que essas carícias nunca serão invasivas, nunca atingirão um limiar capaz de levar o bebê a descobrir a existência da alteridade (o desejo sexual de outrem), num momento em que ainda não tem condições para tal. Ou seja, elas serão *suficientemente* boas, caso em que poderão ser incorporadas pela área de onipotência do bebê sob a forma de cuidados, como todo o restante do manuseio. Nessa direção, elas poderão produzir, no bebê, uma experiência de se sentir amado, cuidado, e não uma "cratera de gozo", como propõe Leclaire.

Entretanto, temos de considerar que o solo psicanalítico de Leclaire é outro; como um pós-lacaniano, ele parte das pulsões postuladas por Freud e, assim, procura descrever como o manuseio materno é capaz de *despertar* as pulsões de vida, dando origem à sexualidade infantil (de uma forma bastante convergente, aliás, com o pensamento de Green, outro pós-lacaniano). Entretanto, no âmbito da teoria winnicottiana, de duas, uma: ou temos de pensar que esse manuseio é *suficientemente bom*, de tal forma a não interromper a *continuidade de ser* do bebê, pela revelação *prematura* da existência de uma alteridade, ou bem ele tem um efeito traumático.[19] E traumático, para Winnicott – se estamos falando do estágio de

---

19 Embora isso já tenha sido dito anteriormente, relembro aqui o leitor de que o bebê recém-nascido vive totalmente fundido ao meio ambiente; portanto, para ele, não existe *outrem*, ou seja, tudo o que é vivido na sua experiência é sentido como um prolongamento seu: daquilo que Winnicott denominou sua *área de onipotência*. Nesse sentido, a criação de uma marca sensual vinda de fora, da sexualidade adulta, ou bem possui um caráter não intrusivo, que lhe permite ser incorporada pela área de onipotência infantil, sob a forma de cuidado – ou seja, como se ela fosse uma criação do próprio bebê – ou necessariamente terá um cunho traumático, revelando ao bebê *prematuramente* a existência da alteridade.

dependência absoluta ou relativa –, significa, necessariamente, gerador de patologias.

Relacionamentos de afinidade de ego (ego-relatedness)

Winnicott postulou, num texto de 1958 (Winnicott, 1958/1990, pp. 34-35), que existem diferentes tipos de prazeres, chegando a um conceito de *êxtase* ou de *orgasmo egoico* que não tem nada a ver com instinto nem com sexualidade.

Nesse mesmo tipo de raciocínio, considerou que o tipo de relacionamento do bebê com a mãe-ambiente, nos estados relaxados, é um relacionamento de *afinidade de egos*, distinto de um relacionamento pautado no id, ou seja, na satisfação instintual; por essa razão, ele é postulado como não sexual. É importante, entretanto, salientar que essa consideração está pautada na *diferença* criada pela *presença* do instinto infantil nos estados excitados e na sua *ausência* nos estados relaxados, além da condição de não integração existente entre os dois estados e entre as duas mães, na experiência do bebê (até ocorrer a integração do *self*). Corrobora isso tudo aquilo que salientei nos parágrafos anteriores, ou seja, que o papel da sexualidade do adulto na "erotização" do bebê, nos casos suficientemente bons, não atinge um limiar capaz de imprimir a esses estados relaxados *uma marca distintiva*, salvo nos casos patológicos. Concluindo: é a *ausência do instinto infantil* nos estados relaxados que lhes dá a marca distintiva do não sexual. O que significa que, para Winnicott, *sexualidade está sempre relacionada à satisfação instintual*. Isso também significa que, nos casos em que a criança se torna objeto da satisfação instintual do adulto, haverá sexualidade sendo criada, mas de cunho patológico.[20]

---

20 Existem os casos mais flagrantes de abuso sexual da criança por parte do adulto – e que, muitas vezes, podem levar à esquizofrenia – amplamente relatados por

O estado de *afinidade de egos* gera um tipo de afeição distinta do desejo sexual, presente nas amizades, e, como salienta Winnicott, sem que tenhamos de negar a existência ou a importância dos processos de *sublimação* descritos por Freud (Winnicott, 1958/1990, p. 35). Ou seja, podem existir relações sublimadas que eram originalmente de tipo erótico,[21] mas isso não quer dizer que todas as relações de afinidade de egos sejam produto de sublimação.[22]

Também a constituição da terceira área, do *espaço potencial*, tem como matriz principal esse tipo de relação característica dos estados relaxados do bebê, já que o advento dos objetos transicionais e a aquisição da capacidade de brincar pressupõem uma criança *capaz de ficar sozinha*, inicialmente na presença do adulto e, depois – a partir da incorporação dos cuidados maternos e da constituição da mãe como bom objeto interno –, sem a presença de ninguém (Winnicott, 1958/1990, pp. 31-32). Isso significa que o brincar, para Winnicott, guarda uma maior proximidade com as relações de afinidade de ego, de clímax e de orgasmo egoicos do

---

Sándor Ferenczi no seu *Diário clínico* (Ferenczi, 1990). Como exemplo, cito o da paciente R.N., violentada várias vezes por adultos quando criança e descrita como um caso de esquizofrenia progressiva (Ferenczi, 1990, pp. 38-41). Mas, além desse tipo de abuso sexual mais aberto e grosseiro, existem aqueles mais sutis – geralmente disfarçados de amor – e que mereceriam um estudo à parte, que este artigo não tem condições de contemplar, por questões de espaço e tempo.

21 Por exemplo, com o crescimento da criança, ela tem de ser desmamada e abrir mão do erotismo oral ligado à mãe, caso em que ele será recalcado ou sublimado, buscando outro tipo de satisfação.

22 São essas considerações que levaram Ana Lila Lejarraga a realizar uma pesquisa interessantíssima de pós-doutorado, supervisionada por mim, que deu origem a um livro que tem por tema o amor em Winnicott (Lejarraga, 2012). Uma de suas conclusões é a de que o amor, para Winnicott, tem de ser pensado como uma *montagem*, na qual concorrem diferentes processos tanto ligados às afinidades egóicas quanto aos desejos sexuais.

que com qualquer experiência instintiva. Isso porque – Winnicott argumenta – o brincar envolve uma dimensão simbólica na qual o desfrute psíquico é grande, e o físico-corporal, menor (Winnicott, 1958/1990, p. 35). E mesmo no caso das brincadeiras sexuais – nas quais o brincar e a sexualidade se juntam –, podemos dizer que, se a psique não povoar o jogo com criações imaginativas, cujo desfrute *informe* e *sustente* o desejo sexual, o relacionamento erótico será pobre e restrito.

Ou, seja, é a capacidade de brincar que sustenta a sexualidade, e não o contrário. Nesse sentido, sem dúvida alguma, Winnicott inverte o pensamento psicanalítico corrente (para o qual é a sexualidade sublimada que possibilita o brincar). Mas não foi, justamente, por essa liberdade de pensamento que ele conseguiu criar a sua marca distintiva na psicanálise e tornar-se um dos seus maiores expoentes?

Referências

Ferenczi, S. (1990). *Diário clínico*. Martins Fontes.

Figueiredo, L. C., & Ulhoa Cintra, E. (2004). Lendo André Green: o trabalho do negativo e o paciente limite. In M. Rezende Cardoso (Org.), *Limites*. Escuta.

Freud, S. (1895/1975). Proyecto de psicologia. In S. Freud, *Obras Completas* (Vol. I). Amorrortu.

Freud, S. (1905/1975). Tres ensayos de teoria sexual. In S. Freud, *Obras Completas* (Vol. VII). Amorrortu.

Freud, S. (1920/1975). Más allá del princípio de placer. In S. Freud, *Obras Completas* (Vol. XVIII). Amorrortu.

Freud, S. (1923/1975). El yo y el ello. In S. Freud, *Obras Completas*, (Vol. XIX). Amorrortu.

Green, A. (2003). A intuição do negativo em "o *brincar* e a realidade". In A. Green, *André Green e a Fundação Squiggle*. Rocca.

Kahtuni, H. C., & Paraná Sanches, G. (2009). *Dicionário do pensamento de Sándor Ferenczi*. Elsevier.

Leclaire, S. (1968). *Psicanalisar*. Perspectiva.

Lejarraga, A. L. (2012). *O amor em Winnicott*. Faperj/Garamond.

Naffah Neto, A. (2007a). A noção de *experiência* no pensamento de Winnicott como conceito diferencial na história da psicanálise. *Natureza Humana, 9*(2), 221-242.

Naffah Neto, A. (2007b). A problemática do falso self em pacientes de tipo borderline: revisitando Winnicott. *Revista Brasileira de Psicanálise, 41*(4), 77-88.

Naffah Neto, A. (2012). Sobre a elaboração imaginativa das funções corporais: corpo e intersubjetividade na constituição do psiquismo. In N. Coelho Jr., P. Salem, & P. Klatau (Orgs.), *Dimensões da intersubjetividade*. Fapesp/Escuta.

Winnicott, D. W. (1965). *The child, the family and the outside world*. Pelican. (Trabalho original publicado em 1964)

Winnicott, D. W. (1971). *Playing and reality*. Routledge.

Winnicott, D. W. (1988). *Human nature*. Free Association Books.

Winnicott, D. W. (1990). The capacity to be alone. In D. W. Winnicott, *The maturational processes and the facilitating environment*. (Trabalho original publicado em 1958)

Winnicott, D. W. (1990). The theory of parent-infant relationship. In D. W. Winnicott, *The maturational processes and the facilitating environment*. Karnac. (Trabalho original publicado em 1960)

Winnicott, D. W. (1992). Primitive emotional development. In D. W. Winnicott, *Through paediatrics to psychoanalysis*. Karnac. (Trabalho original publicado em 1945)

Winnicott, D. W. (1999). *The spontaneous gesture – selected letters of D. W. Winnicott*. Karnac. (Trabalho original publicado em 1987.)

3. A função básica da mãe (e do analista) em Bion e Winnicott, com foco nos conceitos de *rêverie* e *holding*[1]

Considerações preliminares

Rêverie e *holding* são conceitos nucleares da psicanálise inglesa – o primeiro constituindo a pedra angular da clínica de Wilfred Bion; o segundo, a noção central da clínica de Donald Winnicott. E, talvez por serem considerados conceitos homólogos em ambas as teorias, muitas vezes aparecem, em escritos psicanalíticos, justapostos – quando não confundidos –, especialmente em autores que transitam de uma teoria para a outra sem maiores cuidados, recortando os conceitos de seu entorno teórico/clínico e fazendo as noções se equivalerem ou, pelo menos, se complementarem na função psicanalítica.

Evidentemente, não estou me referindo àqueles que utilizam conceitos bionianos e/ou winnicottianos (ou mesmo de outros autores) na sua composição teórica e recriam-nos, numa nova elaboração, como André Green, Thomas Ogden ou, mais próximo de nós, Luís

---

[1] Este artigo foi originalmente publicado na *Revista Brasileira de Psicanálise*, 45(3), 2011. Esta versão foi inteiramente revista e a ela foram acrescentadas informações novas.

Cláudio Figueiredo. Esses se dão ao trabalho de tentar construir um novo corpo teórico, no qual as noções emprestadas de outros autores vêm ocupar novos lugares, num todo relativamente coerente. Podemos nos identificar ou não com seus escritos, concordar ou discordar dos seus enxertos teóricos, mas não podemos negar que existe aí um trabalho de reconstrução, mais ou menos rigoroso.

Para todos esses fins – sendo mais ou menos justificado o uso que se faz desses conceitos –, é necessário, entretanto, perguntarmo-nos se, nos seus lugares de origem, *rêverie* e *holding* designam processos semelhantes ou, pelo menos, equivalentes. O fato de ambos nomearem, para os autores citados, a principal forma de *cuidado materno* – e, por extensão, o núcleo da *função analítica* – não os torna necessariamente similares.

A tarefa à qual me propus aqui é pesquisar o sentido dessas noções nas teorias que as referendam, bem como as consequências que esse sentido impõe à prática clínica dos seus respectivos autores. Considerarei aqui, especificamente, a clínica de pacientes *borderline* e/ou psicóticos.

Isso não significa, de forma alguma, tentar restringir a utilidade desses conceitos (cujo uso é de grande abrangência, em diferentes situações de vida, dentro e fora do consultório), mas simplesmente focalizar uma condição clínica privilegiada, já que é nela que as singularidades de ambas as concepções se explicitam de forma mais clara.[2]

---

[2] Uma análise discriminadora desses conceitos já foi realizada anteriormente por outros autores, dentre os quais Ogden, num artigo bastante interessante (Ogden, 2004). Entretanto, diferentemente da proposta aqui realizada, ele não utiliza a análise de esquizofrênicos (em ambos os autores) como foco privilegiado de investigação, o que imprime às suas descobertas um colorido um pouco diferente daquele que se descortina a partir do presente estudo.

Rêverie *e esquizofrenia*

A noção de *rêverie* é altamente complexa e está ligada, na teoria bioniana, à noção de elementos β e de função α.

Bion entende que nossas primeiras experiências, ao nascermos, implicam elementos sensuais/sensoriais (portanto, de origem somática), denominados elementos β, que, para desdobrarem um componente mental, necessitam passar por um processo de elaboração, análogo à digestão, que ele designa como função α.[3] Nas suas palavras: "Esse componente mental: amor, segurança, ansiedade, como distinto do somático, exige um processo análogo à digestão" (Bion, 1962, citado por Sandler, 2005, entrada "The digestive model," p. 460, tradução minha). Ou seja, se o bebê sente um mal-estar somático difuso e indefinido que numa mente adulta poderia ser traduzido como medo de morrer, essa sensação obscura e apavorante, para adquirir contornos e significados mentais para o bebê, dependerá de uma digestão a ser realizada. Nesse exemplo, podemos dizer que o mal-estar difuso é um conjunto de elementos β que, quando digeridos, transformam-se em elementos α, ganhando, então, forma imagética e verbal: medo de morrer (ou seja, conquistam dimensão simbólica). "Elementos α podem ser usados para pensar, armazenar memória e sonhar. A função α abstrai a 'concretude' das impressões sensoriais" (Sandler, 2005, entrada "Alpha function", 27, tradução minha). Ou, noutros termos, "a função α 'des-sensorial-iza' ou transforma em imaterial aquilo que, em sua origem, era material" (Sandler, 2005, entrada *"Rêverie"*, p. 643, tradução minha).

---

[3] Bion usava indistintamente os conceitos de *mente (mental)* e *personalidade* (e mesmo *pensamento,* quando queria falar da mente na função que considerava a mais importante). Já Winnicott distinguia *psique* de *mente,* sendo este último termo aplicável somente a uma parte especializada das funções psíquicas: às funções *intelectuais.*

Bion entende que a mente primitiva do bebê é, inicialmente, incapaz de realizar esse tipo de depuração/transformação, dependendo, para tanto, do adulto cuidador. Os elementos β são, então, segundo ele, evacuados sobre a mãe na forma de identificações projetivas, e ela os devolve ao bebê, digeridos, transformados. Isso constitui, para ele, a forma mais primitiva de comunicação na relação mãe-bebê. Sandler (2005) diz:

> *Os infantes, por assim dizer, tomam emprestada a função α de suas mães. Desta forma, a mãe desintoxica os elementos β da criança, sendo eles devolvidos ao infante numa forma digerida. (Entrada "Alpha function", 27, tradução minha)*

Assim, Bion se pergunta: "Quando uma mãe ama o bebê, como ela lida com ele? Deixando de lado os canais físicos de comunicação, minha impressão é de que o seu amor é expresso por *rêverie*" (Bion, 1962, citado por Sandler, entrada "*Rêverie*", 645, tradução minha). Ou ainda, num sentido mais preciso:

> *Rêverie é um estado de mente que está aberto à recepção de quaisquer "objetos" vindos do objeto amado e é, portanto, capaz de recepção das identificações projetivas do infante, sejam elas sentidas pelo infante como boas ou más. (Bion, 1962, citado por Sandler, 646, tradução minha)*

Rêverie designa, pois, o exercício da função α sobre os produtos das identificações projetivas recebidas do objeto amado.

Resumindo, poderíamos dizer que, ao conferir um estatuto mental às sensações somáticas do bebê, sejam elas boas ou más, calmantes ou terroríficas, a mãe possibilita que o mesmo possa reintrojetar aquilo que evacuou, mas sob forma depurada, desmaterializada, capaz – por isso mesmo – de propiciar-lhe, gradativamente, a possibilidade de sonhar,[4] armazenar memórias e ir criando um aparelho de pensamento, já que somente os elementos α possuem capacidade de relação e podem criar elos, formar estruturas. Serão eles que, também, garantirão, mais adiante, a distinção entre consciente e inconsciente e capacitarão a criança para o uso da função simbólica, nos seus mais diferentes níveis. Assim se processa gradativamente o desenvolvimento de um bebê normal, aquele que, mais tarde, poderá vir (ou não) a desenvolver uma neurose. Mas como se formam os psicóticos, segundo Bion? Simplesmente carecem de uma mãe capaz de *rêverie*?

A questão não é assim tão simples; a ausência de uma mãe de mente aberta – para usar a expressão de Bion – pode, sim, ser uma das causas da formação de uma psicose, mas geralmente não é a única, tampouco a principal.

---

4 Ogden procura articular a noção de *rêverie* ao conceito bioniano de *continente--contido*, desdobrando daí diferentes formas do *sonhar*, como processo básico de elaboração psíquica: "Assim, é básica ao pensamento de Bion a ideia de que o sonho é a forma primária por meio da qual realizamos um trabalho psicológico inconsciente com a nossa experiência vivida. Essa perspectiva . . . integra o conceito de continente-contido. . . . O 'continente' não é uma coisa, mas um processo. É a capacidade para o trabalho psicológico inconsciente do sonhar, operando em acordo com a capacidade para o pensamento pré-consciente nos moldes do sonho (*rêverie*) e a capacidade para o pensamento do processo secundário, mais inteiramente consciente. . . . O 'contido', como o continente, não é algo estático, mas um processo vivo que, na saúde, está continuamente expandindo e mudando. O termo refere-se a pensamentos (no sentido mais lato do termo) e sentimentos que derivam da nossa experiência emocional viva" (Ogden, 2004, p. 1356). Mas, para que essas diferentes modalidades do sonhar sejam possíveis e todas as articulações entre elas se formem na mente adulta, é necessário que os "mais elementares dos pensamentos que constituem o contido", os elementos β, que são, por assim dizer, "as almas do pensamento" (op. cit.) sejam transformados em elementos α. Para isso, o recém-nascido necessita do *continente* materno, já inteiramente desenvolvido e funcionando.

Quando aponta as precondições para o surgimento da esquizofrenia, Bion começa dizendo: "Há o ambiente, que não examinarei dessa vez" (Bion, 1957/1991, p. 70), o que já suscita a pergunta: "Por que não examinará dessa vez?". E a resposta, que vai se confirmando ao longo do texto, é: simplesmente porque não vem do ambiente a precondição principal para a esquizofrenia. Esta se situa:

> *na personalidade, que deve apresentar quatro traços essenciais. São estes: uma preponderância tão grande de impulsos destrutivos, que mesmo o impulso de amor é inundado por eles e transformado em sadismo; um ódio à realidade, interna e externa, que se estende a tudo o que contribui para a percepção dela; um terror de aniquilação eminente (Klein, 1946) e, finalmente, uma formação prematura e precipitada de relações de objeto . . . cuja fragilidade contrasta acentuadamente com a tenacidade com que são mantidas. (Bion/1991, 1957, p. 70)*

Ou seja, tudo o que está aí descrito como precondição para a esquizofrenia não provém de um ambiente deficitário, já que, nesse texto, Bion não está examinando o papel do ambiente na etiologia das psicoses. Ora, não sendo ambientais, essas precondições somente podem ser *inatas, constitucionais*. Bion as considera "um dote". Eu o cito:

> *Estas (as precondições) são um dote, que faz com que, certamente, seu possuidor atravesse as posições esquizo--paranoide [sic] e depressiva de um modo acentuadamente diverso de quem não é assim dotado. A diferença depende do fato de essa combinação de qualidades levar à fragmentação da personalidade em partes mínimas –*

> *em especial à fragmentação do aparelho de percepção da realidade que, na descrição de Freud, entra em operação em obediência ao princípio de realidade – e à projeção excessiva destes fragmentos da personalidade para dentro dos objetos externos.* (Bion, 1957/1991, p. 70)

Ou seja, por serem maldotadas, certas crianças já trazem uma propensão à esquizofrenia, que as torna diferentes das crianças normais. O bebê com propensão esquizofrênica ataca sadicamente o peito materno e cinde os objetos e partes da sua personalidade – especialmente aquelas ligadas à percepção – em partes mínimas, em função do seu ódio à realidade. Tende, assim, a destruir todos os elos que possam levá-lo ao contato com aquilo que odeia. Nesse sentido, não tolera, também, os elementos α e a sua imaterial capacidade de produzir elos, ligações, pensamentos. Para o bebê com propensão à esquizofrenia, de muito pouco adiantará, nesse sentido, uma mãe de mente aberta, capaz de *rêverie*, já que ele tenderá a destruir o trabalho elaborativo por ela realizado. Resumindo, podemos dizer que se trata de crianças com uma baixíssima resistência à frustração, desenvolvendo todos esses mecanismos primitivos de defesa em função da dor psíquica que a realidade lhes provoca – considerados todos os tipos de frustração que ela, necessariamente, envolve.

Mas a questão é ainda mais complexa do que possa parecer, já que todo esse processo antes descrito constitui uma *fantasia onipotente*, uma *ilusão* do bebê, nos termos de Bion (cf. Bion, 1957/1991, p. 72). Ou seja, é a parte psicótica da criança que *acredita* (e nisso *se ilude*) que pode realizar essas cisões e destruir o seu aparelho perceptivo, quando, *de fato*, há outra parte sua, não psicótica, que continua mantendo contato com a realidade, mas que fica, entretanto, obscurecida pelo domínio da parte psicótica. Caso não houvesse essa parte não psicótica e esse contato com a realidade, os mecanismos de defesa antes descritos nem seriam necessários.

A esquizofrenia descreve, pois, antes de tudo, esses embates entre a parte psicótica e não psicótica da personalidade de um indivíduo, enquanto domina a parte psicótica. É possível dizer – seguindo a tradição kleiniana, da qual Bion faz parte – que essa preponderância dos impulsos destrutivos, do ódio à realidade, do terror de aniquilação eminente etc. – associados à baixa resistência à frustração –, são manifestações do domínio da pulsão de morte sobre a pulsão de vida. E que isso caracteriza o "dote" do esquizofrênico.

A clínica bioniana da esquizofrenia

Para analisar, brevemente, a clínica de esquizofrenia proposta por Bion, cito, primeiramente, um trecho de uma sessão descrita num artigo publicado em 1957 (Bion, 1957/1991). Trata-se, segundo a sua descrição, de um paciente que usa a parte psicótica da personalidade para fazer cisões e identificações projetivas. Estava em análise há seis anos e nunca costumava faltar às sessões. Nessa sessão, entretanto, chegou quinze minutos atrasado e deitou-se no divã.[5]

> *Passou algum tempo mexendo-se de um lado para o outro, claramente procurando encontrar uma posição confortável. Por fim, ele disse: "Não creio que vou fazer alguma coisa hoje. Eu deveria ter telefonado para minha*

---

5 Entretanto, para poder reproduzir aqui o trecho da sessão em questão, tive de pular os pedaços do texto em que Bion realiza longas descrições do processo anterior do paciente, tentando informar ao leitor o que o leva a tais interpretações. Se não fizesse isso, seria obrigado a reproduzir páginas inteiras do artigo, o que me desviaria dos objetivos aqui perseguidos. Ao leitor que queira ter acesso às informações completas, recomendo, pois, a leitura completa do artigo citado.

mãe". Fez uma pausa e então disse: "Não, eu achei que ia ser assim". Seguiu-se uma pausa mais prolongada e, então, disse: "Nada, a não ser coisas sujas e cheiros ruins". "Acho que perdi minha visão". Uns vinte e cinco minutos haviam agora se passado, e nesse momento fiz uma interpretação...

Disse-lhe que essas coisas sujas e maus cheiros eram o que ele sentia que me levara a fazer, e que me obrigara a defecar tudo aquilo, incluindo a visão que ele havia posto dentro de mim.

O paciente se sacudiu convulsivamente e vi que perscrutava cautelosamente o que parecia ser o ar à sua volta. Então eu disse que ele se sentia rodeado por pedaços seus maus e malcheirosos, inclusive seus olhos, que sentia ter expelido pelo ânus. Ele respondeu: "Não consigo enxergar". Então, eu lhe disse que ele sentia que tinha perdido sua visão e sua capacidade de falar com sua mãe e comigo ao se desfazer dessas capacidades para não sentir dor. (Bion, 1957/1991, pp. 77-80)

Poderíamos continuar a descrição da sessão em questão, mas isso não nos levaria a nada de muito diferente do que podemos observar nesse trecho citado. Ou seja, independentemente das justificativas de Bion para fazer tais interpretações – em função de materiais anteriores fornecidos pelo paciente –, podemos ver, claramente, que elas estão calcadas numa certa concepção do psiquismo e dos mecanismos de defesa psicóticos. Trata-se de interpretações que descrevem claramente identificações projetivas e introjetivas realizadas pelo paciente (quais sejam: a visão do paciente, evacuada para o interior do corpo do analista, seguindo-se a fantasia de sua defecação pelo ânus do analista; a mesma visão, novamente reintrojetada devido ao medo da cegueira e, novamente, evacuada fantasiosamente pelo ânus do paciente, a fim de evitar a dor produzida pela visão das coisas; e isso tudo levando à perda da visão e da capacidade de comunicação com o outro). Esse tipo de interpretação e tudo o que subjaz a ele ficarão ainda mais claros com o segundo exemplo que vamos examinar.

Vamos, agora, reproduzir um outro fragmento de sessão, descrito em "Notes on the theory of schizophrenia", no livro *Second thoughts* (Bion, 1967), portanto uma outra sessão dos anos 1950, retomada anos depois. Primeiramente, o autor nos adverte de se trata de um paciente esquizofrênico em análise há 5 anos e que a descrição realizada da sessão é condensada (tendo deixado de lado várias formulações repetitivas), o que pode criar a impressão de certa "aridez" (*baldness*) nas interpretações:

> Paciente. *Arranquei um pedacinho de pele do meu rosto e sinto-me bastante vazio.*
>
> Analista. *O pedacinho de pele é o seu pênis, que você arrancou fora e todas as suas partes internas vieram junto.*
>
> Paciente. *Eu não entendo... pênis ...somente sílabas.*
>
> Analista. *Você cindiu a minha palavra "pênis" em sílabas e, agora, ela não tem nenhum sentido.*
>
> Paciente. *Eu não sei o significado, mas quero dizer: "Se eu não puder soletrar, não posso pensar".*

Analista. *Agora as sílabas foram cindidas em letras; você não pode soletrar – isso quer dizer que você não pode reunir as letras novamente para formar palavras. Então, agora você não pode pensar. (Bion, 1967, p. 28)*

O trecho citado é pequeno, mas suficiente para os meus propósitos aqui. Podemos considerar que, muito embora a sua descrição esteja condensada, depurada das repetições e, portanto, mais próxima de uma construção ficcional do que da realidade factual, nem por isso ela deixa de revelar *princípios* da técnica bioniana (inclusive porque vem corroborar o que pudemos observar na sessão anteriormente analisada). Passo, pois, à análise do trecho de sessão.

A primeira constatação importante é que a ferramenta clínica fundamental na análise da esquizofrenia continua sendo a *interpretação*, o que é bastante compreensível, já que se trata, segundo o próprio Bion, de devolver ao paciente, transformados em elementos α, os produtos das operações de cisão e evacuação, por ele realizadas, que tentam destruir qualquer forma possível de contato com a realidade, mantendo os dados perceptivos e mentais sob a forma incognoscível de elementos β.[6] Isso como forma de *resistência* ao conhecimento que poderia ser propiciado pela análise.

---

6 Podemos dizer que, partindo de O (a realidade em si mesma, inatingível, que somente podemos conhecer por meio de suas *transformações*, segundo Bion), o esquizofrênico tende a realizar *transformações projetivas e transformações em alucinose*. Esta última, além de produzir um movimento evacuativo, gera figuras que imaginariamente preenchem a falta de objeto e evitam a dor psíquica. Uma descrição detalhada desses processos é realizada por Bion em *Transformations* (1965), um livro de difícil leitura. Entretanto, são de grande ajuda as excelentes análises e comentários realizados por Figueiredo, Tamburino e Ribeiro no livro *Bion em nove lições* – lendo *Transformações* (2011), que nos permitem uma digestão mais fácil da obra bioniana, sem – em momento algum – tentar reduzir a sua complexidade.

As interpretações funcionam, pois, aí, como uma forma de *rêverie*, de digestão, transmutação, dos produtos difusos dessas operações, cujo componente mental necessita ser depurado. O analista realiza, então, uma espécie de contraidentificação projetiva não violenta (segundo Bion), que favorece ao paciente a reintrojeção daquilo que foi evacuado, mas sob nova forma, digerida, capaz de ir lhe propiciando, gradativamente, a construção de um aparelho mental.

Note-se, também que, no trecho de sessão examinado – ainda que se considerem todos os silêncios e repetições excluídos por Bion do relato resumido –, as interpretações são usadas sem grande parcimônia, como manda a boa tradição kleiniana.

Entretanto, mais para o final de sua trajetória analítica, Bion mudaria essa maneira de operar analiticamente, mostrando-se mais cético e, consequentemente, mais parco nas interpretações dadas a pacientes psicóticos.

No seu último livro, *Cogitations* (1992), aparece um texto não datado, denominado "The attack on the analyst's α function" (Bion, 1992, pp. 216-221), no qual são descritas sessões de um paciente no qual domina a parte psicótica da personalidade. Pode-se observar, então, que, nessas sessões, Bion permanece praticamente calado, na pura escuta.[7] Em meio ao relato de uma das sessões, ele nos diz: "Eu decidi esperar" (p. 218). No final do relato de outra, comenta: "Há muitas interpretações que eu poderia dar e que dei no passado. Elas são aparentemente muito pouco eficazes" (p. 219).

Pode-se notar aí certo desencanto de Bion com relação à eficácia dessa ferramenta analítica, que tanto tentou elaborar e burilar, no tratamento de pacientes que, segundo o seu relato, são verdadeiros

---

7 Decidi não reproduzir aqui o relato das sessões por questão de espaço, já que elas são descritas por Bion de forma bem minuciosa, e isso nos levaria à necessidade de reproduzir longos trechos de citação, desviando-nos de nossos objetivos.

"sacos sem fundo", que engolem as interpretações ou as despejam de volta no analista, sem deixar que sobre, no final, qualquer rastro delas. Não é por acaso que ele denomina essa seção do texto, que contém o relato das sessões, de "a Odisseia do analista" (*The analyst's Odyssey*), querendo significar, talvez, esse tipo de viagem analítica que navega quase sem rumo e encontra grande dificuldade de atingir terra firme.

Entretanto, a que pesem todos os prós e contras e todas as dificuldades encontradas, Bion nunca abandonou a interpretação como ferramenta clínica mor no tratamento de psicóticos. E isso, a meu ver, por uma simples razão: se a função analítica básica define-se, para ele, como *rêverie*, ou seja, se é necessário destilar um sentido mental das puras sensorialidades (ou das operações de cisão e evacuação), e esse sentido tem de ser comunicado ao paciente deitado, privado de visão, isso terá de ocorrer por meio da linguagem; portanto, será necessária uma comunicação verbal, uma *interpretação*.[8]

A questão mor torna-se, então, talvez, *como* e *quando* interpretar, especialmente quando estão dominando, no processo, partes psicóticas da personalidade do paciente. A noção bioniana de *fato selecionado* – como aquele que introduz uma ordem repentina no discurso do paciente, revelando o lugar que cada elemento ocupa no todo – viria, então, a ser de grande ajuda na tarefa interpretativa. A melhor definição de fato selecionado vem de Poincaré:

> *Se um novo resultado precisa ter algum valor, ele necessita unir elementos há muito conhecidos, mas até então separados e parecendo estrangeiros um ao outro e, repentinamente introduzir ordem onde a aparência*

---

[8] Voltarei a esta questão mais adiante, quando discutir a diferença entre Bion e Winnicott com relação ao uso (ou não) da *regressão* em análise, como ferramenta terapêutica nos casos de psicose.

> *de desordem reinava. Então, ele nos permite ver, num relance, cada um dos elementos no lugar em que ocupa no todo. (Sandler, 2005, pp. 725-726, tradução minha)*

Assim, o analista esperará pelo surgimento do fato selecionado, ao longo da sessão, a fim de captar, num relance, o significado completo do que está acontecendo e, então, interpretá-lo.

No último período da sua obra, Bion aconselha o analista a escutar o paciente com uma *mente vazia* (como a recomendada pelo zen-budismo), *sem desejos, sem memória* e *sem compreensão*. Ele deve funcionar predominantemente por intuição, em íntima ressonância com o paciente, a fim de "*tornar-se O*", a realidade última que compõe a experiência do paciente ao longo da sessão e da qual se desenvolvem todas as transformações por ele operadas (Grotstein, 2000, pp. 282-283).

Holding *e esquizofrenia*

Holding é uma palavra que, na psicanálise winnicottiana, condensa vários significados. Eu cito Winnicott:

> *Sustentar (Holding):*
> *Proteger da injúria fisiológica.*
> *Levar em conta a sensibilidade cutânea da criança – tato, temperatura, sensibilidade auditiva, sensibilidade visual, sensibilidade para a queda (ação da gravidade) e a sua falta de conhecimento da existência de qualquer coisa que não seja ela mesma.*

> *Isso inclui a rotina total de cuidados, através de dia e noite, e não é a mesma com duas crianças quaisquer, porque é parte da criança e não existem duas crianças iguais. Igualmente, segue as mudanças diárias, minuto a minuto, consequentes ao crescimento e desenvolvimento infantil, tanto físico quanto psicológico. (Winnicott, 1960/1990b, p. 49, tradução minha)*

Talvez a forma mais completa para se definir *holding* seja descrevendo a mãe como um ego auxiliar do bebê, posta a serviço da sua sustentação no tempo e no espaço, durante um longo período de tempo em que o bebê vive fundido ao meio ambiente, tendo uma identidade totalmente evanescente e fugidia e dependendo desse cuidado materno, como forma de manter minimamente uma *continuidade de ser*; a mãe como elo, manutenção e sustentação de um conjunto de experiências fragmentárias e dispersas.

Winnicott também entende que as sensações fisiológicas instintivas que atravessam o bebê e impulsionam-no às atividades vitais necessitam de elaboração para ganharem um estatuto psíquico e poderem vir a ser gradativamente apropriadas pelo *self* (incluídos aí os impulsos agressivos/destrutivos e as experiências de prazer/desprazer que virão a formar a sexualidade infantil). Mas, diferentemente de Bion, pensa que o bebê é, *por si mesmo*, capaz de realizar essa função desde o nascimento, primeiramente de maneira bastante rudimentar, e de forma cada vez mais complexa com o passar do tempo. Trata-se da *elaboração imaginativa das funções corporais*. Eu o cito:

> *Penso que devemos considerar que está havendo, desde o início, uma forma rudimentar do que chamaremos, mais tarde, de imaginação. Isso nos possibilita dizer*

> que o infante ingere com as mãos e com a pele sensível
> da face, tanto quanto o faz com a boca. A experiência
> alimentar imaginativa é mais larga do que a experiência
> puramente física. A experiência total de alimentação
> pode rapidamente envolver uma relação rica com o seio
> materno ou com a mãe, quando esta passa a ser gra-
> dualmente percebida, e o que o bebê faz com as mãos
> e com os olhos amplia o âmbito do ato alimentar. Isso
> que é normal torna-se mais simples quando vemos a
> alimentação de um bebê sendo conduzida de forma
> mecânica. Tal alimentação, longe de ser uma experiência
> enriquecedora para o infante, interrompe a sua sensação
> de seguir existindo. Não sei como colocar isso de outra
> forma. O que há aí é uma atividade reflexa sem nenhuma
> experiência pessoal.
>
> ... Quando o infante suga pontas de pano, o edredom
> ou uma boneca, isso representa um transbordamento da
> imaginação, tal qual ela é, imaginação estimulada pela
> função excitante central, que é a alimentação. (Winnicott,
> 1993, pp. 17-18, tradução minha)

Nessa concepção, todo o psiquismo infantil irá se formar por meio desse processo de elaboração imaginativa e totalmente apoiado nas funções corporais, vindo a constituir, mais adiante, uma unidade psico-somática.[9] Num primeiro momento, a elaboração imaginativa

---

9 Nesse sentido, também, há uma diferença visível entre Winnicott e Bion. Enquanto Winnicott pensa em corpo e psique como equivalentemente necessários à constituição do psiquismo, postulando uma unidade *psico-somática*, Bion tende a certo mentalismo, colocando o pensamento como a função psíquica

da função alimentar cria, sob condições normais, o que Winnicott denominou *ilusão de onipotência* do pequeno infante. Quando dispõe de uma *mãe suficientemente boa*, capaz de fazer com que o seio surja, como "num passe de mágica", diante da sua urgência instintiva, o bebê forma a ilusão de ter criado o objeto, no momento em que dele necessitava. Trata-se, aí, do *objeto subjetivo*.

Também as funções psíquicas de incorporação, evacuação, introjeção e projeção nascem, mais adiante, ancoradas em funções fisiológicas, tendo como modelos a ingestão e a defecação; sua dinâmica seguirá, pois, o padrão da função fisiológica modelo.[10]

Entretanto, a realização contínua da elaboração imaginativa – produtora de psiquismo – por parte do bebê necessita do *holding* materno como condição *sine qua non*, já que é graças a essa sustentação materna que essas experiências podem ganhar um mínimo de integração e de coerência, num período em que o bebê é não integrado (ou minimamente integrado).

Nessa direção de pensamento, a criança psicótica será aquela que sofreu falhas ambientais severas de *holding* no período de dependência absoluta (ou relativa), ou que formou, ao longo desses períodos, uma estrutura de personalidade precária que, no período

---

mais desenvolvida – e hierarquicamente mais importante – e mantendo o corpo como uma espécie de substrato inferior, a parte mais básica e originária do sistema de transformações.

10 Winnicott, em *Human nature*, seu último livro não concluído (1988, pp. 75-77, 80-81), acaba distinguindo os conceitos de *incorporação* e *evacuação* de *introjeção e projeção*. Os primeiros designam processos psíquicos que ocorrem desde o início como produtos da elaboração imaginativa: nesse sentido, a criança incorpora os cuidados maternos e evacua as partes excedentes, desnecessárias ao seu crescimento psíquico. Os segundos (introjeção e projeção) implicam uma diferenciação da criança entre interior e exterior e carregam uma conotação mais mental e defensiva, quando o meio ambiente falha. Por exemplo, o bebê pode produzir e introjetar uma mãe idealizada para fazer frente à mãe real, ausente ou invasiva.

posterior do complexo de Édipo, diante das maiores exigências, entrou em colapso. Eu cito Winnicott (1959/1990a):

> O termo psicose é usado para significar ou bem que, enquanto infante, o indivíduo não foi capaz de atingir um grau de saúde pessoal que dá sentido ao conceito de complexo de Édipo, ou bem, alternativamente, que a organização da sua personalidade continha fraquezas que se revelaram por ocasião da solicitação máxima da condução do complexo de Édipo. Podemos verificar que há uma linha muito fina entre esse segundo tipo de psicose e a psiconeurose. (p. 131, tradução minha)

A diferença, para Winnicott, entre o paciente *borderline* e o paciente esquizofrênico designa, pois, antes de tudo, a meu ver, uma diferença de estado: *latente* ou *manifesto*. A doença *borderline* pode bem designar esse segundo tipo de psicose, aqui descrito, mais próximo da psiconeurose (mas que, nos períodos de crise, exibe sintomas psicóticos),[11] ou uma *esquizofrenia latente*, na qual o falso *self* vem funcionando *a contento*, mas que pode entrar em surto psicótico durante os colapsos do próprio falso *self* (visto que se trata de uma estrutura defensiva). Como já me dediquei bastante a essa questão em artigos anteriores, vou aqui apenas resumi-la brevemente.

O falso *self* cindido constitui uma das defesas esquizofrênicas e forma-se para proteger o núcleo espontâneo do bebê da falta de cuidados ambientais. Formado por mimetizações do meio ambiente,

---

11 Winnicott (1968/1997) diz: "Pelo termo 'caso *borderline*' pretendo significar um tipo de caso no qual o centro do distúrbio é psicótico, mas o paciente possui suficiente organização psiconeurótica para sempre apresentar desordens psiconeuróticas ou psico-somáticas quando a ansiedade psicótica central ameaça irromper de forma crua" (pp. 219-220, tradução minha).

funciona como um escudo protetor, que isola o *self* verdadeiro do bebê até que condições ambientais mais propícias aconteçam e ele possa retomar o seu desenvolvimento. Nessas condições, o *self* verdadeiro permanece em estado fragmentário, e as adaptações ambientais são todas garantidas pelo falso *self*. Quando este falha e desintegra-se, o indivíduo pode entrar em colapso, já que, nessas condições, o *self* verdadeiro, fragmentário, não possui instrumental para lidar com as demandas ambientais. Podem surgir, então, outros tipos de defesas esquizofrênicas, como a *desintegração ativa*, processo no qual as cisões originárias do psiquismo são multiplicadas e rearranjadas, de forma a proteger o *self* verdadeiro das intrusões ambientais/instintuais, já que, agora, sem a proteção do falso *self*, o psiquismo fica completamente à mercê das mesmas.[12]

Por aí se vê que, para Winnicott, ao contrário de Bion, os componentes inatos, constitucionais, presentes na constituição da esquizofrenia, embora não sejam desconsiderados, estão muito longe de ocupar o mesmo grau de importância. Evidentemente eles constituem a bagagem genética que fará com que um bebê seja diferente do outro: mais ou menos voraz, mais ou menos calmo, mais ou menos exigente no tempo dos cuidados etc. Mas a sua saúde mental dependerá, em última instância, da qualidade do *holding* materno.

A *clínica winnicottiana da esquizofrenia*

Winnicott sempre postulou que, na análise das esquizofrenias (bem como das patologias de tipo *borderline*), a ferramenta fundamental é a criação de um ambiente terapêutico capaz de criar confiança no paciente e dar *sustentação* a um processo de regressão aos estágios de dependência, nos quais ocorreram as falhas ambientais. Ou seja, tendo uma concepção mais histórica e diacrônica

---

[12] Para um aprofundamento da questão, cf. Naffah Neto, 2007 e 2010b.

do paciente – em comparação com a de Bion, mais estrutural e sincrônica –, Winnicott entende a regressão em situação terapêutica como uma segunda chance de, diante de condições ambientais mais propícias, o paciente poder retomar experiencialmente situações traumatogênicas e repará-las por meio do *holding* transferencial. Ou seja, aí a ênfase recai sobre o *holding*, como ferramenta clínica básica de reparação, nessas situações de regressão a estágios de dependência.

Bion pensava de forma totalmente diferente. Sobre a regressão, disse:

> *Falamos sobre "voltar para trás" à meninice ou à infância. É uma frase útil, mas penso que é sem sentido. . . . Você se lembra de quando estava no peito? Não, você esqueceu ou se livrou disso. Mas, tendo sido esquecidas, essas coisas persistem de uma maneira arcaica na nossa mente, de tal forma que continuam a operar ou a se fazer sentir . . . Desde que operem dessa forma arcaica, continuam a afetar o nosso trabalho. (Bion citado por López-Corvo, 2005, p. 249, tradução minha)*

Ou seja, nesse texto, Bion está dizendo que acredita em repressão e nos efeitos psíquicos do reprimido, mas não acredita em regressão. Em outro texto, entretanto, ele é menos enfático:

> *Winnicott diz que alguns pacientes necessitam regredir: Melanie Klein diz que não devem: eu digo que eles são regredidos (are regressed) e que a regressão deveria ser observada e interpretada pelo analista sem nenhuma necessidade de compelir o paciente a se tornar totalmente*

regredido antes que possa fazer o analista observar e interpretar a regressão. (Bion, 1960/1992, p. 166)

Entretanto, o que significa dizer que os pacientes "são regredidos"? A meu ver, é algo análogo a postular a existência de partes infantis da personalidade que atuam *desde sempre* na dinâmica psíquica, criando um estado permanente de "regressão", mas que não têm nada a ver com retornar a estágios de dependência. E, mais uma vez, Bion reafirma a ferramenta clínica da qual nunca abre mão, mesmo nesses casos de "pacientes regredidos", qual seja: a *interpretação*.

Winnicott pensava diferentemente. Para ele, a regressão significava um retorno experiencial a estágios de dependência, e, nesse estado, acreditava que as interpretações eram desnecessárias.[13] Mas, para compreendermos melhor a sua postura clínica, retomemos o caso de Margareth Little, uma das interessantes análises que realizou com pacientes *esquizoides*.[14]

Digamos que Winnicott demorou um pouco para perceber que estava diante de uma paciente com defesas esquizofrênicas. Na primeira sessão, diante do recolhimento de Little, fez uma interpretação

---

13 Já discuti essa posição de Winnicott detalhadamente num artigo anterior (Naffah Neto, 2010). Resumidamente, pode-se dizer que, quando regredidos a fases de dependência, os pacientes entram em *psicose de transferência*, na qual desaparece a posição dupla e simultânea do analista como *objeto subjetivo* e como *objeto objetivo*, característica da *neurose de transferência*. Na psicose de transferência, o analista é visado *somente* como objeto subjetivo. Também desaparece aí a dupla inscrição passado/presente: Winnicott pensa que, nessas ocasiões, o paciente *retorna* ao passado, e o analista *torna-se* efetivamente a sua mãe, em vez de simplesmente *representar* a sua mãe. Nessa condição, a interpretação não tem qualquer função discriminatória, já que objeto e tempo se tornam unívocos, perdendo toda a polivalência simbólica.
14 A patologia *esquizoide* designa, na acepção aqui usada, uma das formas de patologia *borderline*, sendo esse último conceito entendido num sentido amplo, descrito na nota 11 deste capítulo.

de resistência, dessas que se costumam fazer para pacientes neuróticos: "Eu não sei, mas tenho o sentimento de que você está me trancando para fora por alguma razão" (cf. Naffah Neto, 2008, p. 110). Mas Little não o deixou se enganar durante muito tempo; nas sessões seguintes, ao não se sentir compreendida, quebrou um vaso da sala, cheio de lilases, e esmagou as flores com o pé. Winnicott, que gostava muito do vaso, deve ter ficado muito bravo; talvez para proteger a paciente da sua raiva, retirou-se, retornando somente no final da sessão; quando voltou, entretanto, já sabia do que se tratava. O que fez, então?

Começou por aumentar a duração das sessões para uma hora e meia; para quê? Para *sustentar* a necessidade de recolhimento esquizoide de Little e dar um tempo maior para que ela pudesse, já mais relaxada, sair do seu refúgio psíquico e entrar em relação com ele.

E o que Winnicott fazia nos momentos de puro terror em que Little entrava em total desespero e medo de aniquilação? Segurava as suas mãos durante um longo tempo, chegando mesmo a cochilar de cansaço. De que se trata aí? Também de *holding*; mais especificamente, de *holding* corporal.

As interpretações que Winnicott realizava eram, algumas vezes, reconstruções do ambiente traumatogênico, do tipo: "Sua mãe é imprevisível, caótica e ela organiza o caos ao redor dela" (Naffah Neto, 2008, p. 113), ou interpretações temporais, capazes de ajudar a paciente a discriminar tempo presente de tempo passado; por exemplo, quando lhe disse – durante um intenso medo de aniquilação – que ela tinha sido *psiquicamente* aniquilada, mas tinha sobrevivido *corporalmente* e estava, então, revivendo a experiência passada.

Mas poderíamos perguntar: isso não é *rêverie*? Winnicott não está retomando uma experiência somática difusa da paciente, nomeando-a e dando-lhe uma temporalidade, portanto, um estatuto mental?

Podemos responder convictamente que não, já que não se trata de nenhum tipo de identificação projetiva, evacuada sobre a figura do analista.[15] Trata-se de uma experiência traumática passada, que pode ser revivida por Little, no presente, no processo transferencial, graças ao *holding* oferecido pelo analista ao longo do processo. Por meio da interpretação, ele a ajuda a discriminar os tempos, a tomar consciência de que o que está sentindo naquele momento *já aconteceu no passado* (portanto, não está acontecendo no presente); está apenas sendo revivido sob forma de uma reminiscência.

O resgate final de Little da psicose ocorreu ao longo de um período de internação num hospital, em uma das férias de Winnicott, quando, de longe, ele controlava o ambiente hospitalar, de forma de propiciar-lhe o máximo de liberdade, salvaguardando, ao mesmo tempo, um limite protetor. Durante esse tempo, Little pôde regredir a fases de dependência, refazer experiências fundamentais e renascer

---

15 Aliás, para Winnicott, a grande maioria dos psicóticos não chega sequer a uma distinção clara entre mundo interno e mundo externo para poder realizar projeções, introjeções e identificações projetivas, que são mecanismos complexos e sofisticados, característicos de quem já possui um dentro e um fora. Assim, nas psicoses, nos momentos em que o falso *self* falha e desintegra-se, temos de falar em *estados fusionados e caóticos*. E mesmo naquelas esquizofrenias nas quais parece impossível negar a existência de mecanismos projetivos, como na esquizofrenia paranoide, não é bem disso que se trata. Nesse caso, estão em jogo impulsos agressivos/destrutivos não apropriados pelo *self* (por deficiências de *holding*), que permanecem exteriores a ele e que funcionam como hordas bárbaras, errando a esmo, sem território próprio. Então, são vividos como potências estrangeiras, que ameaçam a integridade do *self*, e este, para se proteger, tem de lançar mão da *desintegração ativa* (multiplicando as suas cisões). No momento seguinte, esses mesmos impulsos podem invadir e possuir o *self*, produzindo atuações agressivo-destrutivas, justificadas como forma de autodefesa. Ou seja, os impulsos que ameaçam são os mesmos que defendem, mas essa circulação de um lugar a outro não são projeções, introjeções (ou identificações projetivas) do *self*. Este se encontra fragmentado e desprotegido, funcionando como um joguete de forças estrangeiras. Nos seus momentos mais ativos, lembra um cachorro perseguindo o próprio rabo.

curada. Esse período está descrito com detalhes no livro da autora (Little, 1990), razão pela qual não me alongarei no seu relato aqui.

À guisa de concluir

Podemos, talvez, concluir, após todo esse percurso, que *rêverie* e *holding* constituem conceitos bastante dissemelhantes, envolvendo práticas clínicas igualmente diversas.

Não cabe, aqui, comparar ou avaliar o seu valor e a sua eficácia, que sempre encontrarão adeptos e defensores de ambos os lados.

Entretanto, quando alguém diz que, na sua prática clínica, trabalha simultaneamente com *holding* e *rêverie* – sem retomar e recontextualizar esses conceitos numa nova forma de elaboração teórica –, é possível concluir que isso é, se não impossível, pelo menos disparatado, semelhante a juntar uma ária de ópera italiana com uma ária de ópera alemã, fora de qualquer contexto musical que lhes dê *significado*.

Penso que algumas formas de ecletismo teórico, do tipo anteriormente descrito, simplesmente destroem o rigor e a singularidade dos conceitos, lançando-os num senso comum no qual já não significam mais quase nada. Pois a sua potência, como ferramenta teórica, provém das articulações internas da teoria da qual são parte integrante. Arrancados do seu *habitat*, são como flores que logo secam e fenecem.

Referências

Bion, W. R. (1957/1991). Diferenciação entre a personalidade psicótica e a personalidade não-psicótica. In E. Bott Spillius (Ed.), *Melanie Klein hoje* (Vol. 1, pp. 69-86). Imago.

Bion, W. R. (1960/1992). Analytic technique. In R. W. Bion, *Cogittations* (p. 166). Karnac.

Bion, W. R. (1965). *Transformations*. Karnac.

Bion, W. R. (1967). Notes on the theory of schizophrenia. In W. R. Bion, *Second Thoughts* (pp. 23-35). Jason Aronson Inc.

Bion, W. R. (1992). The attack on the analyst's a function. In W. R. Bion, *Cogitations* (pp. 216-221). Jason Aronson Inc.

Figueiredo, L. C., Tamburino, G., & Ribeiro, M. (2011). *Bion em nove lições – lendo transformações*. Escuta.

Grotstein, J. S. (2000). Bion's transformations in O. In J. S. Grotstein, *Who is the dreamer who dreams the dream?* (pp. 281-304). The Analytic Press.

Little, M. (1990). *Psychotic anxieties and containment – A personal record of an analysis with Winnicott*. Jason Aronson Inc.

López-Corvo, R. E. (2003). *The dictionary of the work of W. R. Bion*. Karnac.

Naffah Neto, A. (2007). A problemática do falso *self* em pacientes de tipo *borderline* – revisitando Winnicott. *Revista Brasileira de Psicanálise*, Metáforas, *41*(4), 77-88.

Naffah Neto, A. (2008). O caso Margareth Little: Winnicott e as bordas da psicanálise, *Jornal de Psicanálise, 41*(75), 107-121.

Naffah Neto, A. (2010a). As funções da interpretação em diferentes modalidades transferenciais: as contribuições de D. W. Winnicott. *Jornal de Psicanálise, 43*(78), 79-90.

Naffah Neto, A. (2010b). Falso *self* e patologia *borderline* no pensamento de Winnicott: antecedentes históricos e desenvolvimentos subsequentes. *Natureza Humana, 12*(2), 1-18.

Ogden, T. H. (2004). On holding and containing, being and dreaming. *International Journal of Psychoanalysis, 2004*(85), 1349-1364.

Sandler, P. C. (2005). *The language of Bion – A dictionary of concepts.* Karnac.

Winnicott, D. W. (1988). *Human nature.* Free Association Books.

Winnicott, D. W. (1990a). Classification: Is there a psycho-analytical contribution to psychiatric classification? In D. W. Winnicott, *The maturational processes and the facilitating environment* (pp. 124-139). (Trabalho original publicado em 1959)

Winnicott, D. W. (1990b). The theory of parent-infant relationship. In D. W. Winnicott, *The maturational processes and the facilitating environment* (pp. 37-55). Karnac. (Trabalho original publicado em 1960)

Winnicott, D. W. (1993). *Talking to parents.* Perseus Publishing.

Winnicott, D. W. (1997). The use of an object and relating through identifications. In D. W. Winnicott, *Psycho-analytic explorations.* Harvard University Press. (Trabalho original publicado em 1968)

4. René Roussillon e D. W. Winnicott: encontros e desencontros nos interstícios da construção teórica[1]

O objetivo deste capítulo é examinar as convergências e divergências, os encontros e desencontros entre René Roussillon e D. W. Winnicott, tais quais se revelam na construção teórica realizada pelo primeiro, quando propõe o seu conceito de *simbolização primária*. Tal tarefa faz-se necessária especialmente pelo fato de Roussillon buscar apoio na obra do seu colega inglês, em diferentes momentos do processo de construção de tal conceito – muito embora seu percurso continue buscando em Freud a referência primeira e mais importante (como, aliás, a maior parte dos psicanalistas franceses).

De qualquer forma, suas alusões a Winnicott têm levado alguns psicanalistas a considerarem-nas como uma importante forma de inserção das ideias winnicottianas no âmbito da psicanálise francesa – ao lado das introduções já realizadas por J. B. Pontalis e André Green, dentre outros, em diferentes instâncias –, e isso tem

---

1 O presente texto foi originalmente publicado, com o mesmo título, na *Revista Winnicott e-prints* (on-line), 7(2), pp. 15-27, 2012.

sido assumido como um fato, sem maiores exames ou ponderações a respeito do tipo de uso teórico em questão.²

Geralmente, aceitam-se as afirmações de Roussillon quando ele diz que Winnicott propõe tais e tais conceitos de tais e tais formas etc., e isso é facilitado porque normalmente não cita livros nem artigos para referendar o que afirma, de forma bastante diferente de como se comporta com Freud, com cujos escritos mostra-se mais cuidadoso, inclusive nas referências.

Entretanto, basta um leitor um pouco mais familiarizado com a obra winnicottiana para que a leitura dos textos de Roussillon produza surpresa e mal-estar, ao perceber-se que muitas das suas referências a Winnicott não se encaixam na teoria em questão e que tal apoio é, no mínimo, controvertido. Foram tais considerações que me levaram a esta investigação, a partir do convite que me foi realizado para servir como debatedor de uma conferência de René Roussillon, no evento "A psicanálise e a clínica contemporânea – elasticidade e limite na clínica contemporânea: as relações entre psicanálise e psicoterapia", ocorrido em maio de 2012, no Instituto

---

2 Lembro-me, por exemplo, de Marta Resende Cardoso, quando apresentou, num grupo de pós-doutorado do qual eu também participava, um texto seu, no qual citava Roussillon, comentando que ele fazia uma boa integração entre a psicanálise de linhagem francesa e autores ingleses importantes, como Winnicott, reunindo contribuições importantes de lado a lado. Esse texto foi posteriormente publicado (Resende Cardoso, 2006). Pouco tempo depois dessa exposição de Marta, escrevi um artigo, diferenciando a clínica winnicottiana desse tipo de clínica pós-freudiana assumido por ela e da qual Roussillon constitui, sem dúvida, um dos expoentes maiores (Naffah Neto, 2005). O meu primeiro embate teórico com Roussillon – ainda que mediado por Marta, então – data, pois, dessa época.

de Psicologia da Universidade de São Paulo. Este capítulo constitui, por assim dizer, um desdobramento desse debate.

Entretanto, antes de começar a percorrer o tema que pretendo investigar, é importante tecer alguns comentários sobre a necessidade desse tipo de trabalho. Afinal, que importa se Roussillon leu ou não Winnicott com rigor? Ou melhor, a quem interessa saber se Roussillon é ou não um winnicottiano? Esse tipo de preocupação não está um tanto fora de moda? Não seria mais importante pesquisar o quanto a sua noção de *simbolização primária* contribui para as discussões psicopatológicas e metapsicológicas contemporâneas, como me sugeriu um amigo psicanalista?

Não nego a importância do segundo tipo de pesquisa, mas ela não diminui a importância do que denomino *pesquisa genealógica*, isto é, procurar traçar as filiações, pertinências e linhagens de determinado autor, procurando situá-lo no interior do complexo emaranhado que constitui o universo psicanalítico atual. Para fundamentar essa afirmação, vou contar um evento.

Estava, alguns anos atrás, numa capital brasileira – prefiro não citar nomes, para evitar constrangimentos –, num encontro de psicanalistas, no qual dois jovens profissionais, que faziam parte de uma instituição que tratava de psicóticos, procuravam explicar os princípios que orientavam a conduta terapêutica dos psicanalistas no tratamento dos seus pacientes. Então, um deles disse: "Procuramos promover atividades que possam gerar algum tipo de simbolização, ainda que incipiente, e evitar outras que promovam todo tipo de regressão, já que a regressão está ligada aos processos desconstrutivos e disruptivos da pulsão de morte". Então, eu lhes disse que, da perspectiva winnicottiana, a direção a seguir seria a *oposta*, já que Winnicott não trabalhava com a noção de pulsão de morte e, mais do que isso, via a regressão a estágios de dependência infantil com fundamental no tratamento das psicoses: era uma forma de os doentes poderem resgatar processos que, na sua história pessoal, tinham permanecido lacunares e/ou congelados no tempo, diante do ambiente mais acolhedor e suportivo do *setting* analítico.

Então, eles me olharam com aquele ar surpreso e embasbacado, aquele tipo de constrangimento de quem ouve alguém da mesma tribo – mas éramos mesmo? – falando uma língua diferente. Não creio sequer que tenha me feito entender. Para mim, entretanto, era muito claro que as divergências entre os projetos clínicos para psicóticos dos quais falávamos – e, no caso, as prescrições eram *opostas* – advinham dos *pontos de partida diferentes* das teorias assumidas.

É por questões desse gênero que acho fundamental pesquisar a linhagem genealógica dos autores; não porque seja melhor ou pior estar filiado a Winnicott do que a Bion ou a Freud, mas porque significam coisas diferentes, implicam princípios clínicos diferentes, gerados por pontos de partida diversos. Esse tipo de pesquisa serve para *situar e delimitar o campo psicanalítico* no qual se insere a discussão, o debate.

Para mim, as discussões psicopatológicas e metapsicológicas contemporâneas não têm qualquer valor se caem numa generalidade indiscriminatória, incapaz de distinguir *quem é quem*, no frigir dos ovos: que pontos de partida são os escolhidos, que princípios clínicos se originam daí e quais são as consequências clínicas desse conjunto de decorrências. Isso posto, passo à tarefa proposta.

Roussillon e *a* simbolização primária: *a justificativa teórica do conceito*[3]

Roussillon começa dizendo que, embora todos nós saibamos que a simbolização se faz por meio da linguagem, o aporte da psicanálise a essa questão é afirmar que

> *a simbolização linguageira não trabalha diretamente a partir da coisa em si mesma, mas mais a partir da coisa interior. Freud propõe que o aparelho de linguagem trabalha a partir de uma forma de coisa já transformada em representação. Reconhecendo-se aquilo que Freud chamou de representação de coisa, poder-se-ia, talvez, jogando com as ambiguidades de tradução, chamá-la representação-coisa, a representação tornada coisa, a representação feita coisa interna. Dito de outra forma,*

---

[3] O texto de Roussillon que uso como guia nessa seção é "Symbolisation primaire et identité" (s/d), que nos foi enviado pelo autor, por e-mail, para servir como um dos textos de referência para a sua conferência, no evento citado, mas que não contém qualquer dado de publicação oficial. Por outro lado, existe o Capítulo 14 do livro *Agonie, clivage et symbolisation* (1999), que tem o mesmo título, "Symbolisation primaire et identité", e que constitui uma outra versão do mesmo tema, escrita de forma um pouco diferente. Dado que o capítulo do livro, embora publicado oficialmente, datava de mais de uma década, e o texto enviado por Roussillon, por e-mail, tinha tido o aval do autor, na ocasião do evento, em 2012, optei pelo último, muito embora eu não dispusesse de uma publicação oficial do mesmo, mas tão somente de uma edição de computador. Indico, pois, nas citações, os números de páginas do texto de computador. Complemento as citações desse texto com alguns recortes do livro de 1999.

> *a questão seria, então, como a coisa, a matéria psíquica, se representa? (Roussillon, s/d, p. 1)*

É essa a questão primeira que lança o autor em direção à formulação do conceito de *simbolização primária*. A partir da distinção freudiana entre *representação de coisa* e *representação de palavra*, propõe que devemos pensar a simbolização em dois tempos distintos, sendo a simbolização secundária aquela que se efetua por meio da linguagem, ligando a representação de coisa à representação de palavra. E continua:

> *Ao lado dessa última (simbolização secundária), é pertinente lançarmos a hipótese da existência de outro modo de simbolização – a simbolização primária – que se desenvolve nos processos primários e faz passar a coisa primeira – o que Freud denomina a "matéria psíquica primeira" na "interpretação dos sonhos" –, essa inscrição primeira da experiência subjetiva, em uma primeira forma representativa, principalmente inconsciente, dirá Freud: a representação de coisa. A simbolização primária faz passar a coisa psíquica à sua representação-coisa. (Roussillon, s/d, p. 1)*

Para entendermos essa formulação, convém nos lembrarmos da existência de três diferentes tipos de memória no pensamento de Freud. Conforme já salientei num outro texto,

> *Luiz Hanns descreve três tipos de memória, na obra freudiana. A memória... ligada ao processo secundário designa um tipo de "memória evocável por reserva de*

energia pulsional fixada às ideias", onde existe uma "prontidão rememorativa; bastam sinais chegados de fora ou moções internas para reativá-la". (Naffah Neto, 1998/1999, pp. 196-197)[4]

Esse é o tipo de memória que, quando evocada, processa-se já sob o efeito da simbolização secundária, ou seja, por representações de coisas ligadas a representações de palavras. É o tipo de memória mais próximo da consciência. Mas, além desse, há ainda dois outros tipos.

Há... uma memória psíquica ligada ao processo primário, que se define como "memória impressa ou escavada devido à repetida passagem de fluxos pulsionais em direção à descarga. A chegada maciça de estímulos internos ou externos traz rememoração alucinatória por catexia". Esta é a memória invocada no ato em que o bebê suga o dedo alucinando o peito da mãe. Por fim, há ainda a memória designada como somática: "uma espécie de memória impressa na anatomia, que se ativa em sequência de reações fisiológicas, automatismos somáticos e motores em resposta aos estímulos de dentro e de fora". Entretanto, Luiz Hanns vê, nesse tipo de memória, uma "... ausência de imagens e de afetos. Há somente estímulos aos quais o corpo, na dimensão do somático, reage". Ou seja, segundo a sua leitura, para Freud, afetos e imagens só começariam a existir no segundo tipo de memória, ligada ao processo primário e, por essa

---

[4] Todas as partes que vêm entre aspas neste texto de Naffah Neto são citações de Hanns (1999, p. 167).

mesma razão, designada como "psíquica" em oposição à "memória somática". (Naffah Neto, 1998/1999, p. 197)

Assim, quando Roussillon propõe o conceito de simbolização primária, parece-me que ele está se perguntando como é que esse primeiro tipo de inscrição, ainda sem formatação psíquica – a memória somática –, ganha sua primeira forma representativa, a de representação de coisa, ligada ao processo primário.

Entretanto, podemos estranhar que, nessa proposta, a noção de *simbolização* seja usada praticamente como sinônimo de *representação*, e perguntamo-nos sobre a pertinência dessa sinonímia, de forma geral. Ela se torna justificável, entretanto, na medida em que Roussillon argumenta que essa primeira forma de registro da experiência subjetiva – descrita por Hanns como memória somática –,

Efetua-se de maneira global, mas, à primeira vista, complexa, enigmática, multissensorial. Ela mistura a parte de si e do outro, a excitação interna e a pulsão, a sensação e a representação. É um conglomerado, um combinado, uma condensação extrema, que torna a sua apreensão pelo bebê, e mesmo pelo adulto, muito difícil. É por isso que ela deve ser simbolizada, tomada no seu modo de experiência enigmática e desenvolvida na sua complexidade, desdobrada nos seus diferentes componentes... É preciso saber ler nessa complexidade primeira um indício do fato de que somos matéria viva. O vivo não saberia ser idêntico a si mesmo. O não idêntico a si constitui a rasgadura essencial do ser, sua vertigem fundamental, que o obriga a dever reconstituir uma identidade paradoxalmente encontrada no não idêntico a si, uma identidade encontrada no símbolo e por meio dele, que, também, jamais é constitutivamente idêntico a ele próprio. (Roussillon, s/d, p. 2)

A descrição de Roussillon expressa, pois, uma multiplicidade de impressões sensoriais interpenetradas e em estado bruto, algo que guarda alguma analogia com aquilo que Bion denominava *elementos β*, e que necessita ser desdobrada em seus vários componentes, para vir a adquirir alguma forma consistente. Esse desdobramento, entretanto, processa-se sob o signo da não identidade.

Assim, é a não identidade na passagem de um tipo de memória para outro que funda, para Roussillon, a sinonímia entre simbolização e representação. Ou seja, é a não identidade entre o primeiro tipo de inscrição e o produto do seu desdobramento no segundo tipo que faz com que a representação final seja uma espécie de *símbolo* da primeira memória. Símbolo na medida em que *representa* essa inscrição primeva, sem traduzi-la de forma idêntica. É essa, a meu ver, a justificativa do conceito de simbolização primária.

A hipótese-eixo do conceito e a busca de uma fundamentação: oscilando entre Freud e Winnicott

Após esse longo percurso, necessário à compreensão do sentido da proposta do conceito de simbolização primária, vamos retomar, diretamente, a parte do texto em que Roussillon começa a descrevê-lo.[5]

---

5 Estou, assim, pulando o longo percurso em que ele nos descreve o que denomina a primeira tentativa de Freud de teorizar esse processo de passagem da

> *A primeira ideia, vinda de Freud é a de que a matéria primeira do psiquismo se apresenta, e se apresenta novamente e começa a se representar pelo viés de uma projeção, de uma evacuação alucinatória. Winnicott permite acrescentar que a matéria psíquica se "apresenta" alucinatoriamente no objeto exterior. A alucinação da matéria psíquica vem se misturar à percepção externa do objeto. A alucinação vem conferir aos objetos percebidos um valor particular que se diria narcísico, mas que é tal que o sujeito vem alocar alguma coisa de sua matéria de ser primeira no outro, no objeto. Para que tal concepção possa ser sustentada, é necessário poder pensar a coexistência de uma alucinação e de uma percepção, o que representa uma dificuldade teórica maior para a primeira metapsicologia de Freud. É somente no fim da vida, em particular, em "Construções em análise" (1937), que Freud vem encarar essa hipótese. (Roussillon, s/d, pp. 5-6, tradução minha)*

Aqui já convém fazer uma primeira pausa, não para questionar o uso que o autor faz de Winnicott – já que sobre isso falarei posteriormente –, mas para rastrear a citação freudiana. Embora não seja meu intuito rastrear todas as citações de Freud feitas por Rousssillon nesse texto – já que isso me desviaria do meu problema de pesquisa, aqui assumido –, essa, sem dúvida alguma, merece uma atenção especial, dado o seu grau de importância para o conceito em questão.

No texto "Construções em análise", Freud diz:

---

primeira inscrição para a segunda e o seu fracasso, devido a um impasse teórico. Ao leitor interessado, recomendo a leitura integral do texto.

> *Quem sabe seja um caráter universal da alucinação, não apreciado o bastante até agora, que dentro dela retorne algo vivido em idade precoce e logo esquecido, algo que a criança viu ou ouviu na época em que mal conseguia se expressar pela linguagem, todavia, e que agora força o seu acesso à consciência, provavelmente desfigurado e deslocado por efeito das forças que contrariam esse retorno. . . . Quem sabe as formações delirantes, nas quais com grande regularidade encontramos essas alucinações articuladas, não sejam tão independentes, como ordinariamente supúnhamos, da pulsão emergente do inconsciente e do retorno do recalcado. No mecanismo da formação delirante, somente destacamos, comumente, dois fatores: a esquiva à realidade e aos seus motivos, por um lado, e o fluxo do cumprimento do desejo sobre o conteúdo do delírio, por outro. Pois bem: o processo dinâmico não poderia ser, em vez disso, que a pulsão emergente do recalcado se aproveite da esquiva à realidade objetiva para impor seu conteúdo à consciência . . .? (Freud, 1937/1976, p. 268, tradução minha)*

Mais adiante, no mesmo texto, Freud compara o efeito produzido pelas construções em análise à força de convicção mobilizada por esse tipo de delírio:

> *Assim como nossa construção produz o seu efeito restituindo um fragmento de biografia (Lebensgeschichte, 'história objetiva de vida') do passado, de forma análoga o delírio deve a sua força de convicção à parte de verdade*

> *histórico-vivencial que coloca no lugar da realidade rechaçada. (idem, pp. 269-270)*

A partir do exposto, fica claro que Freud não está falando de uma alucinação da "primeira matéria psíquica", mas de "um caráter universal da alucinação", dizendo-nos que ele traz sempre um retorno do desejo inconsciente recalcado. Afirma, também, que a alucinação é projetada sobre certa realidade perceptiva rechaçada, em cujo lugar coloca, de forma desfigurada, o motivo central do desejo inconsciente. É justamente essa projeção alucinatória de uma "verdade histórico-vivencial", no lugar da realidade perceptiva rechaçada, que torna esse processo um *delírio* e que lhe garante, apesar disso, força de convicção.

Mas voltemos ao texto de Roussillon:

> *Ela (a hipótese da coexistência de uma alucinação e uma percepção) será, em compensação, um pilar da concepção do encontrado/criado de Winnicott. O objeto é alucinado de dentro. Alguma coisa do vestígio da maneira de ser que é alucinada dentro vem se misturar a um objeto percebido fora. O objeto novo produzido é um objeto encontrado/ criado. Ele comporta alguma coisa da forma perceptiva de um lado e alguma coisa produzida pela alucinação de outro lado. Isso introduz a um objeto particular que não está nem dentro, nem fora, mas cujo valor reside no fato de que ele mistura, que ele enreda um modo de realidade interna e um modo de realidade externa. É uma terceira ordem de objeto que vai se produzir, definindo o campo do espaço transicional. (Roussillon, s/d, p. 6)*

Vamos, então, a essa primeira referência a Winnicott. É fato que, se estamos falando do período que ele designa como da criação do espaço transicional, quando a criança começa a substituir a mãe por objetos que ficam no seu lugar, como substitutos maternos, a descrição proposta poderia até ser considerada como pertinente, *numa leitura pouco rigorosa*. Quando um bebê, na ausência da mãe, suga uma fralda que ficou no lugar dela, substituindo-a, poderíamos, a princípio, dizer que ele alucina um seio *no exato lugar* em que encontra a fralda, via percepção, e que esse objeto criado/encontrado pertence a um espaço que não é nem o de dentro nem o de fora, mas forma uma terceira zona, distinta das duas primeiras: a dos fenômenos transicionais. Nesse caso, diríamos que o seio/a fralda mantêm simultaneamente as duas características implicadas, é uma-fralda-que-substitui-um-seio, não deixando, em momento algum, nem de ser fralda (no plano objetivo) nem de ser seio (no plano subjetivo). O raciocínio de Roussillon parece funcionar mais ou menos dessa forma.

Entretanto, não era bem assim que Winnicott concebia os fenômenos transicionais e a terceira zona, na medida em que, segundo ele, nesse período a percepção infantil ainda não tem capacidade para captar o objeto na sua realidade objetiva – portanto, não é ainda percepção, tal qual a experimentamos na idade adulta; ela tão somente consegue utilizar alguns fragmentos de realidade numa seleção cunhada pela realidade pessoal, subjetiva. Eu o cito:

> *Nessa área do brincar, a criança toma objetos ou fenômenos da realidade externa e os utiliza a serviço de alguma amostra derivada da realidade interna ou pessoal. Sem alucinar, a criança coloca para fora uma amostra de potencial onírico e vive com essa amostra*

> *num assentamento escolhido de fragmentos da realidade
> externa. (Winnicott, 1971, p. 51, grifo do original)*

Ou seja, Winnicott vê a terceira zona como totalmente eivada de mundo subjetivo, sendo que, nela, a percepção está a serviço do "potencial onírico" da criança (considerando que, para ele, potencial onírico não se confunde com alucinação); assim, são somente alguns fragmentos da realidade externa que são "escolhidos" para serem postos num assentamento, sob a égide dessa amostra onírica.

Não tem sentido, pois, dizer como Roussillon que "alguma coisa do vestígio da maneira de ser que é alucinada dentro vem se misturar a um objeto percebido fora", já que, a rigor, não há alucinação dentro, tampouco "objeto percebido fora". Ou seja, essa maneira de descrever as coisas necessita pressupor, de um lado, um fenômeno alucinatório que vem de dentro, e, de outro, uma percepção que capta o objeto de fora, para chegar a um composto, que seria o espaço transicional. Para Winnicott, entretanto, não existem os dois fenômenos iniciais, já que ele afirma, muito claramente, que não ocorre alucinação aí, de forma análoga a que não existe ainda percepção objetiva, nesse período. Aliás, o bebê sequer distingue o dentro do fora.[6] A terceira zona já emerge, pois, como um amálgama de fragmentos da realidade, articulado pelo potencial onírico próprio do bebê.

Feitas essas considerações, não é possível traçar qualquer analogia entre o fenômeno transicional e o delírio (da descrição de Freud). Isso porque, no primeiro caso, temos um fenômeno característico

---

6 O termo *percepção objetiva* talvez possa suscitar controvérsias. Afinal, toda percepção não se realiza sempre a partir de uma *posição subjetiva*, de um colorido emocional próprio de cada sujeito? Claro que sim! Entretanto, na percepção adulta, temos sempre a convicção de atingir o contato com o objeto real, sabendo distinguir uma percepção de uma fantasia ou de uma alucinação. Ou seja, há sempre uma dimensão *objetiva*, embora ela comporte *ângulos subjetivos*.

do desenvolvimento saudável da criança e, no segundo, um processo psicopatológico, encontrado nas psicoses; e porque, no fenômeno transicional, não temos qualquer tipo de alucinação, tampouco qualquer retorno do desejo inconsciente recalcado.[7] Nessa direção, não tem qualquer sentido a afirmação de Roussillon de que: "O trabalho psicanalítico proposto por Winnicott encontra seu escoramento nos capítulos terminais de *Construções em análise*" (Roussillon, 1999, p. 76).

É, talvez, justamente, em função das dificuldades de fundamentar o conceito que pretende postular, no pensamento de Freud tal qual aparece em "Construções em análise" – já que o delírio não pode, por suas características próprias, fundar qualquer hipótese de *simbolização primária*[8] – que Roussillon deixa Freud de lado, pelo menos provisoriamente, e vai tentar alicerçar a sua hipótese na teoria winnicottiana: "Ela [*a hipótese*] será, em compensação, um pilar da concepção do encontrado/criado de Winnicott". Mas talvez Roussillon abandone Freud cedo demais, tomando um desvio errôneo, pois, conforme veremos a seguir, Winnicott não constitui uma via de fundamentação possível para a sua hipótese; porém, vamos caminhar passo a passo.

---

7 Convém nos lembrarmos de que, para Winnicott, não existe ainda sexualidade infantil por ocasião desse início de vida, portanto, também não existe *desejo*, sendo o bebê movido por suas necessidades. Mais do que isso, que, para Winnicott, a sexualidade infantil vai se desenvolver paulatinamente, à medida que o *self* do bebê for se apropriando dos impulsos instintivos e das sensações prazerosas por meio da *elaboração imaginativa das funções corporais*. Este é um processo fundamental, que descrevi em detalhes num texto recente, razão pela qual não vou me alongar aqui em maiores considerações (Naffah Neto, 2012).

8 Para que o fenômeno descrito por Freud pudesse fundamentar o conceito de *simbolização primária*, seria necessário que ele comportasse alguma forma de substituição do objeto real por algo que o representasse, simbolicamente falando, mas o que Freud descreve é uma realidade *rechaçada*, em cujo lugar é alucinado o motivo disfarçado do desejo inconsciente. Fenômeno que não envolve, portanto, qualquer processo de simbolização.

Em primeiro lugar, é importante constatar que, no texto de Roussillon que estamos examinando, aparece uma mistura de tempos bastante problemática, já que ele começa falando da alucinação de uma "primeira matéria do psiquismo", portanto, de um processo no início da vida do bebê, e, logo em seguida, sem mais nem menos, começa a descrever o espaço transicional. Ora, sabemos que, para Winnicott, o espaço transicional acontece posteriormente, no *período de dependência relativa* do bebê, que se segue a um período inicial, de *dependência absoluta*, quando este foi bem-sucedido, ou seja, quando o bebê conseguiu criar o *objeto subjetivo* de forma satisfatória. Tanto assim que, nas patologias de tipo *borderline*, vamos encontrar uma ausência – ou, quando muito, uma formação muito precária – da *terceira zona*, pelo fato de terem ocorrido, na formação dessas patologias, falhas ambientais severas no período de formação do objeto subjetivo.

Nessa direção, os objetos transicionais constituem, por assim dizer, um desdobramento do objeto subjetivo em direção à descoberta do mundo objetivo e de uma autonomia infantil. Entretanto, curiosamente, apesar de estar falando da "primeira matéria do psiquismo", Roussillon não faz qualquer referência à constituição do objeto subjetivo e passa diretamente à descrição do espaço transicional, misturando as temporalidades dos dois processos.

Ora, sabemos que a desconsideração da temporalidade sequencial dos estágios de desenvolvimento da criança destrói completamente qualquer inteligibilidade da teoria de Winnicott, já que certas conquistas pressupõem conquistas anteriores, para poderem acontecer com sucesso.[9] Mas, indiferente a essa questão, Roussillon

---

9 É verdade que se pode, sempre, argumentar – como, aliás, Luis Cláudio Figueiredo o faz – que essa sequencialidade não é absoluta; e que é até bastante relativa, já que Winnicott diz: "A dissecação das etapas do desenvolvimento é um processo extremamente artificial. *Na verdade, a criança está o tempo todo em*

dá-nos a impressão de ter apagado completamente a sequencialidade temporal necessária à teoria que busca como fundamento.

Retomemos o texto:

> *É a ideia, em todo caso, de que a primeira forma de exteriorização da matéria psíquica bruta do ser se efetua sobre a mãe. Ela é alucinada, exteriorizada alucinatoriamente sobre a mãe. Ao mesmo tempo, ela toma a forma perceptiva do objeto, forma que é preciso compreender não somente como forma visual, mas também tátil, auditiva e mesmo olfativa. (Roussillon, s/d, pp. 6-7)*

Note-se que, novamente, sem qualquer aviso prévio, saímos do espaço transicional e voltamos novamente à "primeira exteriorização da matéria psíquica bruta", que é descrita como se efetuando sobre a mãe. Portanto, não é mais sobre um objeto transicional que isso acontece; agora, estamos falando do objeto primário: a mãe. Não há, entretanto, alusão alguma ao fato de que essa concepção já não encontra nenhuma correspondência em Winnicott.

Para Winnicott, o bebê recém-nascido – no que ele denomina *primeira mamada teórica* – cria e, ao mesmo tempo, encontra o objeto primário-seio, mas isso não ocorre, inicialmente, por meio de uma alucinação. A possibilidade de alucinar o seio depende do desenvolvimento da memória do bebê, já que Winnicott não acreditava nem em *protofantasias*, como Freud, nem em *phantasias*

---

todos os estágios, apesar de que um determinado estágio pode ser considerado dominante. *As tarefas primitivas jamais são completadas*" (Winnicott, 1971, citado por Figueiredo, 2012, p. 222, grifo do autor). Mas é bom compreendermos também que a criança está sempre em todos os estágios *justamente porque* as tarefas de cada estágio jamais são inteiramente completadas, não porque inexista uma sequencialidade temporal dos estágios, em direção à *maturação.*

inconscientes, presentes desde o início, como Melanie Klein. Antes de dispor de uma memória, o bebê não tem, pois, como alucinar o seio.

Mas é possível que Roussillon tenha se baseado num texto de Winnicott que, de fato, dá margem a esse tipo de confusão se lido isoladamente, sem consideração pela obra do psicanalista inglês como um todo. Trata-se de um artigo mais antigo, de 1945, denominado "Primitive emotional development", em que descreve o momento da mamada. Winnicott diz:

> *A mãe madura e fisicamente capaz tem de ser aquela com tolerância e compreensão, de tal forma que é ela quem produz uma situação que pode, com sorte, resultar no primeiro laço* (first tie) *que o infante realiza com um objeto externo, um objeto que é externo ao self do ponto de vista do infante* (external to the self from the infant's point of view).
> *Eu penso no processo como se duas linhas viessem de direções opostas, passíveis de se aproximarem uma da outra. Se elas se sobrepõem, há um momento de* ilusão *– um pedaço de experiência que o infante pode tomar* ou *como sua alucinação* ou *como uma coisa pertencendo à realidade externa.*
> *Em outras palavras, o infante chega ao peito, quando excitado, e pronto para alucinar alguma coisa que sirva para ser atacada* (ready to hallucinate something fit to be attacked). *Naquele momento, o mamilo real aparece e ele é capaz de sentir que foi aquele mamilo que alucinou* (he is able to feel it was that nipple that he hallucinated).
> *(Winnicott, 1945/1992, p. 152)*

Há, nessa descrição, algumas imprecisões de linguagem que podem levar a interpretações errôneas, especialmente se não se levam em conta outros textos winnicottianos. A primeira delas é entendermos que Winnicott está afirmando que o objeto seio é externo ao *self*, do ponto de vista do infante, *nesse momento da primeira mamada*, quando, na verdade ele está dizendo que a situação de tolerância e compreensão da mãe *pode, com sorte,* resultar num primeiro laço do bebê com um objeto que é externo ao *self*, do ponto de vista do infante. Há, aí, uma linha do tempo, implícita nesse futuro projetado: "*pode, com sorte, resultar* no primeiro laço que o infante realiza com um objeto externo", já que é somente bastante depois – quando esse infante puder criar uma noção de *externalidade* – que isso se realizará. Mas é verdade que o texto não é explícito a esse respeito.

Outra afirmação, que chega a confundir é dizer que o bebê está "pronto para alucinar alguma coisa que sirva para ser atacada", o que pode levar à ideia errônea de que há nele algo como aquilo que Bion denominava *preconcepção*, uma espécie de predisposição inata para buscar algo com formato específico; a ideia de uma alucinação primitiva poderia advir daí. Entretanto, "pronto para alucinar", no texto de Winnicott, descreve apenas uma *prontidão*, não o ato em si. E, quando afirma que o bebê é capaz de sentir o mamilo real como "aquele mamilo que alucinou", a intenção parece ser a de dizer que o mamilo real, colocado pela mãe no lugar certo, num tempo *suficientemente bom*, preenche inteiramente aquela expectativa que originou a prontidão para alucinar algo. E se as minhas interpretações desse texto podem parecer, aqui, forçadas, textos posteriores de Winnicott vêm confirmá-las e desfazer quaisquer ideias que possam referendar a interpretação de Roussillon.

Num outro texto, de 1948, denominado "Paediatrics and psychiatry", Winnicott realiza uma descrição da "prontidão para alucinar", que referenda a minha interpretação do texto de 1945. Eu a cito:

> *Vamos dizer que . . . o infante esteja perturbado pela tensão instintual que se chama fome. Eu diria que o infante está pronto para acreditar em algo que poderia existir, quer dizer, desenvolveu-se no infante uma prontidão para alucinar um objeto;* mas é mais uma direção de expectativa do que um objeto em si mesmo. *Nesse momento, a mãe chega com o seio (eu digo seio para simplificar a descrição) e o coloca de tal forma que o infante o encontra. Aqui está outra direção, desta vez rumo ao infante ao invés de para longe dele.* (Winnicott, 1948/1992, p. 163, grifo do original)

E no livro *The child, the family and the outside world*, publicado em 1964, Winnicott diz: "Imaginem um bebê que nunca teve uma alimentação. A fome aparece, e o bebê está pronto para conceber alguma coisa; a partir da necessidade, está pronto para criar uma fonte de satisfação, mas *não há nenhuma experiência prévia para mostrar-lhe o que pode esperar*" (Winnicott, 1964, p. 90, grifo do original). E em *Human nature*, publicado em 1988, diz, ao descrever a *criação* do objeto subjetivo, naquilo que denominava "a primeira mamada teórica": "Haveria uma alucinação do objeto *se houvesse material de memória para uso no processo de criação*, mas isso *não pode ser postulado* ao se considerar a primeira mamada teórica" (Winnicott, 1988, p. 102, grifo do original).

Concluindo: não existe, para Winnicott, alucinação possível de uma "primeira matéria psíquica bruta", a ser "exteriorizada" no objeto, já que o bebê, nesse início, não possui material mnemônico para alucinar qualquer coisa que seja. De forma análoga, não pode exteriorizar nada, já que ainda não possui qualquer sentido de interno/externo.

Deveríamos concluir que Winnicott mudou de posição teórica ao longo dos anos? Não creio nisso. Acredito mais numa imprecisão de linguagem do texto de 1945, que veio se clarificando e nuançando, ao longo da produção conceitual de seu autor. Como bom empirista que era, Winnicott sempre pensou que a constituição da psique infantil se processava *inteiramente* por meio da *experiência* da criança na relação com o mundo.[10] Portanto, jamais poderia conceber uma alucinação antes da existência de um material mnemônico do objeto, *disponível* para a psique infantil.[11]

Quando Winnicott diz que o bebê cria/encontra o seio, na primeira mamada teórica, quer dizer que a mãe suficientemente boa apresenta o seio ao bebê num tempo tão adaptado às necessidades dele que produz a ilusão onipotente de que o seio foi magicamente criado pela própria necessidade que o atravessava. Depois disso, com o desenvolvimento da memória do bebê, ele se torna apto a alucinar o seio *na ausência* da mãe ou momentos antes da mamada (podendo, assim, antecipar a sua chegada) e a sugar o dedo (ou outros objetos), menos para a obtenção de prazer erótico – já que, nessa época, Winnicott acredita que a sexualidade infantil não está

---

10 Para Winnicott, somente tem *realidade psíquica* aquilo que passa pela experiência, e essa se processa na interação entre o *self* verdadeiro do bebê – que, no início, constitui o núcleo de *criatividade primária* a se desenvolver – e o meio ambiente. Por essa razão, quando se constitui um falso *self* cindido do restante da psique, como uma proteção contra as intrusões ambientais – e o *self* verdadeiro permanece encoberto e inacessível –, a experiência cessa. Consequentemente, o psiquismo forma-se cheio de buracos, falhas, podendo mesmo permanecer em estado embrionário, congelado no tempo.

11 Quanto ao conglomerado multissensorial, que Roussillon descreve como a primeira inscrição *mnemônica, ele constitui um conceito estranho ao universo teórico winnicottiano*. Mas, mesmo que não o fosse – ainda que tentássemos enxertá-lo artificialmente à teoria de Winnicott –, ele não poderia constituir ainda, nesse estado, uma memória acumulada disponível, já que o próprio Roussillon afirma que a apreensão desse tipo de memória pelo bebê é muito difícil, se não impossível.

ainda suficientemente desenvolvida –, mas mais por necessidade de controle do objeto. Eu cito Winnicott:

> *Esses fenômenos (de sucção) somente podem ser explicados assumindo que o ato é uma tentativa de localizar o objeto (seio etc.) e mantê-lo a meia distância entre o dentro e o fora. Isso é uma defesa contra a perda do objeto ou no mundo externo ou no interior do corpo, quer dizer, contra a perda de controle sobre o objeto. . . . O elemento autoerótico (aí) não é sempre de importância soberana. . . (Winnicott, 1945/1992, p. 156)*

Entendo, assim, que, para Winnicott, as alucinações do seio/objeto subjetivo ocorrem *principalmente* na *ausência* do objeto real, na medida em que têm por função presentificar o objeto ausente. Entretanto, Roussillon afirma que:

> *Winnicott propõe considerar que o processo alucinatório se produz justamente no caso de aumento de tensão "pulsional" (mas pode-se já falar em "pulsão" no senso estrito do termo?) não somente no caso de ausência do objeto, mas de qualquer maneira. A alucinação é produzida em resposta ao aumento de tensão e não em resposta à constatação da ausência do objeto; ela é independente da realidade do objeto. Alucinação e percepção não estão em alternativa.* (Roussillon, 1999, pp. 175-176 , grifos do original)

Como sempre, a ausência de uma citação bibliográfica mais precisa impede que possamos encontrar a afirmação winnicottiana referida, e, mais uma vez, temos de confiar na palavra de Roussillon, que, além do mais, é imprecisa.[12] Entretanto, faz sentido dizer que o bebê pode alucinar o objeto frente a um aumento de tensão instintiva, independentemente da presença ou não do objeto real, já que por meio da alucinação o bebê pode realizar uma tentativa de controle do objeto, sem depender inteiramente da prontidão responsiva do meio ambiente. Então, diante de uma urgência instintiva, a alucinação pode funcionar como uma proteção contra as *agonias impensáveis*, desde que o objeto real chegue num tempo *suficientemente bom* para que a alucinação não caia num vazio. Nesse caso, a chegada do leite somente referenda a alucinação e reforça o *objeto subjetivo* constituído.[13]

Portanto, quando isso ocorre – ou seja, quando o bebê alucina o seio na presença do objeto real, devido ao aumento de tensão instintual –,[14] essa junção somente aparece como *sobreposição entre*

---

12 Ele fala aí em *"pulsion"* (pulsão) e ainda que faça a pergunta ("pode-se já falar em 'pulsão' no senso estrito do termo?"), e o termo venha entre aspas, sua utilização, nesse contexto, não tem qualquer sentido, já que *pulsion* é um termo completamente estrangeiro aos conceitos winnicottianos. Sabemos que *pulsion* é a tradução que Lacan propõe para o conceito freudiano de *Trieb*, e que ela não existe para a escola inglesa (que sempre traduziu *Trieb* por *instinct*). Mas, além dessa questão linguística, há uma questão conceitual: Winnicott nunca se guiou por nenhuma das versões pulsionais de Freud: nem a primeira (que distinguia *pulsões de autoconservação* e *pulsões sexuais*), nem a segunda (que distinguia *pulsões de vida* e *pulsões de morte*). Winnicott sempre falou em *instintos* (*instincts*) e sempre no plural, no sentido de que há tantos instintos quantas são as funções corporais (sem maiores distinções categoriais), versão essa, nesse sentido, muito mais próxima da de Nietzsche do que da de Freud.
13 Temos de levar em consideração que, para Winnicott, a noção de realidade não surgirá para o bebê por meio do contraste entre o seio alucinado (que não dá leite) e o seio real (que o fornece), como para Freud. A criação do mundo externo advirá por meio de outro processo no assim denominado *estágio do uso do objeto* (Winnicott, 1968/1999).
14 Vou aceitar esta afirmação de Roussillon sobre Winnicott como verdadeira – pelo menos hipoteticamente –, muito embora não tenha conseguido localizar a

o mundo interno e o externo para o nosso ponto de vista adulto, já que, na experiência do bebê, diante de um seio *suficientemente bom*, essa passagem da alucinação para o objeto real – ou mesmo uma composição entre a alucinação e o objeto real – se processa sem saltos ou rupturas, numa solução que não interrompe a *continuidade de ser* do bebê. Portanto, essa ideia roussilloniana de *interpenetração* entre interno e externo como *coisas distintas*, produzindo uma mistura capaz de criar uma *representação* "da primeira *matéria* psíquica" na memória infantil não procede, de uma perspectiva winnicottiana. Para Winnicott – volto a repetir –, nesse período, interno e externo não existem como realidades constituídas na psique do bebê e, nesse sentido, uma alucinação do seio e o seio como presença real não são fenômenos que ele possa distinguir claramente um do outro. Alguma discriminação poderia até surgir no momento em que ele abocanha o seio real e algo de novo aparece: o leite; mas, nesse momento, a alucinação se desvanece ou desdobra-se na percepção, mantendo a ilusão de continuidade. Ou seja, quando o ambiente propicia suporte suficiente, num tempo adequado, a natureza contribui para não lançar o bebê em conquistas para as quais não está ainda psiquicamente preparado.[15]

Há ainda um segundo motivo pelo qual essa *representação* "da primeira *matéria* psíquica", tal qual descrita por Roussillon, não procede, de uma perspectiva winnicottiana: é que o conceito de

---

citação na obra do referido autor.

15 Uma distinção *prematura* entre alucinação e percepção – nesse caso, *traumática* – poderá ocorrer caso o seio real não compareça em tempo hábil, e a alucinação caia no vazio, ameaçando produzir uma *agonia impensável*. Nesse caso, pode-se criar um falso *self* patológico, com a finalidade de proteger o *self* do bebê do terror de aniquilamento.

representação é totalmente *estranho* ao universo conceitual do referido analista inglês.[16]

Quando ocorre de o bebê alucinar o seio, nos casos saudáveis, o objeto subjetivo já terá sido criado – podendo, então, vir a ser evocado, sempre que necessário. E o seio com o qual o bebê continua tendo contato, nesse fenômeno, é o seio/objeto subjetivo, nunca o seio objetivo, que permanece sempre revestido pelo véu da ilusão criadora (já que o bebê ainda não atingiu maturidade suficiente para descobrir a existência do mundo real).[17] Nessa etapa, o seio real, objetivo, somente emerge em casos de intrusão ambiental, gerando terror e podendo, então, produzir patologias graves.

A título de exemplo, podemos nos lembrar do caso B, descrito por Winnicott no livro *Holding and interpretation* (1955/1986). Tratava-se de uma paciente descrito como um esquizoide com

---

16 Winnicott, de fato, não trabalha com o conceito de *representação*, tão essencial à metapsicologia freudiana, a não ser quando fala do advento dos fenômenos simbólicos na terceira zona, na época dos fenômenos transicionais (nos quais se pode dizer que a fralda "representa" o seio, mas, ainda assim, não no sentido de uma *representação mental*, e sim de uma espécie de representação por procuração, outorgada pela presença da mãe, de quando em quando). Dessa forma, criar o seio não significa *representá-lo*. Representar significa, etimologicamente, "*re-apresentar*", e, na metapsicologia freudiana, é um termo ligado à memória, que se diz que *re-apresenta* o acontecimento perceptivo, numa segunda, terceira, enésima apresentação. Criar, para Winnicott, pelo contrário, significa imprimir ao objeto encontrado um colorido emocional e um significado próprio, que o tornam diferente, "especial". É evidente que cada nova mamada serve para reforçar a relação de intimidade do bebê com o objeto e acrescentar algo à composição desse *objeto subjetivo*, mas, "winnicottianamente" falando, não se pode considerar, aí, uma *representação* (no sentido freudiano do termo).
17 Pode-se dizer que a realidade faz sua *primeira* aparição na época dos fenômenos transicionais, mas apenas como um *horizonte, vagamente vislumbrado*, sempre colorido pela ilusão. Quando Winnicott diz que o objeto transicional é a primeira *posse não-eu*, quer dizer justamente que o objeto começa a se distinguir como uma coisa com características independentes (*não-eu*), mas ainda permanece sob total jurisdição do *self* (como uma *posse*).

traços depressivos e que tinha tido uma mãe perfeccionista, que queria dirigir as mamadas, não deixando espaço subjetivo para as adaptações do bebê. Ela atuava, nessa direção, principalmente no final das mamadas (porque queria controlar a hora de interrompê-la). O que acontecia, então, era justamente que, no final das refeições, o *seio objetivo* que, no início da mamada estivera revestido pelo véu subjetivo (e seu colorido emocional único), rompia essa capa ilusória e fazia a sua aparição, nua e crua, como objeto objetivo, *totalmente estrangeiro*, aterrorizando o bebê. Esse terror, justamente, acabou produzindo no paciente um retraimento esquizoide e a produção de um falso *self* cindido, como forma de se proteger do terror. Nessa direção, uma das interpretações que Winnicott deu ao paciente é de que o seu medo de completar experiências estava associado ao "conteúdo violentamente hostil da satisfação no final da refeição, o que significava aniquilação do desejo e aniquilação do seio subjetivo, seguido pela hostilidade do seio objetivo, que persistia" (Khan, 1955/1986, pp. 9-10).

O bebê, no início da vida, somente pode ter contato com o mundo real mediado por sua *criatividade*, não estando ainda pronto para descobrir a existência dos objetos objetivos antes do *estágio do uso do objeto*. O advento da realidade objetiva tem, nesse sentido, de ser preparado pelos fenômenos transicionais (mas sobre isso falarei mais adiante).

E é importante salientar que essa *criatividade primária* – postulada por Winnicott como presente no bebê desde o início – não tem nada a ver nem com pulsão nem com sexualidade, nem tampouco com alucinação. Mas é ela que é capaz de imprimir um colorido emocional e um significado próprio, único, ao conjunto de múltiplos contornos móveis que o objeto real oferece, especialmente quando ele é suficientemente plástico às adaptações ao bebê. Isso, para Winnicott, significa criar/encontrar o objeto: o parodoxo que não pode nem deve ser solucionado. A alucinação, nesse processo – *volto a afirmar* – é um fenômeno secundário, destinado ao controle onipotente do objeto e, nessa direção, uma forma de proteção contra as *agonias impensáveis*, quando o objeto real falha (mas, ainda assim, se ele falhar muito, a alucinação pode cair num vazio, colocando o bebê em apuros). Winnicott fala, inclusive, de uma forma de *pensamento alucinatório*, alternativo ao pensamento de tipo verbal – e presente em algumas crianças –, o que reforça a ideia de que a alucinação é uma das formas de o bebê contar com recursos subjetivos, frente a alguma imprevisibilidade do objeto real (já que os processos intelectuais – incluídas as diferentes formas de pensamento – se desenvolvem justamente com a finalidade de tentar suprir as falhas ambientais).[18]

Mas há ainda outro aspecto na descrição de Roussillon que me parece licencioso demais para com o pensamento de Winnicott. Ainda falando do citado fenômeno da alucinação/percepção do objeto, no início da vida, ele diz:

> *Para que o processo se articule e se desenvolva, é necessário que o objeto aceite ser, assim, usado.... O conceito de uso do objeto, proposto por Winnicott, designa a maneira pela qual um objeto aceita ser usado para a simbolização. (Roussillon, s/d., p. 7)*

---

18 Ele diz: "Algumas crianças se especializam em pensar e ir à busca de palavras; outras se especializam em experiências auditivas, visuais e outros tipos de sensualidade e em memória e imaginação criativas de espécie alucinatória, e essas últimas podem não ir à busca de palavras. Isso não significa que umas sejam normais e as outras anormais" (Winnicott, 1965/1997, p. 155). Posição essa, conforme se pode ver, que é bastante diferente da do seu contemporâneo Bion, que postulava uma clara hierarquia entre elementos β e α e suas formas correspondentes de pensamento verbal.

Então, temos mais uma imprecisão conceitual, já que o *uso do objeto*, descrito por Winnicott – e que designa o processo por meio do qual a criança descobre a existência do mundo exterior, objetivo, ocorre, segundo o autor que o postulou, *posteriormente* ao início dos processos de simbolização, que é concomitante à criação dos fenômenos transicionais e da terceira zona. Ou seja, na concepção winnicottiana, a simbolização se inicia com a criação dos objetos transicionais, e estes, por sua vez, é que fazem a transição – por isso são chamados *objetos transicionais* – para a fase de uso do objeto e a consequente descoberta do mundo exterior e dos *objetos* objetivos.[19] Deslocar essa fase – de uso do objeto – para o início da vida, como propõe Roussillon, significa, mais uma vez, misturar as diferentes temporalidades winnicottianas, sem rigor conceitual algum.

E aqui encerro a minha análise do texto de Roussillon, muito embora haja nele outras questões que seriam passíveis de um exame crítico.[20] Penso, entretanto, que as análises que realizei até aqui são suficientes para caracterizar certo "estilo" de trabalho: a forma como

---

19 Com os objetos transicionais, o bebê inicia o processo de *simbolização*, que vai ser essencial para a introdução do *princípio de realidade*. A descoberta da existência do mundo exterior – no estágio do uso do objeto –, grosso modo, realiza-se pela *subsistência* do seio "destruído" pelo bebê – já que, numa fase de *sadismo oral*, ele experimenta os seus ataques ao seio como eminentemente destrutivos. Graças a essa subsistência do objeto, repetida ao longo do tempo, ele passará a distinguir um seio *imaginário* – que segue destruindo – de outro, *real*, que subsiste após os seus ataques, criando, assim, um *mundo externo, real*, distinto de um *mundo interno, fantasioso*. Ou seja, percebe que o seio que ataca e destrói é um seio fantasioso, distinto do seio real.

20 Assim, deixo de lado o exame das características do objeto, por ele descritas, como também os desdobramentos do processo de simbolização primária nos "objogos" (*"objeux"*, neologismo francês, obtido da fusão de *"object"* com *"jeux"*) e nos sonhos, por não ser esse o objetivo deste artigo.

o psicanalista francês se apropria da teoria winnicottiana e a deforma segundo seus propósitos teóricos.

E, então, vem-me a questão: será mesmo necessário tentar encaixar a teoria de Winnicott dentro do pensamento de Roussillon, como um pseudofundamento, a todo custo? Será que a teoria psicanalítica só pode crescer pela desconsideração e pelo esquecimento das diferenças que existem entre os autores? Não será pela via oposta, da tematização e da discussão dessas diferenças, que se poderá chegar a alguma avaliação das qualidades e brechas de cada teoria, num tipo de percurso que não necessite deformar o pensamento de um autor para fazê-lo servir aos propósitos de outro?

À guisa de concluir

Penso que o conceito de simbolização primária, de René Roussillon, constitui uma proposta teórica interessante, construída no interior da metapsicologia freudiana, como um desenvolvimento, isto é, uma espécie de desdobramento – se minha interpretação foi correta, o conceito foi formulado, inicialmente, para explicar a passagem da primeira para a segunda memória, no interior das postulações feitas por Freud. Entretanto, para fundamentá-lo seriamente seria necessário discutir o quanto a metapsicologia freudiana é capaz de sustentar, teoricamente, uma alucinação simultânea a uma percepção, no absoluto início da vida (já que a descrição freudiana do delírio se refere a um fenômeno psicótico – o que quer dizer, não característico do desenvolvimento saudável –, além de acontecer bastante depois, em termos de temporalidade). Roussillon, no texto examinado, não chega a tentar buscar essa fundamentação em Freud, em momento algum.

Outra possibilidade, talvez fecunda, seria a de traçar algumas correspondências possíveis entre alguns conceitos de Freud e de Bion: *memória somática* e *elemento β*; *alucinação projetada* e *identificação projetiva*; *protofantasia* e *preconcepção*. Posso estar enganado – já que não percorri essa via para ter a certeza –, mas acredito que alguns conceitos de Bion (articulados aos seus correspondentes freudianos) podem constituir um caminho mais viável para se chegar a uma fundamentação do conceito de *simbolização primária* (e talvez sem, necessariamente, se ter de sair do âmbito da metapsicologia freudiana).[21]

Mas é importante constatar, mais uma vez: se Winnicott tem algo a ver com Roussillon, talvez seja puramente uma relação de "inspiração": a partir de suas criações teóricas próprias, ter sido capaz de inspirar o colega francês na tentativa de desdobrar a metapsicologia freudiana em direção a *mais uma* teoria das relações objetais (como, aliás, já fizera anteriormente – juntando conceitos de Bion, Klein, Winnicott, Lacan etc. – André Green). Apenas isso.

No mais, tudo é desencontro. Se o canal da Mancha já esteve mais navegável, aqui ele se apresenta com águas tempestuosas e correntes marítimas traiçoeiras; bater nas rochas e naufragar constitui perigo eminente. Ou, então, desviar-se e aportar num destino inesperado.

Referências

Figueiredo, L. C. (2012). A lógica paradoxal na teoria e na prática da psicanálise: ressonâncias. In. I. Sucar (Org.), *Winnicott: Ressonâncias*. Primavera Editorial/Sociedade Brasileira de Psicanálise de São Paulo.

---

21 Aliás, Bion é um autor bastante citado por Roussillon no livro de 1999, muito embora não exatamente nos conceitos que proponho rever aqui, na sua correspondência com os congêneres freudianos.

Freud, S. (1937/1976). Construcciones en el análisis. In S. Freud, *Obras Completas* (Vol. XXIII). Amorrortu.

Hanns, L. (1999). *A teoria pulsional na clínica de Freud*. Imago.

Khan, M. M. R. (1986). Introduction. In D. W. Winnicott, *Holding and Interpretation*. Karnac. (Trabalho original publicado em 1955)

Naffah Neto, A. (1998, jul.-dez./1999, jan.-jul.). O terceiro analítico e o sem-fundo corporal – Um ensaio sobre Thomas Ogden. *Psicanálise e Universidade*, 9 e 10. PUC-SP.

Naffah Neto, A. (2005). Winnicott: uma psicanálise da experiência humana em seu devir próprio. *Natureza Humana*, 7(2).

Naffah Neto, A. (2012). Sobre a elaboração imaginativa das funções corporais: corpo e intersubjetividade na constituição do psiquismo. In N. Coelho Jr., P. Salem, & P. Klautau (Org.), *Dimensões da intersubjetividade*. Fapesp/Escuta.

Resende Cardoso, M. (2006). A insistência do traumático no espaço psíquico e psicanalítico. *Pulsional – Revista de Psicanálise, São Paulo, XIX*(185).

Roussillon, R. (s/d). Symbolisation primaire et identité. Versão de computador enviada pelo autor, por e-mail, como texto de referência para o evento: "A psicanálise e a clínica contemporânea – Elasticidade e limite na clínica contemporânea: as relações entre psicanálise e psicoterapia", em maio de 2012.

Roussillon, R. (1999). *Agonie, clivage et symbolisation*. PUF.

Winnicott, D. W. (1964). *The child, the family and the outside world*. Pelican Book.

Winnicott, D. W. (1971). *Playing and reality*. Routledge.

Winnicott, D. W. (1986). *Holding and interpretation.* Karnac. (Trabalho original publicado em 1955)

Winnicott, D. W. (1988). *Human nature.* Free Association Books.

Winnicott, D. W. (1992). Paediatrics and psychiatry. In D. W. Winnicott, *Through Paediatrics to Psychoanalysis.* Karnac. (Trabalho original publicado em 1948)

Winnicott, D. W. (1992). Primitive emotional development. In D. W. Winnicott, *Through Paediatrics to Psychoanalysis.* Karnac. (Trabalho original publicado em 1945)

Winnicott, D. W. (1997). New light in children's thinking. In D. W. Winnicott, *Psycho-Analytical Explorations.* Harvard University Press. (Trabalho original publicado em 1965)

Winnicott, D. W. (1999). On "The use of an object". In D. W. Winnicott, *Psycho-Analytical Explorations.* Harvard University Press. (Trabalho original publicado em 1968)

Parte II
Teoria do amadurecimento infantil

5. Sobre a *elaboração imaginativa das funções corporais*: o corpo e o *holding* materno na constituição do *psico-soma*[1]

Considerações preliminares

A *elaboração imaginativa das funções corporais* constitui um dos conceitos nucleares da teoria de D. W. Winnicott. Tentarei referendar essa afirmação, inicialmente, por meio de um exemplo clínico.

Um paciente meu, de dinâmica caracteristicamente *borderline*, que – no início da análise – possuía uma grande cisão entre a mente (o intelecto) e os sentimentos, em função de quase não habitar o corpo (que era, então, muito pouco apropriado), sonhava frequentemente que voava e exibia-se para outras pessoas por meio dos seus voos. Eram verdadeiros malabarismos acrobáticos realizados em pleno ar, que lhe rendiam boas gratificações narcísicas.

---

1 O presente texto foi inicialmente publicado em 2012, na coletânea *Dimensões da intersubjetividade*, organizada por Coelho Jr., Salem e Klatau (Fapesp/Escuta), sob o título: "Sobre a elaboração imaginativa das funções corporais: corpo e intersubjetividade na constituição do psiquismo", que acompanhava, em alguma medida, o nome da coletânea.

Com o desenvolvimento da análise – e do processo de personalização (por meio do qual o seu psiquismo veio, gradativamente, se alocar no corpo) –, seus sonhos ganharam, gradativamente, o chão firme do mundo real. Então, muito embora as imagens antigas ainda voltassem de quando em quando – especialmente em períodos em que tinha de responder a maiores demandas ambientais e seu psiquismo regredia –, eram muito menos frequentes.

Ora, interpretar esses sonhos como realizações de desejos *sexuais infantis*, tal qual Freud postulava para os seus pacientes neuróticos, seria falsear inteiramente o fenômeno onírico em questão, como se apresentava em dois períodos marcadamente diferentes da análise.[2] Para interpretá-los, é necessário o recurso à noção *mais ampla* de *elaboração imaginativa das funções corporais*, da qual o sonho constitui uma das modalidades principais, segundo Winnicott.[3]

No exemplo citado, pode-se dizer que "voar" ou "pisar no chão firme" constituem traduções oníricas de diferentes formas de habitar o mundo. A primeira, por meio de um funcionamento intelectual cindido (e seus "voos" desencarnados, destituídos de qualquer possibilidade de sentimento, mas buscando compensação numa forma de exibição onipotente infantil); a segunda, existindo na forma de uma psique

---

2 Especialmente porque, segundo Winnicott, anteriormente ao processo de apropriação dos impulsos instintivos e das sensações eróticas pelo *self* da criança, na direção da constituição de uma unidade *psico-somática*, não se pode, *a rigor*, falar em *sexualidade infantil* (o que também se aplica a pacientes de tipo *borderline*). Desenvolverei essa questão mais adiante.

3 Também quando analisamos pacientes neuróticos e recebemos sonhos passíveis de serem interpretados como realizações de *desejos sexuais infantis*, podemos ainda dizer que estamos contemplando uma forma de *elaboração imaginativa das funções corporais,* porém diretamente implicada com o funcionamento sexual do corpo.

encarnada, com seu peso, sujeito à gravidade, na qual sentimentos e pensamentos podem constituir algum tipo de unidade *psico-somática*.

Entretanto, por alguma razão desconhecida, o conceito de *elaboração imaginativa das funções corporais* tem recebido poucos estudos por parte dos psicanalistas que se dedicam à leitura e desenvolvimento da obra de Winnicott. Foi essa a principal motivação que me levou à pesquisa aqui desenvolvida.

O corpo *como substrato do psiquismo e como parte integrante dele*

Dentre diferentes teóricos da psicanálise, Winnicott talvez se localize entre os que concedem maior importância ao corpo, tanto como *substrato* do psiquismo quanto como parte integrante dele.

Para ele, o recém-nascido dispõe somente de uma herança genética, transmitida biologicamente por consanguinidade e constitutiva de um *corpo biológico*, que, por sua vez, necessitará de um longo processo até vir a tornar-se um corpo humano, habitado por uma psique. No plano psíquico, o bebê define-se como um vazio prenhe de possibilidades de *vir a ser* que Winnicott denomina *criatividade primária*. Pura virtualidade, garantida – de um lado – pela gama maior ou menor de possíveis, fornecida por essa herança biológica, mas dependendo – de outro lado – do suporte ambiental que o recém-nascido tem à disposição, para vir a dar forma à mesma. Não existem heranças no plano psíquico: nem *protofantasias* transmitidas filogeneticamente, como em Freud; nem *phantasias* como traduções *inconscientes* de Eros e Tânatos e características da espécie humana, como em Melanie Klein. A *fantasia inconsciente*, para Winnicott, só aparece mais tarde, após a assim denominada *fase de uso do objeto* (cf. Winnicott, 1968/1997b). Por outro lado, ele considerava a noção de *instinto de morte* – ou Tânatos, seu nome grego – totalmente inútil para a psicanálise, tendo desenvolvido uma concepção *monista*, quiçá *pluralista*, dos instintos.[4] Nessa direção, o componente agressivo instintivo do bebê é pensado como estando fundido, em grande parte, ao impulso amoroso primitivo (havendo, entretanto, uma parte não fundida, presente na motilidade corporal do bebê e que necessita da oposição muscular do corpo materno para vir a ganhar forma).

Nesse aspecto, Winnicott comporta-se, filosoficamente falando, como um *empirista*: todo o psiquismo advém da *experiência* infantil que se desenrola na interação entre esse conjunto de possíveis – dados pela herança biológica e articulados pela criatividade primária do bebê – e as configurações ambientais disponíveis. E, como a criatividade primária do bebê, nesse início de vida, orienta-se pelas necessidades e funções biológicas do corpo, o psiquismo tem de criar-se apoiado nelas.

Poderíamos, então, pensar: até aí, não há nada de muito novo, no âmbito psicanalítico; já em Freud, vemos a sexualidade infantil nascer apoiada nas funções fisiológicas. É bastante conhecida a formulação freudiana em questão: a sensação de prazer como aquele "algo a mais" do que a pura satisfação fisiológica da amamentação, que aparece

---

4 Estou utilizando o termo *instinto* aqui como um conceito geral que engloba tanto os impulsos biológicos (a fome, por exemplo) como os impulsos sexuais, derivados da erotização dos primeiros. É fato que os franceses destacam essa diferenciação, dando tradução diversa para os dois termos alemães utilizados por Freud: *Trieb* (= pulsão, *pulsion)* e *Instinct* (= instinto, *instinct)*. Entretanto, a psicanálise britânica manteve a tradução desses dois vocábulos por um *único* equivalente inglês: *instinct,* seguindo a tradução da obra de Freud realizada por James Strachey. Por outro lado, Winnicott nunca se guiou pelas classificações freudianas das pulsões nem pela primeira (pulsões sexuais e do ego) nem a segunda (pulsões de vida e de morte), mantendo sempre o termo instintos no plural e sem classificações quaisquer. Podemos pensar aí tanto num monismo quanto num pluralismo, já que é possível dizer que existem tantos instintos quantas são as funções corporais.

apoiado nela, mas que somente se põe em movimento na *ausência* dela, por meio de uma alucinação do seio. Criação do *desejo sexual* como discriminado da *necessidade fisiológica*, muito embora apoiado nela. Entretanto, em Winnicott, não é disso que se trata.

Em primeiro lugar porque o que está em questão, para ele, nesse início de vida, não é, propriamente, a criação da sexualidade infantil. Esta, efetivamente, será constituída ao longo do desenvolvimento infantil, mas exigirá um tempo maior, pois Winnicott entende que é necessária primeiramente a existência mínima de um *self* (si mesmo) infantil, capaz de *apropriar-se* desse "algo a mais" que acompanha a satisfação fisiológica e imprimir-lhe um *sentido erótico*, para que uma sexualidade venha a tomar forma. Nada de tão imediato e automático como para Freud.[5]

Para Winnicott, se o *id* está lá desde o início, é quase como se não estivesse, pois ele é totalmente *exterior* à experiência de existir do bebê. Quaisquer impulsos instintivos que o atravessam (como a fome, por exemplo) necessitam ser saciados num tempo limite para que o bebê não venha a ter de ocupar-se com eles, de *reagir* a eles. O bebê que tiver de reagir à fome vai tomá-la como algo tão ameaçador e traumático quanto uma sensação cutânea muito intensa, que extravase as suas capacidades de integrá-la – rasgando o seu ser –, ou quanto um objeto físico que caia sobre ele e esmague-o. A fome e a sensação cutânea demasiadamente intensas, de um lado, e

---

5 Winnicott não poderia pensar na constituição da sexualidade como algo tão automático e imediato porque teve contato com pacientes de tipo *borderline* já adultos que tinham uma "sexualidade" totalmente falsa, atuada de forma mecânica ou servindo a funções mais básicas de subsistência, como a uma necessidade mínima de integração *psico-somática* (ainda que seja no curto período de uma excitação dita "sexual"). Essa forma de sexualidade é considerada falsa porque não está, fundamentalmente, destinada à busca de qualquer tipo de *prazer,* mas à consecução de condições mínimas de a pessoa seguir *existindo,* sem se desmanchar no vazio.

o objeto físico esmagador, de outro, encontram-se numa relação de *exterioridade* equivalente, já que *excedem* os limites do bebê. Nesse sentido, as únicas formas de fome, de sensação cutânea ou de ameaça "externa" benignas serão aquelas que não atinjam uma intensidade suficiente que as faça aparecer ao bebê com *entidades* em si. Ou seja, que permaneçam como sensações capazes de fundir-se e de desaparecer na sua *área de onipotência*, garantida e sustentada por um ambiente suficientemente bom. O excesso é sempre traumático e, para além de certo nível, leva o bebê a criar proteções psíquicas contra essas ameaças. Uma dessas proteções é o falso *self* cindido, como uma diferenciação prematura desse núcleo de criatividade primária, criada com a única finalidade de funcionar como um escudo protetor do bebê, contra as ameaças das intrusões ambientais e dos impulsos instintivos muito intensos, quando ainda não apropriados pelo *self*. Entretanto, a constituição dessa cisão no seio da existência infantil marcará o início dos quadros de tipo *borderline*, as assim chamadas esquizofrenias latentes, já que, com isso, a experiência será interrompida e, com ela, a constituição do psiquismo. O falso *self* cindido ocupará, então, o lugar do *self* verdadeiro, que não se desenvolve, permanecendo encoberto.[6]

Para que os movimentos instintivos – que, no início da vida, só possuem existência *biológica* – venham a adquirir existência *psíquica*, é necessário que passem pela *elaboração imaginativa das funções corporais*. É também essa função que criará, paulatinamente, a sexualidade infantil, primeiramente dando *sentido humano* a

---

6 O caráter ininterrupto do fluxo de experiência, sustentado pelo *holding* materno, é o que possibilita o que Winnicott denominou *continuidade de ser* do bebê. Quando essa experiência é interrompida por um falso *self* cindido – que isola o *self* verdadeiro de qualquer contato e *mimetiza* traços humanos circundantes, para se adaptar às demandas ambientais –, o bebê perde a possibilidade de *vir a ser*, passando a simplesmente subsistir no "como se". É o advento dos estados *borderline* (e das esquizofrenias).

movimentos puramente fisiológicos e transformando-os em busca de prazer ou de descarga agressiva; posteriormente, ligando esses impulsos a objetos discriminados e fundindo o erótico e o agressivo/destrutivo em *sentimentos ambivalentes* (de atração/repulsão, amor/ódio), constitutivos de todo desejo humano. Mas o que vem a ser, precisamente, essa função, tão fundamental e importante? Acompanhemos as palavras de Winnicott:

> *Quando digo que a vida começa de imediato, admito que primeiramente ela assume uma forma muito restrita, mas a vida pessoal do infante iniciou-se certamente na época do nascimento. Esses hábitos excedentes do infante nos contam que há algo mais na sua vida além de dormir ou beber leite, algo mais do que obter gratificação instintiva de uma boa alimentação ingerida e mantida. Indicam que aí o infante já está vivendo a vida de fato, construindo memórias, formando um padrão pessoal de comportamento.*
> *Para entender melhor, penso que devemos considerar que está havendo, desde o início, uma forma rudimentar do que chamaremos, mais tarde, de imaginação. Isso nos possibilita dizer que o infante ingere com as mãos e com a pele sensível da face, tanto quanto o faz com a boca. A* experiência alimentar *imaginativa é mais larga do que a experiência puramente física. A experiência* total *de alimentação pode rapidamente envolver uma relação rica com o seio materno ou com a mãe, quando esta passa a ser gradualmente percebida, e o que o bebê faz com as mãos e com os olhos amplia o âmbito do ato alimentar. Isso que é normal torna-se mais simples quando vemos*

> *a alimentação de um bebê sendo conduzida de forma mecânica. Tal alimentação, longe de ser uma experiência enriquecedora para o infante, interrompe a sua sensação de seguir existindo. Não sei como colocar isso de outra forma. O que há aí é uma atividade reflexa sem nenhuma experiência pessoal.*
>
> *... Vocês já viram um infante sugando o dedo, ao mesmo tempo que é amamentado satisfatoriamente? Eu já. E alguma vez já viram um sonho se movendo? Quando o infante suga pontas de pano, o edredom ou uma boneca, isso representa um transbordamento da imaginação, tal qual ela é, imaginação estimulada pela função excitante central, que é a alimentação. (Winnicott, 1993/1994, pp. 17-18)*

A partir dessas descrições, podemos perceber que a *elaboração imaginativa das funções corporais* descreve uma forma bastante rudimentar de *imaginação*, ativa desde o nascimento e que se utiliza de relações exploratórias com os objetos, antes mesmo de o bebê descobrir que existem objetos. São, com diz Winnicott, "hábitos excedentes", que excedem, extravasam as funções fisiológicas, dando-lhes uma amplitude que as tornará padrões para futuras funções psíquicas.

Num primeiro momento, a elaboração imaginativa da função alimentar cria, sob condições normais, o que Winnicott denominou *ilusão de onipotência* do pequeno infante. Quando dispõe de uma *mãe suficientemente boa*, capaz de fazer com que o seio surja, como num passe de mágica, diante da sua urgência instintiva, o bebê forma a ilusão de ter criado o objeto no momento em que dele necessitava. Trata-se, aí, do *objeto subjetivo*.

Nesse processo, na medida em que o bebê ainda vive disperso no tempo e no espaço, tendo uma identidade totalmente evanescente, que se desloca por várias formas, ele será, em diferentes momentos: a pura urgência instintiva, o seio que abocanha e o leite que engole. Essa *identificação primária* com o objeto possibilitará, como parte do processo de elaboração imaginativa, que o bebê possa vir a incorporar as suas propriedades; assim, uma mãe suportiva servirá de padrão para que, mais adiante, isso venha a tornar-se uma função psíquica e a criança seja capaz, ela própria, de dar continência à complexidade do seu universo emocional. Winnicott denomina essa identificação primária com a mãe: *female element*, elemento feminino da personalidade, dada essa capacidade de gerar funções psíquicas cunhadas na maternagem.[7] E distingue dois tipos de seio, portanto: de mãe, um seio que *é*, permitindo ao bebê a ilusão de onipotência e a identificação primária; e um segundo tipo de seio, que não *é*, mas que *faz*, impondo padrões externos ao bebê e fazendo-o descobrir a existência de um mundo exterior à sua área de onipotência, num período em que ainda não tem maturidade para isso. Somente o primeiro tipo de seio permite ao bebê *vir a ser*; o segundo tipo origina a formação do falso *self* cindido, de que já falei anteriormente.

A questão aqui me parece simples, embora pareça complexa à primeira vista: somente uma mãe/seio que *é*, quer dizer, *existe* em sua forma própria, apoiada num eixo também próprio, pode permitir que o bebê seja ele mesmo, um ser singular, não destinado a completá-la ou a satisfazer as expectativas ou desejos dela.

---

7 Ao pé da letra, *female element* seria traduzido por elemento fêmea (e *male element*, por elemento macho), porque, já que existem, em inglês, os adjetivos *feminine* e *masculine*, penso que Winnicott poderia tê-los usado, se quisesse significar "feminino" e "masculino", em vez de "fêmea" e "macho". Mas sigo aqui as traduções mais correntemente aceitas, que são, *elemento feminino* e *elemento masculino*.

Retomando a questão da elaboração imaginativa das funções corporais, é importante enfatizar que as funções psíquicas de incorporação, evacuação, introjeção e projeção nascerão, mais adiante, ancoradas em funções fisiológicas, tendo como modelos a ingestão e a defecação; sua dinâmica seguirá, pois, o padrão da função fisiológica modelo.

Internalizar bons objetos ambientais acontece como forma natural de crescimento, seja de forma mais espontânea ou mais defensiva. Em *Human nature*, seu último livro não concluído (1988, pp. 75-77, 80-81), Winnicott distingue *incorporação* de *introjeção*. *Incorporar* bons objetos sob a forma de cuidados, nessa distinção, é um processo espontâneo que ocorre *desde o início*, como forma natural de crescimento, sem nenhuma conotação defensiva. Nessa mesma acepção, um aluno pode incorporar os ensinamentos de um professor. Já *introjetar* "bons objetos" implica uma idealização mágica dos objetos internalizados, na linha de um mecanismo de defesa contra a angústia, quando o ambiente se torna ameaçador. O mesmo raciocínio se aplica à *evacuação* e à *projeção*: evacuamos os restos daquilo que incorporamos e que não tem utilidade psíquica para nós. Mas projetamos objetos internos persecutórios, que nos produzem uma dor psíquica insuportável, para magicamente nos livrarmos deles.

De qualquer forma, introjeção e projeção são processos que virão depois, posteriores à distinção entre mundo interno e externo, e têm uma conotação mais *mental*, ligada à defesa contra intempéries ambientais.[8] Mas serão, também, de utilidade para o desenvolvimento

---

8 Diferem, pois, dos processos de *incorporação* e *evacuação*, que acontecem desde o início da vida. Cabe também assinalar que foi Elsa Oliveira Dias quem primeiramente me chamou a atenção para essas discriminações winnicottianas, numa palestra ministrada num colóquio sobre Winnicott, em São Paulo, e depois transformada em artigo (Oliveira Dias, 2007).

normal, já que permitirão um trânsito entre dentro e fora, gerador de muitas funções psíquicas. Aprender a colocar-se no lugar do outro – nas identificações cruzadas – constitui uma dessas funções importantes, propiciada justamente, segundo Winnicott, pelo desenvolvimento, na criança, da capacidade de realizar *identificações projetivas* saudáveis. Mas, como já disse anteriormente, tudo isso vem depois, somente se tornando possível a partir da distinção entre um interior e um exterior.

No início, por meio da atividade de sucção do dedo, ou da fralda, o bebê exercita uma forma de controle onipotente sobre o objeto, capaz de gerar-lhe confiança suficiente no ambiente, para que, mais adiante, possa vir a perder o objeto primário, por pequenos períodos, sem se sentir ameaçado e sendo capaz de substituí-lo por esses *objetos transicionais*: dedo, fralda, ursinho etc. Winnicott nos diz:

> *Esses fenômenos (de sucção) somente podem ser explicados assumindo que o ato é uma tentativa de localizar o objeto (seio etc.) e a mantê-lo a meia distância entre o dentro e o fora. Isso é uma defesa contra a perda do objeto ou no mundo externo ou no interior do corpo, quer dizer, contra a perda de controle sobre o objeto.*
> *Eu não tenho dúvidas que a sucção normal do polegar tenha essa função também.*
> *O elemento auto-erótico* [sic] *(aí) não é sempre de importância soberana. (Winnicott, 1945/1992, p. 156)*

Mais adiante, será também por meio da elaboração imaginativa das funções corporais que o bebê poderá criar a externalidade do mundo; aí, com a sexualidade infantil já constituída, sob a forma do *sadismo oral*. Por meio da elaboração imaginativa da *sobrevivência* do "objeto seio", destruído por seus ataques sádicos, o bebê poderá ir, paulatinamente, discriminando um *objeto real, objetivo*, independente da sua área de onipotência, de um outro *objeto subjetivo*, que continua a destruir na sua fantasia.⁹ Essa etapa marca o surgimento das fantasias como constituintes do mundo interno, portanto numa área discriminada da realidade, do mundo externo. Surgirá, assim, uma forma mais complexa de elaboração imaginativa, povoada pelas *fantasias*. Também aparece a possibilidade de recalcar essas fantasias, eliminando-as da consciência, sempre que gerem uma angústia insuportável; surge, então, o *inconsciente* recalcado.¹⁰ Doravante, o bebê poderá fazer uso de objetos reais e, sempre que necessário, resguardar-se em seu mundo interno, como um caminhante cansado à sombra de uma árvore.

Essa distinção entre um interior e um exterior e a capacidade de agir no mundo, perseguindo as metas do próprio desejo, designa a constituição – na personalidade da criança – daquilo que Winnicott denominou *male element*, elemento masculino. Se o *elemento*

---

9 Alguns intérpretes de Winnicott – por exemplo, Ana Lila Lejarraga – não veem a questão exatamente dessa forma, porém interpretam a "destruição" do objeto não como um movimento ligado ao sadismo oral, mas como um processo mais de âmbito subjetivo. Por exemplo, quando a criança fecha os olhos, ela estaria "destruindo" o objeto, já que, nesse momento, *subjetivamente*, ele deixa de existir para ela; e a sobrevivência do objeto seria a redescoberta contínua, ao abrir os olhos, de que ele continua lá. Gostaria apenas de salientar que uma interpretação não é exclusiva da outra; penso até que podem ser complementares. Outra questão controversa aí é o porquê de a criança continuar a destruir o objeto subjetivo na sua fantasia. É que Winnicott entende que essa distinção entre fantasia e realidade, mundo interno e mundo externo, nunca está realizada *de uma vez por todas*; enquanto destrói continuamente o objeto subjetivo na sua fantasia, a criança está cuidando de manter essa distinção, fundamental para a sua vida no mundo real.

10 O inconsciente existente até então tem um estatuto puramente descritivo, ou seja, trata-se de mecanismos e processos que funcionam num limiar incapaz de atingir a consciência, já que essa não se encontra nem mesmo inteiramente constituída, enquanto tal.

feminino constituíra para o bebê a possibilidade de *ser*, o *elemento masculino* formatará a sua capacidade de *fazer*.

Na etapa seguinte, o infante já distinguirá a sua mãe como um ser *semelhante* a ele, podendo se compadecer cada vez que a ataca, sadicamente. Por meio de um *sentimento de culpa* (geralmente inconsciente), vivencia, então, desejos e movimentos *reparatórios*, que criam os primeiros valores éticos na relação intersubjetiva.[11] Se possuir uma mãe suficientemente boa para acolher tanto os seus ataques sádicos quanto os atos reparatórios que os seguem – inúmeras vezes, ao longo de toda essa etapa –, sem retaliações e sem sumir de cena, será capaz de, pouco a pouco, apropriar-se dos impulsos agressivos/destrutivos que atravessam o seu corpo, sem vivenciar intensos sentimento de culpa, pois adquirirá confiança na sua capacidade de reparar aquilo que destrói. Nessa fase, a elaboração imaginativa já se espraia, pois, na constituição de valores humanos.

O período do complexo de Édipo complexificará bastante a dinâmica psíquica, ao introduzir o terceiro elemento, já que, até então, o pai era experimentado pela criança como um substituto da mãe. Mas a elaboração imaginativa, nesse período, será de importância crucial não somente para que a criança internalize as interdições culturais (como as do incesto, por exemplo), mas principalmente para que se torne capaz de sustentar *sentimentos de ambivalência*

---

11 É possível, também, pensarmos que a necessidade de reparar o objeto pode, nessa fase, dever-se mais à necessidade que a criança tem dele, em sua dependência, do que a um sentimento genuinamente altruísta. Pois é somente mais adiante, com o advento das identificações cruzadas, que a criança aprenderá a colocar-se, efetivamente, no lugar do outro. Mas isso, na verdade, constitui uma nuance interpretativa, sujeita a controvérsias, já que tudo isso descreve um processo de desenvolvimento contínuo, no qual somente por razões didáticas pode-se distinguir em que parte cada coisa se inicia. Também porque, em cada criança, o processo sofre variações, resistentes a qualquer universalização conceitual.

diante dos objetos que geram simultaneamente amor e ódio, como pai e mãe, nesse período.

Também essa fase será de crucial importância para a formação de uma identidade sexual, por meio da elaboração imaginativa da *fase fálica* – com vistas à conquista da *genitalidade* – e, também, pelo advento das *identificações secundárias* com pai, mãe e outras figuras importantes na educação da criança.

E muito interessante, por exemplo, a forma como Winnicott concebe a elaboração imaginativa que marca a passagem da fase fálica para a fase genital, no caso da menina. Acompanhemos a sua descrição, na qual simula o processo de elaboração da castração passo a passo, até a descoberta da vagina, em descobertas que se sucedem:

> *Eu tenho um pênis. Claro que me crescerá um pênis. Eu tinha um pênis, mas fui traumatizada (punida por excitação). Eu usarei um pênis por procuração, deixando um macho agir por mim. Vou deixar um macho me usar. Dessa forma, torno a deficiência compensada pelo reconhecimento da dependência do macho para a completude. Por meio disso, descubro meu verdadeiro genital feminino. (Winnicott, 1988, pp. 44-45)*

E, para os que julgam essa descrição carregada de cultura machista – eu, pelo menos, já tive algumas alunas que a avaliaram assim –, ele acrescenta, em rodapé: "Na fase fálica, um menino é completo, mas na genital, ele é dependente da mulher para a completude" (Winnicott,1988, pp. 44-45).

A travessia do complexo de Édipo produz, como resultado, a formação do *superego*. Sobre esse tema, Winnicott também disse coisas interessantes, muito embora essa parte da sua teoria seja geralmente esquecida por muitos winnicottianos. No trecho aqui citado, ele avalia o alívio que sente uma criança que consegue chegar integrada como uma *pessoa total* ao complexo de Édipo e que, por ter pais presentes, pode formar um *superego* saudável:

> *Podemos dizer, essa criança está suficientemente bem por ser uma pessoa total entre três, experimentar a situação triangular e ser capaz de trabalhar, por meio da presença dos pais, tudo o que significa a passagem pelo complexo de Édipo e a constituição de um superego que tem alguma relação com os pais tais quais percebidos e com os pais tais quais concebidos. Um grande número de crianças nunca tem esse alívio. O que acontece, em tais casos, não é que o superego não se constitua, mas que a sua formação nunca se torne humanizada e que permaneça um pouco como o politeísmo antes do monoteísmo. Então, é como se houvesse forças e agências mecânicas que são temidas e têm de ser magicamente enfrentadas e que, certamente, não podem ser desafiadas. Toda espécie possível de mecanismo ameaçador pertence à falta de saúde nessa área. Na saúde, a criança (certamente) pode desenvolver psiconeurose; entretanto, ele ou ela tem o grande alívio de um superego que está relacionado a seres humanos, de fato: o pai e a mãe. A análise pode tirar proveito disso. Esses seres humanos podem ser amados e odiados, obedecidos e desafiados, no sentido ordinário que é bem conhecido. (Winnicott, 1960/1997a, pp. 470-471)*

Ou seja, a elaboração imaginativa operará de formas diferentes, caso possa contar (ou não) com um desenvolvimento saudável da criança, nas etapas anteriores, e com a presença efetiva dos pais, incorporando imagens humanas com as quais a criança possa dialogar internamente, obedecendo ou desafiando. Quando isso não é possível, as interdições culturais são internalizadas por meio da introjeção de forças anônimas, mágicas e poderosas, bastante distanciadas do humano cotidiano, criando uma espécie de mundo fantástico, ao qual a criança tem de submeter-se ou do qual, em geral, sofre grandes punições quando desobedece. A melancolia, enquanto psicose, pode constituir um desses casos típicos; algumas neuroses obsessivas graves também.[12]

Podemos dizer, de forma geral, que a *elaboração imaginativa das funções corporais* opera, desde o início da vida, num tipo de relação de exploração e fruição dos objetos que prenuncia aquela, mais tardia, do jogo, das relações lúdicas. Quando estas se iniciam, elas constituem um espaço de mediação entre o dentro e o fora, o assim denominado *espaço potencial*, que constitui a região do psiquismo

---

12 Num outro texto, Winnicott descreve uma forma patológica de *superego*, que parece ter relações com essa. Eu o cito: "em alguns casos pode ter havido o desenvolvimento de um *falso superego*, baseado num modo anormal de intrusão de influências muito poderosas e autoritárias, derivadas do meio ambiente, nos primeiros anos" (Winnicott, 1956/1990, pp. 19-20, grifo do autor). Como, entretanto, ele não se alonga nesse assunto, fica difícil precisar melhor o seu pensamento a esse respeito. Eu, pessoalmente, vejo esse tipo de *falso superego* como uma parte extremamente atuante de certas formações de *falso self cindido*, comum em pacientes de tipo *borderline*, e que funciona como verdadeiro algoz psíquico. Mas ele pode, também, descrever, perfeitamente, o *superego* de certos melancólicos ou de certos neuróticos obsessivos graves.

na qual Winnicott aloca todo e qualquer processo de criação e de relação com os objetos da cultura.[13]

A constituição do psico-soma, possibilitada pelo holding materno

É extremamente importante, mais uma vez, ressaltar que o desenvolvimento normal da *elaboração imaginativa das funções corporais* depende, nos assim chamados períodos de dependência absoluta e de dependência relativa, *inteiramente* do suporte recebido da mãe ou figura substituta.

O *holding* constitui um termo amplo que designa o conjunto dos cuidados maternos, capazes de dar suporte à *criatividade primária* do bebê, ao longo do processo de constituição do psiquismo. Pois é importante que se diga: o processo de elaboração imaginativa é realizado *pela* criatividade primária do bebê, embora necessite ser *sustentado* pelos cuidados maternos. Não cabe à mãe, nesse processo, o papel de *intérprete* principal, tal qual a conceba Bion, na atividade de *rêverie*. Cito aqui o que já disse num outro texto:

---

13 Essa é, pelo menos, a forma como a maioria dos intérpretes de Winnicott põe a questão. Entretanto, ela é controversa. Em *Human nature* (seu livro inacabado), ao falar de mães com bebês recém-nascidos, auxiliadas por enfermeiras, Winnicott diz: "Pode-se ver que, do ponto de vista da enfermeira, o contato *inicial* entre mãe e bebê pode se assemelhar a um jogo; *certamente poderia ser chamado de jogo*" (Winnicott, 1988, p. 105, grifo do original). Quando, pois, inicia-se verdadeiramente o jogo na experiência infantil: somente mais tarde no período dos fenômenos transicionais, ou já no início de vida, por meio dessa relação de exploração e fruição do seio materno?

Para este último (Bion), o bebê é incapaz de elaborar, por si próprio, a matéria bruta de caráter sensual da sua constituição, emergente sob a forma de elementos β e necessita ejetar esses elementos para fora de si, sob a forma de identificações projetivas sobre a mãe, para que ela os digira por meio da função de rêverie *e os devolva transformados em elementos α, estes últimos, sim, aptos para serem utilizados na função do pensamento. Isso torna o analista de inclinação bioniana bastante afeito, na clínica, a essa função α – doadora de forma e de sentido –, usando da interpretação com essa finalidade, mesmo quando está lidando com pacientes de tipo* borderline *ou psicóticos.*

Para Winnicott, o bebê não necessita primariamente de rêverie, *mas de* holding, *sustentação, o que significa dizer que se tiver a sua continuidade de ser garantida pelos cuidados maternos, ele próprio – por meio das suas ferramentas primitivas e rudimentares, da elaboração imaginativa – será capaz de, gradualmente, ir dando sentido ao funcionamento do seu corpo na sua relação com o ambiente; através disso, conquistará, gradualmente um psiquismo, no qual se inclui a capacidade de pensar.*[14] *Isso faz com que o analista de inclinação winnicottiana, especialmente quando trata de pacientes de tipo* borderline *ou*

---

14 É verdade que, para Winnicott, a mãe desempenha uma função especular importante: de refletir para o bebê uma imagem de si mesmo. Isso, entretanto, não caracteriza um tipo de *rêverie*, já que não implica uma digestão transformadora (de elementos β em α, por exemplo); a função do olhar materno é dar *existência* e *reconhecimento* ao bebê, num período em que este vive disperso no tempo e no espaço, não integrado.

> *psicóticos, privilegie o* holding *e os processos de regressão a estágios de dependência, abrindo mão, em grande parte, da interpretação. (Naffah Neto, 2008)*

Sustentar a *criatividade primária* do bebê significa, antes de tudo, para a mãe, um voto de confiança na vida e no direito do seu filho de ser *singular*. Mas isso, segundo Winnicott, é garantido pelo processo de *preocupação materna primária,* originário de um movimento regressivo da mãe, que lhe possibilita tanto uma identificação com as necessidades básicas do filho quanto poder responder às suas conquistas graduais de forma confiante.

Seria, entretanto, impreciso nos apoiar na noção filosófica de *intersubjetividade* para designar esse tipo de relação mãe-bebê, tão peculiar é único. Especialmente porque, nos primeiros tempos, o bebê efetivamente não pode designar uma subjetividade constituída, no sentido forte do termo. Trata-se de uma relação em que ambos os sujeitos estão descentrados de si, a mãe estando presente aí fundamentalmente como um corpo/seio identificado ao bebê; este último emergindo como um corpo evanescente e amorfo identificado, por sua vez, a esse corpo/seio materno.

Sugerem dois planos mutuamente imbricados e que passam um no interior do outro, sob a forma de um quiasma reversível.

Talvez, nesse sentido, a noção que melhor exprima esse estado de coisas seja aquela que Merleau-Ponty chamou de *chair*, no seu livro inacabado *Le visible et l'invisible* (1964), e que nós, de língua portuguesa, imperfeitamente traduzimos por *carne*. Veja-se, por exemplo, quão evocativas são essas palavras de Marilena Chauí quando procura descrever essa noção merleau-pontyana:

> *A reversibilidade e a transitividade das cores, superfícies e movimentos – carne das coisas –, dos nossos sentidos entre si – carne do nosso corpo –, deles e das coisas como ressonância e reverberação sem começo e sem fim é o desvendamento do sensível como "o meio onde há o Ser sem que careça de ser posto". É isto a experiência sensível. O narcisismo fundamental do corpo em sinergia que se propaga entre os corpos numa reflexão intercorporal inacabada ou encarnação permanente na comunidade de Narcisos, é a experiência da intercorporeidade como existência originária do eu e do outro. (Chauí, 1981, p. 276)*

Este, entretanto, é um assunto bastante complexo, que exigiria um outro percurso reflexivo. Deixo-o, pois, aqui, apenas a título evocativo para futuras incursões no tema.

De qualquer forma, podemos dizer que graças ao *holding* materno, a *criatividade primária* do bebê é capaz de ir elaborando imaginativamente as funções biológicas na sua relação com o mundo e criando uma psique efetivamente apoiada no corpo, constituindo assim, a sua contraparte espiritual.[15] Assim, o bebê conquistará uma *unidade psico-somática*, na qual corpo e psique constituem dois componentes de uma mesma estrutura.

Entretanto, Winnicott nunca chegou a um *monismo* verdadeiro, de pura identificação entre corpo e psique. Inclusive porque a clínica nunca lhe permitiu tal postulação. Ele nos conta:

> *Uma . . . paciente psicótica descobriu em análise que a maior parte do tempo ela vivia na cabeça, por trás dos*

---

15 Evidentemente, desde que despojemos o termo *espiritualidade* de qualquer sentido místico.

olhos. Ela podia somente enxergar para fora dos seus olhos como por janelas e não tinha contato com o que os seus pés estavam fazendo; como consequência tendia a cair em buracos e tropeçar nas coisas. Ela não tinha "olhos nos pés". Sua personalidade não era sentida como localizada no corpo, que era como uma máquina complexa, que ela tinha de conduzir com cuidado e habilidade conscienciosos. (Winnicott, 1945/1992, p. 149)

Ou seja, se a *unidade psico-somática* só pode ser conquistada nos casos mais felizes, efetivamente, a clínica não nos autoriza a puramente identificar psique e corpo, em fórmulas do tipo: "a psique é o corpo" ou "o corpo é a psique". Entretanto, estamos também longe do dualismo cartesiano. Loparić sugere que, em Winnicott, corpo e psique devem ser vistos como dois grupos de funções, integrados entre si, mas irredutíveis um ao outro (cf. Loparić citado por Oliveira Dias, 2003, pp. 112-113).

Também é fundamental distinguirmos a noção de *psique* da noção de *mente*, já que esta última designa, para Winnicott, um funcionamento especializado da unidade *psico-somática*, inteiramente destinado às *funções intelectuais*. A *mente* diferencia-se, primeiramente, para dar ao bebê alguma previsibilidade dos acontecimentos ambientais, portanto como uma zona diretamente em contato com o mundo exterior, cabendo a ela: transformar a temporalidade subjetiva em *cronos*, mensurar espaço, analisar e categorizar eventos, armazenar e classificar memórias, traçar relações de causalidade e fazer previsões (Winnicott, 1965, p. 7).

A saúde psíquica pressupõe um funcionamento integrado entre psique, mente e corpo, e talvez este seja o sentido mais preciso do termo *unidade psico-somática*.

Referências

Chauí, M. (1981). Experiência do pensamento (Homenagem a Maurice Merleau-Ponty). In M. Chauí, *Da realidade sem mistérios ao mistério do mundo: Espinosa, Voltaire, Merleau-Ponty*. Brasiliense.

Merleau-Ponty, M. (1964). *Le visible et l'invisible*. Gallimard.

Naffah Neto. A. (2012). A construção do psiquismo: a singularidade da perspectiva winnicottiana diferindo de Freud, Klein e Bion. In I. Sucar, & H. Ramos (Orgs.), *Winnicott: ressonâncias* (pp. 61-72). Sociedade Brasileira de Psicanálise de São Paulo/Primavera Editorial.

Oliveira Dias, E. (2003). *A teoria de amadurecimento de D. W. Winnicott*. Imago.

Oliveira Dias, E. (2007). Incorporação e introjeção em Winnicott. *Winnicott e-prints, 2*(2), série 2.

Winnicott, D. W. (1965). *The family and the individual development*. Routledge.

Winnicott, D. W. (1988). *Human nature*. Free Association Books.

Winnicott, D. W. (1990). Psycho-analysis and the sense of guilt. In D. W. Winnicott, *The maturational processes and the facilitating environment*. Karnac. (Trabalho original publicado em 1965)

Winnicott, D. W. (1992). Primitive emotional development. In D. W. Winnicott, *Through Paediatrics to Psychoanalysis*. Karnac. (Trabalho original publicado em 1945)

Winnicott, D. W. (1994). *Talking to parents*. Merloyd Lawrence Book. (Trabalho original publicado em 1993)

Winnicott, D. W. (1997a). Joseph Sandler: comment on the concept of superego. In D. W. Winnicott, *Psycho-analytic explorations*. Harvard University Press. (Trabalho original publicado em 1960)

Winnicott, D. W. (1997b). The use of an object and relating through identifications. In D. W. Winnicott, *Psycho-analytic explorations*. Harvard University Press. (Trabalho original publicado em 1968)

Parte III
Psicopatologias winnicottianas

6. A problemática do falso *self* em pacientes de tipo *borderline*: revisitando Winnicott[1]

O falso self

A temática do falso *self* apareceu pela primeira vez, dentre os textos de Winnicott, no artigo "Mind and its relation to the psyche-soma", publicado em 1949 (1949/1992). Entretanto, o conceito só viria a ganhar seu estatuto teórico definitivo em 1960, com o aparecimento de "Ego distortions in terms of true and false self" (1960/1990).

De fato, como o próprio Winnicott reconhece, o conceito, em si, não era propriamente novo, já tendo sido mencionado anteriormente em psiquiatria, em sistemas filosóficos e em literatura. Na sua forma patológica, relacionada a esquizofrenia, já fora descrito em sua sintomatologia, inclusive no âmbito da própria psicanálise, num artigo de Helene Deutsch, de 1942, sob a forma de "personalidade como se" (Deutsch, 1942). E, antes de Helene Deutsch, em 1932, Sandor Ferenczi já anotara no seu *Diário clínico*: "A esquizofrenia é uma reação de *mimikry* (= mimetismo) . . . no lugar de uma afirmação

---

[1] Este texto apareceu publicado, pela primeira vez, com o mesmo título, na *Revista Brasileira de Psicanálise*, 41(4), 2007.

de si mesmo (revanche, defesa). (Ou seja: os esquizofrênicos são afetados pelo trauma, de fato, antes que tenham uma personalidade)" (Ferenczi, 1985, p. 212). Já aparecia, pois, uma primeira ideia da esquizofrenia como uma reação traumática de mimetização de figuras ambientais, no lugar do si mesmo, descrição essa bastante próxima daquela que Winnicott faria, mais tarde, do falso *self* cindido, como defesa esquizofrênica.

Entretanto, a que pesem todos esses antecedentes, o fato é que o conceito só ganharia a sua forma mais acabada e o seu sentido maior no âmbito da clínica psicanalítica – gerando mudanças importantes na técnica – a partir dos trabalhos de Winnicott.

Mas, como ele mesmo afirma, Freud já dera as bases primeiras para a formulação dessa distinção entre falso e verdadeiro *self*, quando propôs uma divisão do *ego* "em uma parte que é central e potencializada pelos instintos (ou pelo que chamou de sexualidade, pré-genital e genital), e uma parte que é voltada para fora e relacionada com o mundo" (Winnicott, 1960/1990, p. 140). Essa parte, voltada para fora, seria aquela responsável pela função adaptativa do *ego* à realidade.

Seria exatamente essa proposta freudiana que inspiraria a formulação winnicottiana do falso *self* em indivíduos normais:

> *Na saúde, o falso* self *está representado pela organização total da atitude social polida e amável, de "não demonstrar abertamente seus sentimentos", como se poderia dizer. Muito se passa até advir a habilidade do indivíduo para renunciar à onipotência e ao processo primário, em geral; o ganho é o lugar na sociedade, que nunca pode ser conseguido e mantido somente pelo* self *verdadeiro. (Winnicott, 1960/1990, p. 143)*

Nessa direção, Winnicott chega mesmo a formular a ideia de uma parte central do *self*, destinada a permanecer para sempre solitária e incomunicável, nos indivíduos saudáveis; aquilo que se poderia chamar de "foro íntimo", do qual emana toda a espontaneidade e criatividade próprias. Ao falso *self* caberia toda a tarefa de contato com o mundo, funcionando como uma ponte entre o *self* verdadeiro e a realidade exterior.

Mas o meu objetivo aqui não é discorrer sobre o falso *self* em indivíduos saudáveis, mas justamente descrever a sua ocorrência patológica, como defesa esquizofrênica, em pacientes de tipo *borderline*: aquilo que podemos denominar de falso *self* cindido.

O falso self cindido

A formação do falso *self* cindido, como defesa esquizofrênica, segundo a descrição de Winnicott, ocorre sempre que o bebê tem de interromper a sua continuidade de ser, para reagir a uma mãe insuficientemente boa, ou seja, incapaz de garantir que as suas necessidades básicas sejam atendidas nas formas e nos tempos conformes à sua singularidade. Ou seja, sempre que o infante não encontra, no ambiente, suporte suficiente para a criação de um mundo subjetivo, expressão de seu gesto espontâneo. Mas o falso *self* cindido também se faz necessário quando esse mundo subjetivo é criado e, enquanto tal, necessita ser protegido desse ambiente, devido ao caráter caótico, inesperado e ameaçador do mesmo.

Na concepção winnicottiana, a produção do mundo subjetivo dá-se por meio da criação do *objeto subjetivo*, quer dizer, do objeto *na medida* do infante, que se constitui ao longo do tempo, quando – reiteradas vezes – o bebê experimenta o seio como criado pelo próprio impulso de fome que o atravessa, vindo, então, a saciá-la. Ou vivencia a massagem do ventre (pela mão da mãe) surgindo como um desdobramento da própria dor de barriga que o retesa, gesto que diminui a intensidade da dor e permite algum relaxamento. Esses aparecimentos "mágicos" criam uma *ilusão de onipotência*, na medida em que é a própria sensação vital do bebê que se metamorfoseia no objeto quando dele necessita. Ou, pelo menos, é dessa forma que o rebento experimenta tais acontecimentos. Nesse período de vida, ele não sabe que, por trás de tal dinâmica, existe uma mãe-suficientemente-boa, capaz de prover o objeto no momento exato e na sua medida. Somente mais adiante – se tudo correr bem nessa fase – poderá ser desiludido e perceber a existência de um ambiente distinto de si próprio, mantendo, ao mesmo tempo, contato com seu potencial espontâneo-criativo.

Mas nem sempre o ambiente é suficientemente responsivo às suas necessidades e, quando essa não responsividade vai além de uma certa medida, pode vir a ter um efeito traumático; quando isso acontece, o bebê tem de interromper a sua continuidade de ser e sair da sua ignorância saudável, reagindo ao ambiente para se proteger. Então, perceberá, precocemente, a existência de um ambiente da pior forma possível.

Explico-me melhor: sempre que o ambiente do bebê estiver *em excesso* ou *em falta* diante das suas necessidades e sempre que esse excesso ou essa falta ultrapassarem um certo nível de suportabilidade, o bebê tenderá a formar um falso *self*, como uma barreira frente ao meio ambiente ou frente aos seus impulsos vitais ameaçadores, barreira essa destinada a proteger o *self verdadeiro* daquilo que Winnicott denominou *agonias* impensáveis.[2]

---

2 Winnicott define como *agonias impensáveis* o retornar a um estado de não integração; o cair para sempre num vazio sem fundo; o estranhamento em relação ao próprio corpo, sentido como não próprio; a perda do sentido de realidade; a perda da capacidade de relacionar-se com objetos; o completo isolamento, sem qualquer forma de comunicação.

Um ambiente *em excesso* é um ambiente basicamente *intrusivo*, que se impõe à subjetividade do bebê, fazendo-o descobrir a *alteridade* num período em que não tem condições próprias para lidar com ela; esse é o tipo de ambiente que impede a criação do *objeto subjetivo* por meio de uma presença impositiva. Nesse caso, o falso *self* forma-se entre o *self* verdadeiro e as intrusões ambientais.

O ambiente *em falta* é aquele que deixa o bebê à mercê dos seus impulsos vitais (como uma fome, uma dor intensa etc.), que, nessa fase, ainda não são experimentados como próprios e que – quando atingem um nível de intensidade excessiva, por um tempo também excessivo – são vividos como uma ameaça eminente de colapso. Nesse caso, a criação do objeto *subjetivo* é impedida pela falta de presença do adulto, e o falso *self* forma-se entre o *self* verdadeiro e os impulsos vitais do bebê, ameaçadores.

Mas essas duas dinâmicas descritas de maneira, assim, distinta têm apenas um cunho didático, nunca se realizando de forma absoluta. Na verdade, o ambiente intrusivo também deixa, em algum nível, a criança à mercê dos impulsos vitais, já que impõe formas e padrões que pouco têm a ver com as necessidades reais do bebê: seu ritmo e tempo de mamadas etc. De forma análoga, o ambiente que não atende às necessidades mínimas do bebê também acaba levando à criação de barreiras protetoras contra si, já que gera uma total desconfiança do bebê sobre o que pode esperar daquele. Isso significa dizer que o falso *self* sempre se forma como uma barreira, em parte frente ao ambiente, em parte frente aos impulsos vitais ameaçadores, em maior ou menor grau.

Acontece, então, uma cisão entre os dois *selves*; do contrário, a função protetora do falso *self* não teria eficiência. Isso significa dizer que tudo aquilo que o falso *self* recebe como impacto, seja do ambiente ou dos impulsos vitais ameaçadores, não chega ao *self* verdadeiro, ou chega intensamente filtrado, não podendo, pois, ser processado como *experiência*, ou sendo processado de forma parcial e lacunar.

Esse funcionamento, aplicado aos impulsos sexuais, dificulta sobremaneira a apropriação de tais impulsos, impedindo a formação da sexualidade ou, no melhor dos casos, gerando uma sexualidade incipiente.[3] Isso na medida em que a *experiência*, tal qual Winnicott a entende, implica necessariamente um contato direto, uma relação de trocas, entre o *self* verdadeiro – o *gesto espontâneo* do bebê – e o meio ambiente. É em função do *holding* recebido desse ambiente que o *self* torna-se capaz de, gradativamente, ir experienciando e integrando os impulsos sexuais/agressivos, transformando estímulos físicos em *sensações próprias*, no âmbito corporal e psíquico. E é somente na medida em que essas sensações possam ir se integrando ao *self* que se pode formar uma sexualidade e uma agressividade em condição de serem utilizadas e dirigidas para fins vitais.

Quando ocorre a clivagem entre os dois *selves*, todo esse processo é interrompido. Seu grau maior define, justamente, a dinâmica básica do paciente *borderline*.

É preciso, entretanto, definir o uso que estou dando aqui ao termo *borderline*.[4] Entendo por essa designação indivíduos que vivem nas bordas, ou seja, nas fronteiras entre a neurose e a psicose, podendo – em períodos mais saudáveis, quando o falso *self* cumpre seu papel defensivo, adaptativo, de forma mais íntegra – apresentar uma

---

3 Winnicott entende que, inicialmente, o *id* é exterior ao núcleo do qual se desenvolverá o *self*; portanto, que a sexualidade só poderá vingar, efetivamente, se o ambiente der sustentação para que o bebê possa experienciar e se apropriar, paulatinamente, dos impulsos sexuais que o atravessam (estou aqui, criando um neologismo em português: o verbo *experienciar,* já que nenhum outro pode expressar esse processamento da *experiência,* tal qual Winnicott o propõe).

4 Poder-se-ia traduzir o termo *borderline* pelo equivalente português *fronteiriço*, mas o uso clínico instituído leva-me a preferir manter o termo no original em inglês.

dinâmica que se assemelha à do neurótico. Mas é importante não nos deixarmos enganar por essa aparência, pois, noutros períodos mais críticos – quando o falso *self* malogra, sofrendo desintegrações –, esses mesmos indivíduos podem ser literalmente invadidos pelo mundo e afundar em sintomas esquizofrênicos de tipos variados. Penso que é justamente nessa acepção mais ampla que Winnicott emprega o termo *borderline*.

Dentro desse uso, pretendo, pois, distinguir dois subtipos de paciente *borderline*: aquele que – seguindo os usos vigentes – chamei de *personalidade esquizoide*, e uma segunda categoria que – seguindo Helene Deutsch – denominei *personalidade "como se"*. Ambos os tipos apresentam formas diferentes de falso *self*, que pretendo descrever aqui, e que se relacionam, da mesma forma, a etiologias diferentes das patologias em questão.

Também, conforme já sugeri, pretendo dar algumas indicações importantes sobre a clínica desses tipos de paciente.

A personalidade esquizoide

As falhas de adaptação do ambiente ao bebê podem atingir diferentes níveis, com consequências diversas. A descrição que Winnicott faz a seguir indica o que acontece com o bebê quando essas falhas ocorrem num grau *relativo* ou num ambiente *caótico*, que se apresenta ora de um jeito, ora de outro. Ou seja, quando as falhas ambientais ainda permitem algum tipo de constituição de objeto subjetivo e de ilusão de onipotência, mas não num nível suficiente para impedir a formação do falso *self* cindido, como defesa. Diz Winnicott:

> *Quando há um certo grau de falha de adaptação, ou uma adaptação caótica, o infante desenvolve dois tipos de*

relacionamento. Um tipo é o relacionamento silencioso e secreto com um mundo interno de fenômenos subjetivos, essencialmente pessoal e privado, e é somente esse relacionamento que parece real. O outro é o relacionamento de um falso self *com um ambiente externo ou fixado, obscuramente percebido. O primeiro contém a espontaneidade e a riqueza; o segundo é um relacionamento de submissão mantida para ganhar tempo até que, talvez, o primeiro possa conseguir o seu direito. (Winnicott, 1988, p. 109)*

Essa dinâmica descreve, a meu ver, justamente a formação da *personalidade esquizoide*.

Um exemplo bastante eloquente desse tipo de formação é o paciente descrito por Winnicott num livro seu bastante conhecido: *Holding and interpretation* (1955/1989).[5] Esse paciente, diagnosticado por Winnicott como um esquizoide-depressivo (1955/1989, p. 187),[6] havia, justamente, sofrido as falhas de uma mãe que achava que tinha de ser perfeita e que, nesse sentido, não tinha qualquer flexibilidade quando amamentava seu filho. Tentava produzir uma mamada perfeita, mas, curiosamente, isso acontecia sempre no final da alimentação. Sabemos disso justamente porque o paciente apresentava, como sintoma, quando adulto, medo de *completar* experiências (por exemplo, medo de chegar ao fim da análise).

---

5 Este livro contém o relato da segunda análise do paciente, além de trazer anexo um texto sobre a sua primeira análise, ambas realizadas com Winnicott, em épocas diferentes. Esse segundo texto é "Withdrawal and regression".
6 O diagnóstico duplo esquizoide e depressivo envolve duas etiologias diferentes, que se somaram nesse caso. Para um aprofundamento da questão, é necessário acompanhar as sessões descritas em *Holding and interpretation*, e o desvelamento gradativo de ambas as etiologias, decorrentes de insuficiências ambientais.

Podemos supor, então, que, no início das mamadas e durante um certo tempo – durante o qual, justamente, a mãe permitia uma relação mais livre –, o bebê tinha condições suficientes, *ainda que de forma precária*, para criar o seio segundo a suas necessidades, constituir um objeto subjetivo e uma zona de ilusão. Entretanto, quando chegava ao fim da mamada e a mãe atuava seus modelos perfeccionistas, o bebê era subitamente arrancado do seio-subjetivo – que desaparecia subitamente – e colocado em contato com um seio-objetivo, desconhecido e aterrorizante. É justamente essa a reconstrução do acontecimento, dada por Winnicott ao paciente, como interpretação, numa das sessões, quando falou do pavor que ele tinha "do conteúdo violentamente hostil da satisfação no final da refeição, o que significava aniquilação do desejo e do seio subjetivo, seguido da hostilidade ao seio objetivo que subsistia" (Winnicott, 1955/1989, p. 10).

A reiteração dessa dinâmica nas mamadas acabou por criar, então, no psiquismo do bebê, duas formas de relação objetal cindidas. A relação com o objeto subjetivo foi protegida e colocada fora de contato com o ambiente, permanecendo circunscrita a uma dinâmica onipotente. Para funcionar como para-choque frente ao seio aterrorizante, foi criado um falso *self* por hipertrofia e cisão da função mental, que passou, então, a vigiar e controlar, por vias intelectuais, os acontecimentos ambientais.

Winnicott relata que, numa primeira fase da análise, somente tinha contato com esse falso *self* do paciente: "Seu discurso era deliberado e retórico", ele comenta (Winnicott, 1955/1989, p. 20). Até que, após longos meses, o paciente disse que, agora, *ele mesmo* estava vindo em pessoa para o tratamento e, pela primeira vez, sentia-se esperançoso. A interpretação mais descritiva da dinâmica desse paciente foi aquela formulada por Winnicott na sessão de 22 de junho, quando lhe disse: "Suas alternativas são: ser um indivíduo que não dá valor ao ambiente ou estar disponível a ele e perder a identidade individual" (Winnicott, 1955/1989, p. 157).

Também tive uma paciente de dinâmica esquizoide, com um falso *self* formado por hipertrofia intelectual. Moça muito inteligente, era estudante universitária quando iniciou a sua análise. Apesar disso, como sua função intelectual funcionava cindida do todo, ela costumava falhar nos momentos mais decisivos: quando ela tinha de realizar um trabalho para ganhar nota ou fazer uma prova. Por isso, demorou muito mais tempo para concluir a universidade e só conseguiu o intento graças ao desenvolvimento do processo de análise.

Essa paciente evitava, como todo paciente esquizoide, contatos muito longos com as diferentes exigências adaptativas ambientais, pois sabia, de alguma forma, que seu falso *self* intelectual era bastante precário; vivia recolhida num mundo fechado, quase autista. Dizia que o sol fazia mal à sua vista; por isso, quase só saía de casa à noite. E durante os períodos de colapso maior do falso *self*, ela fechava-se na sua bolha, num funcionamento ilusório e onipotente: permanecia durante dias sentada em frente da televisão ligada, chupando o dedo, ou seja, alucinando o *objeto subjetivo* (precariamente constituído, diga-se de passagem); acabava o dia, começava a noite, e o ciclo temporal se repetia sem qualquer mudança, de sua parte. Levantava-se somente para as necessidades básicas e retomava a posição inicial.

Nas relações de namoro, como não podia restringir-se ao funcionamento intelectual cindido e necessitava expor seu precário funcionamento afetivo-sexual, vivia em relações fusionadas, simbióticas e regidas por sua área de onipotência. O uso de drogas, especialmente cocaína, durante esse período, era bastante frequente.

Seu processo analítico implicou um esforço gigantesco para conseguir desfazer a cisão entre os dois mundos e conseguir relacionar-se com as demandas da realidade, conservando, ao mesmo tempo, a sua criatividade originária.

Pode-se dizer, sem sombra de dúvida, que a característica maior da personalidade esquizoide é usar como *eixo de sobrevivência* preferencial a relação de objeto subjetiva, pessoal, privada, restrita à sua área de onipotência, e habitar, *somente quando estritamente necessário*, a relação do seu falso *self* com a realidade externa. Isso porque o esquizoide pôde conquistar, ainda que precariamente, a formação de um mundo subjetivo, que é aquele que contém a sua espontaneidade e parece-lhe real. O grande problema é que é um mundo subjetivo fechado à realidade; por essa razão, só pode processar como experiência os filetes precários de contato com o mundo que escapam à filtragem do falso *self*. Por isso, o seu desenvolvimento fica, em larga escala, bloqueado e congelado no tempo.[7]

A personalidade "como se"

Ao contrário da esquizoide, a personalidade "como se" não conseguiu atingir, minimamente, a constituição de um objeto subjetivo nem de uma ilusão de onipotência. Nesse caso, as deficiências ambientais foram muito mais incisivas, levando à formação de um único tipo de relacionamento: o do falso *self* com o ambiente, funcionando como uma barreira que protege, por meio de uma cisão bastante radical, o isolamento do *self* verdadeiro.

Nesse sentido, esse tipo de indivíduo não pode contar – tal qual o esquizoide – com uma realidade subjetiva, tendo de viver colado ao seu falso *self*, portanto, colado ao mundo e, em total submissão às demandas ambientais, pelo medo da perda de contato objetal.

---

7 Neste artigo, como originalmente foi publicado, não cheguei a desenvolver outras possibilidades de formação da esquizoidia. Para uma visão mais abrangente da questão, sugiro consultar o capítulo seguinte: "Falso *self* e patologia *borderline* no pensamento de Winnicott: antecedentes históricos e desenvolvimentos subsequentes".

Seu *self* verdadeiro permanece, pois, oculto e isolado dele próprio, sendo muito difícil – quase impossível – qualquer contato com suas necessidades mais pessoais.

Nesse caso, como tem de servir como o único *eixo de sobrevivência* do indivíduo, o falso *self* exibe uma formação muito mais sofisticada. Embora seja muito comum que o seu arcabouço principal seja, também, formado pela função intelectual hipertrofiada e cindida, ele se preenche de formas humanas: uma espécie de amálgama, formado por meio de múltiplas mimetizações e introjeções de traços recortados do seu ambiente originário: a mãe, a tia, a babá etc. Essa colagem pode ter a forma exterior de uma verdadeira personalidade e, à primeira vista, enganar o observador externo, já que exibe uma capacidade de adaptação ambiental exemplar. Entretanto, pode-se dizer que se trata de uma personalidade sem alma, cuja característica maior é a *aparência* pura, destituída de sentido existencial: tudo *parece ser, sem sê-lo verdadeiramente*, daí o nome "como se".[8]

Alfredo J. Painceira (1997, p. 160) comenta, nessa direção, que os fragmentos múltiplos desse tipo de falso *self* (formados pelos traços ambientais internalizados) frequentemente funcionam de forma autossuficiente e independente uns dos outros, cada um deles ocupando alternadamente a consciência, em cada período, como se

---

8 Essas mimetizações e introjeções, características do falso *self* cindido, ocorrem sempre muito precocemente no desenvolvimento e são sempre relativas a objetos parciais, nada tendo a ver com os processos de *identificação* que ocorrem no desenvolvimento normal e que formam o falso *self* saudável, não cindido. Num texto em que descreve cinco tipos de falso *self*, indo do mais patológico ao mais saudável, Winnicott assim descreve o tipo 4: "Ainda mais em direção à saúde: o falso *Self* forma-se por identificações. . ." (Winnicott, 1960/1990, p. 143). Num outro texto, diz: "São o *self* e a sua vida própria que, por si mesmos, dão o sentido da ação ou do viver do ponto de vista do indivíduo que cresceu até então, e continua a crescer, da dependência e imaturidade rumo à independência e *à capacidade de identificar-se com os objetos do amor maduro, sem perda da identidade individual*" (Winnicott, 1970/1997, p. 271, grifos do original).

fossem "múltiplas personalidades" que tomam conta do indivíduo. Isso acontece em maior ou menor grau e em diferentes níveis de gravidade, dependendo do caso, mas é esse fenômeno que produz a *labilidade emocional e ideacional* desse tipo *borderline*. Quando ocorre num grau muito intenso, podem-se alternar, na personalidade do paciente, com muita rapidez, personagens dissociados entre si, como o "paranoico", "o paciente exemplar", "o detonador" etc.[9]

Já o falso *self* do esquizoide apresenta uma estrutura, em geral, mais homogênea, menos facetada, menos sofisticada do que o da personalidade "como se", pois não constitui o eixo de sobrevivência preferencial do esquizoide, mas somente uma forma provisória de contato com o mundo externo, à espera de condições ambientais melhores para o descongelamento da relação *self* verdadeiro – objeto subjetivo.[10]

Já o falso *self* da personalidade "como se" tem de funcionar como a única fonte de "relações objetais", daí a sua sofisticação. Suas características aparecem muito bem descritas por Helene Deutsch, no artigo já citado. Ela diz:

---

9 Cabe ressaltar aqui a equivalência – ainda que não ponto a ponto – entre o quadro que denominei *personalidade "como se"* e o que Painceira chama de *patologia fronteiriça*.

10 A maior homogeneidade e coerência do falso *self* do esquizoide – quando comparado ao do "como se" – constitui um item em que concordo com Painceira, no texto citado. Entretanto, discordo quando ele diz que o falso *self* do esquizoide apresenta "uma excelente adaptação às exigências da realidade, a tal extremo que Liberman os denominou de sobreadaptados" (Painceira, 1997, p. 160). Na minha experiência clínica, não é isso que tenho observado. Também não concordo com as etiologias propostas por esse autor: ambiente organizado e previsível nas falhas na geração da esquizoidia e ambiente desorganizado e caótico na geração da patologia fronteiriça (ou "personalidade como se"). Ora, o ambiente caótico, conforme o próprio Winnicott assinala (1988, p. 109), permite, algumas vezes, pelas suas alternâncias, a criação de um mundo subjetivo e de duas relações objetais cindidas, dinâmica que, justamente, designei como pertencente ao esquizoide.

> *É como a performance de um ator tecnicamente bem treinado, mas a quem falta a centelha necessária para tornar suas personificações verdadeiras à vida. . . . O mesmo vazio e a mesma falta de individualidade que são evidentes na vida emocional também aparecem na estrutura moral. Completamente sem caráter, inteiramente desimbuída de princípios, no sentido literal do termo, a moral dos indivíduos "como se", seus ideais, suas convicções são simplesmente reflexos de outra pessoa. . . . Ligando-se com grande facilidade a grupos sociais, étnicos e religiosos, eles buscam, por adesão ao grupo, dar conteúdo e realidade ao seu vazio interno e estabelecer a validade de sua existência por identificação. (Deutsch, 1942, pp. 303-305)*

Também não conseguem constituir uma verdadeira história de vida, apresentando grandes falhas de memória, nesse aspecto, de forma bastante semelhante aos indivíduos esquizoides. Assim me disse uma paciente de tipo "como se" (já referida num outro texto):

> *Quando encontro amigas da infância e conversamos, rememorando situações de jogo, situações em que estávamos juntas e, segundo elas, expressando emoções intensas, elas acabam sempre ficando muito surpreendidas – e eu muito envergonhada –, porque nunca me lembro de nada. É como se as lembranças não grudassem em mim, como se não houvesse cola capaz de fazê-las grudar em mim. (Naffah Neto, 2005, p. 452)*

Ou, num outro momento: "Até agora, eu só tinha pré-história; sinto que, agora, estou começando a criar uma história" (Naffah Neto, 2005, pp. 452-453).

Esses indivíduos, quando vêm procurar análise, apresentam como queixas principais: a sensação de que a sua vida é inteiramente falsa, sem sentido de realidade, sem lastro afetivo. Muitos têm a sensação de serem atores de um enredo estrangeiro, não próprio, e de não terem qualquer acesso às suas necessidades e desejos.[11]

A clínica winnicottiana dos casos de tipo borderline

A psicanálise dos pacientes de tipo *borderline* – sejam eles esquizoides ou "como se" – envolve, em primeiro lugar, a criação de um vínculo terapêutico de *confiança*. Essa é, talvez, a condição mais necessária, fundamental, e, ao mesmo tempo, a mais difícil de ser alcançada. Trata-se de pessoas que desenvolveram um alto grau de desconfiança em relação ao ambiente, e, geralmente, é necessário muito tempo – e muitos testes – para que o analista passe nas provas.

Mas é somente quando se consegue esse feito que o falso *self* desses pacientes podem começar a baixar as suas guardas, a perder a sua função basicamente defensiva, e que as cisões podem se tornar mais porosas, criando canais para que o ambiente terapêutico possa

---

11 Nesse ponto especial, tenho uma questão não resolvida com Helene Deutsch, quando ela diz que os indivíduos de personalidade "como se" não percebem os seus distúrbios. Ela, na verdade, faz uma distinção entre personalidade "como se" – cujo doente, segundo seu relato, não percebe os seus distúrbios – e o que ela chama de *processos de despersonalização* –, na qual os indivíduos estariam conscientes dos mesmos (cf. Deutsch, 1942, pp. 301-302). Nunca observei essa distinção na minha clínica. Na minha experiência, a consciência dos próprios distúrbios acomete os indivíduos de personalidade "como se", quando ocorrem falhas no falso *self* e períodos de colapso provocados por elas.

atingir o *self* verdadeiro dos indivíduos e fazer com que possam experienciar – agora, por meio da *transferência* – acontecimentos da sua história de vida que permaneceram lacunares. A regressão aos acontecimentos traumáticos dos estágios de dependência e a revivência transferencial dos mesmos de forma restauradora constitui, para Winnicott, a grande ferramenta terapêutica.

Na minha experiência pessoal, pacientes de tipo "como se" constituem casos mais graves e difíceis do que esquizoides, com maior grau de desconfiança e, também, maior grau de desesperança. Mas não tenho certeza de que isso se possa generalizar; seria necessária uma pesquisa entre diferentes psicanalistas para poder se chegar a um resultado menos parcial.

De qualquer forma, o que pude avaliar, na minha prática, é que os pacientes de tipo "como se", ao longo do processo de cura, têm de constituir – por meio da transferência – um mundo subjetivo, e, quando o conseguem, entram numa dinâmica bastante semelhante à do tipo esquizoide. Ou seja, como "gatos escaldados que têm medo de água", ao conseguirem o grande feito, recolhem-se nos seus mundos pessoais, como os esquizoides, temendo ter de, novamente, escravizar-se às exigências do ambiente ameaçador. Portanto, de forma geral, pensando-se no processo analítico como um todo, é como se o esquizoide – quando comparado ao tipo "como se" – já estivesse a meio caminho da cura.

Creio, entretanto, que generalizações desse tipo podem ser bastante perigosas, já que é possível, também, encontrar pacientes esquizoides altamente difíceis e resistentes ao contato terapêutico, demandando do analista uma grande dose de paciência. Também, conforme já disse anteriormente, não se podem desconsiderar as grandes dificuldades do esquizoide – ao longo do processo analítico – para vir a adaptar-se razoavelmente às demandas ambientais, sem perder contato com sua criatividade originária.

Com ambos os pacientes de tipo *borderline*, durante os períodos em que predominam produções psíquicas narráveis (sonhos, relatos verbais variados), com alguma possibilidade de *associação livre*, é possível trabalhar com interpretações, desde que com muito tato e muito cuidado, para não repetir o ambiente intrusivo original (se esse for o caso). De qualquer forma, é importante sempre se lembrar das recomendações de Winnicott, já no final de sua carreira de psicanalista, quando descobriu que interpretar tudo o que tinha possibilidade de ver muitas vezes não havia sido bom. Considera, então, que teria sido muito mais produtivo ter deixado seus pacientes caminharem nos seus ritmos próprios e chegarem, eles próprios, às suas interpretações (Winnicott, 1967/1997, pp. 581-582).

De qualquer forma, convém sempre lembrar que, para esse tipo de patologia, a interpretação não constitui a ferramenta psicanalítica mor, e, sim, a criação de um ambiente terapêutico de confiança, que abra caminho para regressões aos estágios de dependência, por meio da transferência.

É importante assinalar, também, que – na minha experiência clínica – o trabalho com pacientes "como se" implica uma lenta desconstrução do falso *self*, com consequências drásticas, no plano da realidade. No caso da paciente já citada, implicou, por exemplo, a perda do emprego e um período em que teve de ser sustentada pela família. No plano da análise, houve até mesmo um período em que tive de atendê-la sem cobrar honorários, e que fez parte do processo de regressão a estágios de dependência, que viveu comigo transferencialmente. Tudo isso, entretanto, foi fundamental para que, mais adiante, pudesse conquistar um outro trabalho, com um tipo de funcionamento *psico-somático* mais integrado, envolvendo a sua criatividade originária.

Com pacientes esquizoides, esse processo é, geralmente, menos drástico: quando a relação entre o *self* verdadeiro e o objeto subjetivo é descongelada e pode retomar o seu desenvolvimento, via transferência, o falso *self* pode ir abandonando gradativamente a sua função defensiva e evoluir em direção à função de mediação com o meio ambiente (como em indivíduos saudáveis).

Entretanto, para que isso aconteça, ainda é necessário um longo percurso. Pois, quando as cisões entre os dois *selves* começam a ser superadas – na análise de ambos os tipos de paciente *borderline* –, tem início uma tarefa bastante complexa, qual seja: a criação da *zona intermediária*, do *espaço potencial*, cujo desenvolvimento fora bloqueado em função desses mesmos processos de cisão. Como não possuem um espaço potencial desenvolvido, funcional, esses pacientes não dispõem de qualquer *zona de passagem* entre o interior e o exterior, funcionado "aos saltos": ora se recolhendo ao seu mundo privado e mantendo com o exterior uma relação distante e precária, ora "saltando" para o mundo exterior e grudando em seus objetos, restando com o mundo subjetivo um contato incipiente. É somente com o desenvolvimento do espaço potencial, da capacitação lúdica e simbólica que ele possibilita, que as cisões podem ser superadas de forma mais definitiva, criando um ir e vir saudável entre mundo interno e mundo externo, fantasia e realidade.[12] Mas isso demanda tempo de análise.

---

12 O *espaço potencial*, segundo Winnicott, é uma *zona intermediária* entre o interior e o exterior, uma espécie de *terceira zona*, nem subjetiva, nem objetiva, mas justamente capaz de fazer a *transição* entre os dois mundos, daí o autor associá-las aos *objetos e fenômenos transicionais*. A criação do espaço potencial pressupõe a constituição do *objeto subjetivo* e a expansão da capacidade lúdica

Peculiaridades da transferência com pacientes de tipo borderline

Num artigo de 1955, intitulado "Clinical varieties of transference", Winnicott traçou as diferenças que considera fundamentais entre as formas típicas de transferência de pacientes neuróticos e as de pacientes com defesas esquizofrênicas. Gostaria de acompanhar, aqui, esse texto *pari passu*, nos seus vários desdobramentos.

Primeiramente, ele nos faz uma recomendação sobre a melhor forma de se atuar clinicamente com ambos os tipos de pacientes:

> *No trabalho que estou relatando, o analista segue o princípio básico da psicanálise, que diz que é o inconsciente do paciente quem dirige e que se deve ir ao seu encalço. Ao lidar com uma tendência regressiva, o analista deve estar preparado para seguir o processo inconsciente do paciente, se não quiser lançar mão de uma forma diretiva e, então, sair fora do papel de analista. Eu descobri que não é necessário sair fora do papel de analista e que é possível seguir a direção do inconsciente do paciente nesse tipo de caso, tal como na análise das neuroses.* (Winnicott, 1955/1992, p. 297)

---

do bebê na relação com o mesmo. Um objeto subjetivo bem constituído possibilita, mais adiante, a substituição da presença materna por *objetos transicionais* (ursinho de pelúcia, fralda), possibilitando as primeiras formações simbólicas, que se desdobrarão na aquisição da linguagem e de outros bens culturais. À criação e desenvolvimento do espaço potencial está associado todo o funcionamento espontâneo e criativo do *self*, na sua relação com o ambiente e a cultura.

Posto esse solo comum, Winnicott começa a nos falar sobre as diferenças entre os dois tipos de trabalho clínico.

A primeira delas é aquela sobre a qual já falei brevemente aqui: na análise de neuróticos, o ambiente analítico tem uma importância relativamente pequena – sendo a principal ferramenta a *interpretação* –, ao contrário do trabalho com pacientes de tipo *borderline*, no qual ele possui uma importância decisiva. E Winnicott avisa:

> *Por ambiente* (setting) *estou entendendo a soma dos detalhes do manejo.... O comportamento do analista – representado pelo que chamei de ambiente* (setting) *– de ser suficientemente bom na questão da adaptação à necessidade é gradualmente percebido pelo paciente como algo que aumenta a esperança de que o self verdadeiro possa, finalmente, correr os riscos envolvidos nesse seu começar a viver a experiência.* (Winnicott, 1955/1992, p. 297)

Aí começam a ser descritas, mais especificamente, as diferenças entre os dois tipos de transferência. A primeira delas é assim posta:

> *Enquanto, na neurose de transferência, o passado vem para o consultório, nesse tipo de trabalho é mais verdadeiro se dizer que é o presente que volta ao passado. Então, o analista vê-se confrontado com os processos primários do paciente no ambiente em que foram primeiramente validados.... Há, então, pela primeira vez, para o paciente, a oportunidade para o desenvolvimento de um ego, para a sua integração a partir dos núcleos desse ego, para o estabelecimento de um ego corporal, e também*

> *para o seu repúdio a um ambiente externo, simultâneo ao início de um relacionamento com objetos. Pela primeira vez, o ego pode experienciar impulsos do id, e sentir-se real ao fazer isso, como também ao descansar do ato de experienciar. (Winnicott, 1955/1992, p. 298)*

A diferença posta, de que é o passado que habita o presente na neurose de transferência, ao passo que é o presente que se desloca para o passado na psicose de transferência, não é pura retórica. Diz Winnicott, falando sobre os elementos do ambiente psicanalítico.

> *O divã e os travesseiros estão lá para o uso do paciente. Eles aparecerão em ideias e sonhos e, então, representarão* [will stand for] *o corpo, os seios, as mãos etc. do analista, numa variedade de modos. Mas quando o paciente está regredido (por um momento ou uma hora ou um longo período de tempo), o divã é o analista, os travesseiros são os seios, o analista é a mãe numa certa era passada. (Winnicott, 1954/1992, p. 288, grifos do original)*

Ou seja, o que para o neurótico é *símbolo*, para o *borderline* regredido é pura realidade.

Por fim, na análise de pacientes desse tipo,

> *constrói-se uma habilidade do paciente para usar o sucesso limitado do analista à adaptação, de tal forma que o ego do paciente se torna capaz de começar a recordar os fracassos originais, todos os quais tinham sido gravados*

> *e mantidos em prontidão. Essas falhas tiveram um efeito disruptivo naquela época, e o tratamento que estou descrevendo terá percorrido um grande caminho, quando o paciente for capaz de assumir um exemplo da falha original e sentir raiva por causa dela. Somente quando o paciente atinge esse ponto, entretanto, pode ter início o teste de realidade. Parece que algo como uma* repressão primária *recolhe esses traumatismos recordados, uma vez que tenham sido usados no tratamento.* (Winnicott, 1955/1992, p. 298, grifos do original)

Ou seja, é somente então que pode ter início uma dinâmica normal/neurótica. Winnicott continua:

> *Nessas fases do trabalho analítico, aquilo que seria chamado de resistência num trabalho com pacientes neuróticos, indica que o analista cometeu um erro, ou, em algum detalhe, comportou-se mal; de fato, a resistência permanece até que o analista descubra o seu erro, preste contas dele e o utilize. Se ele se defende, o paciente perde a oportunidade de sentir raiva pela falha passada, justamente quando a raiva estava se tornando possível pela primeira vez. Há, aqui, um grande contraste entre este trabalho e o trabalho com pacientes neuróticos, com o ego intacto. . . . A transferência negativa da análise de neuróticos é substituída pela raiva objetiva pelas falhas do analista. . . .* (Winnicott, 1955/1992, pp. 298-299, grifos do original)

Mas se toda essa descrição pode levar a crer que esses dois tipos de análise – de pacientes neuróticos e de tipo *borderline* – se excluem mutuamente, para Winnicott não é bem assim. Diz ele:

> *No meu trabalho clínico, provei, pelo menos para mim mesmo, que um tipo de análise não exclui a outra. Eu me descubro deslizando de uma para outra e voltando à primeira, de acordo com a inclinação dos processos inconscientes do paciente. Quando um trabalho dessa natureza a que me referi se completa, ele leva naturalmente para o trabalho analítico comum, a análise da posição depressiva e das defesas neuróticas do paciente com um ego, um ego intacto, um ego que é capaz de experienciar os impulsos do id e assumir as suas consequências. O que precisa ser feito, agora, é o estudo em detalhe dos critérios pelos quais o analista possa saber quando trabalhar com uma mudança de ênfase, como perceber que uma necessidade que está emergindo é do tipo que eu descrevi como tendo de ser recebida (pelo menos, num sentido simbólico) com uma adaptação ativa, sendo necessário o analista manter todo o tempo em mente o conceito de identificação primária. (Winnicott, 1955/1992 p. 299, grifos do original)*

O que o texto de Winnicott me mobiliza, de cara, é a associação entre *deslizar entre diferentes formas de análise* e o *ato de dançar.* Dançar ao som do inconsciente, dos seus ritmos, das suas melodias desconhecidas.

Talvez por isso diga-se que esse tipo de trabalho não é para principiantes.

Referências

Deutsch, H. (1942). Some forms of emotional disturbance and their relationship to schizophrenia. *Psychoanalytic Quarterly, 11*, 301-321.

Ferenczi, S. (1985). *Journal Clinique: Janvier-Octobre 1932.* Payot.

Naffah Neto, A. (2005). Winnicott: uma psicanálise da experiência humana em seu devir próprio. *Natureza Humana, 7*(2), 433-454.

Painceira, A. J. (1997). Análise estrutural da patologia fronteiriça. In J. Outeiral, & S. Abadi (Org.), *Donald Winnicott na América Latina: Teoria e clínica psicanalítica.* Revinter.

Winnicott, D. W. (1988). Establishment of relationship to external reality. In D. W. Winnicott, *Human Nature* (Part. IV, Cap. 1). Free Association Books.

Winnicott, D. W. (1989). *Holding and interpretation.* Karnac. (Trabalho original publicado em 1955)

Winnicott, D. W. (1989). Withdrawal and regression. In D. W. Winnicott, D. W. *Holding and Interpretation,* (pp. 187-193). Karnac. (Trabalho original publicado em 1954)

Winnicott, D. W. (1990). Ego distortions in terms of true and False Self. In D. W. Winnicott, *The maturational processes and the facilitating environment.* Karnac. (Trabalho original publicado em 1960)

Winnicott, D. W. (1992). Clinical varieties of transference. In D. W. Winnicott, *Through paediatrics to psychoanalysis*. Karnac. (Trabalho original publicado em 1955)

Winnicott, D. W. (1992). Metapsychological and clinical aspects of regression within the psycho-analytical set-up. In D. W. Winnicott, *Trough Paediatrics to Psychoanalysis,* Karnac. (Trabalho original publicado em 1954)

Winnicott, D. W. (1992). Mind and its relation to the Psyche-Soma. In D. W. Winnicott, *Through paediatrics to psychoanalysis,*. Karnac. (Trabalho original publicado em 1949)

Winnicott, D. W. (1997). On the basis for self in body. In D. W. Winnicott, *Psycho-Analytic Explorations* (pp. 261-283). Harvard University Press. (Trabalho original publicado em 1970)

Winnicott, D. W. (1997). Postscript: D. W. W. on D. W. W. In D. W. Winnicott, *Psycho-Analytic Explorations* (pp. 569-582). Harvard University Press. (Trabalho original publicado em 1967)

7. Falso *self* e patologia *borderline* no pensamento de Winnicott: antecedentes históricos e desenvolvimentos subsequentes[1]

Falso self *saudável, falso* self *patológico e os conceitos de* borderline *e esquizoide*

Primeiramente, gostaria de falar sobre o conceito de falso *self* (ou falso si-mesmo), tal qual aparece na obra de Winnicott.[2]

Grosso modo, pode-se dizer que Winnicott utiliza o conceito em dois sentidos diferentes. Primeiramente, designando algo saudável, comum a todos os indivíduos, falso *self* como significando, por assim dizer, a faceta social do *self*, aquela que faz contato direto com o mundo externo, recoberta em grande parte pelas identificações secundárias, pelo funcionamento do processo secundário e apoiada nas operações mentais. O termo "falso" designa aí aquele *quantum*

---

1 Este artigo foi originalmente publicado na *Revista Natureza Humana*, 12(2), 2010. A presente versão foi inteiramente revisada e ampliada.
2 Para isso, utilizo-me principalmente das formulações de Winnicott em "Ego distortion in terms of true and false self" (Winnicott, 1960/1990), acrescidas de informações coletadas do restante da obra, além de conclusões próprias, oriundas da leitura e interpretação desses textos.

de autotraição necessário, o preço que todos temos de pagar por sermos seres sociais.

Sobre esse primeiro sentido, Winnicott afirma que Freud já dera as bases primeiras para a distinção entre falso e verdadeiro *self* quando propôs uma divisão do *ego* "em uma parte que é central e potencializada pelos instintos (ou pelo que chamou de sexualidade, pré-genital e genital), e uma parte que é voltada para fora e relacionada com o mundo" (Winnicott, 1960/1990, p. 140).

Pode-se afirmar que o falso *self* saudável funciona basicamente conectado ao *self* verdadeiro, como uma espécie de representante deste no mundo sociocultural. É inevitável, entretanto, que existam sempre algumas lacunas, zonas de *dissociação* entre o funcionamento dos dois *selves*, mesmo nos indivíduos mais saudáveis, já que as questões importantes que envolvem o mais íntimo de cada um nem sempre têm correspondência direta com as suas responsabilidades sociais ou com as exigências adaptativas inerentes à sua inserção no mundo externo. Winnicott pressupõe, inclusive, que faz parte da saúde um núcleo central do *self* verdadeiro, que é isolado e incomunicável.

Contudo, não se trata aí, de forma alguma, de um funcionamento *cindido*, já que – ainda que tardiamente – Winnicott distinguiu *cisão* de *dissociação*:

> *A cisão é o estado essencial em cada ser humano, mas ele não necessita se tornar significante, se o escoramento da ilusão é possibilitado pelo manejo materno.... Gradualmente, na medida em que o desenvolvimento prossegue, o indivíduo pode cingir as cisões que existem na personalidade; então, a falta de inteireza é chamada dissociação. ... Dissociação é o termo que descreve a condição de*

uma personalidade relativamente bem desenvolvida, na qual há uma falta de comunicação – razoavelmente exagerada – entre vários elementos. (Winnicott, 1988, pp. 136-137)

Entretanto, nesse mesmo texto, Winnicott salienta que, na ausência de uma adaptação ativa suficientemente boa por parte da mãe, as cisões essenciais vêm a tornar-se significantes, fazendo com que a raiz espontânea do *self* verdadeiro permaneça apartada e protegida, devido à interposição de um "falso *self* ligado ao que denominamos realidade externa, com base na complacência" (Winnicott, 1988, p. 136).

A *cisão* é, pois, característica do segundo sentido que assume o conceito de falso *self* e que designa, por assim dizer, a sua versão patológica. Forma-se no início da vida e constitui uma proteção contra as agonias impensáveis. Sem querer me estender aqui sobre um tema demasiadamente complexo, direi simplesmente que, quando o ambiente inicial do bebê não é *suficientemente bom*, no sentido de acolher as suas necessidades, deixando-o à mercê seja de invasões ambientais, seja do impacto traumatizante de demandas instintivas não satisfeitas, o falso *self* patológico forma-se para manter o *self* verdadeiro (do bebê) inacessível às condições traumáticas, protegendo-o das *agonias impensáveis*.[3] Designa uma espécie de escudo protetor, formado por mimetizações de traços ambientais, que tem

---

[3] As agonias impensáveis e suas defesas são definidas como: "1) retorno a um estado de não integração (defesa: desintegração); 2) cair para sempre (defesa: autossustentação); 3) perda do conluio *psico-somático*, falha no vir a habitar (o corpo) (defesa: despersonalização); 4) perda do senso do real (defesa: exploração do narcisismo primário etc.); 5) perda da capacidade de relacionar-se com objetos (defesa: estados autistas, relacionando-se somente com fenômenos do *self*), e assim por diante" (Winnicott, 1963/1997, pp. 89-90).

por função tentar seduzir o ambiente às necessidades do pequeno ser. Diz Winnicott:

> *Uma sedução bem-sucedida desse tipo pode produzir um falso self que parece satisfatório para o observador incauto, muito embora* a esquizofrenia esteja latente *e venha, no final, clamar por atenção. O falso self, desenvolvido numa base de submissão, não pode atingir a independência da maturidade, exceto talvez uma pseudo-maturidade [sic], num ambiente psicótico. (Winnicott, 1952/1992, p. 225, grifo do original)*

Nesse caso, cisões essenciais têm de ser mantidas e exacerbadas, com vistas a impedir que o impacto sofrido pelo falso *self* (advindo das intrusões ambientais e/ou das excitações traumáticas dos instintos não satisfeitos) se propague até o *self* verdadeiro. Por isso, costumo designar essa formação como falso *self* cindido. Grande parte das vezes ele se forma por meio de uma hipertrofia intelectual, já que o intelecto (ou mente) forma-se, entre outras coisas, para controlar as variações ambientais e emitir sinais sobre o inesperado traumatizante que possa advir daí.

Quanto à *esquizofrenia latente* que Winnicott diz subjazer ao falso *self* cindido, ele costumava designá-la por meio de dois conceitos: o de *estados borderline* e o de *estados esquizoides*. Essas duas noções – de *borderline* e *esquizoide* – aparecem nos seus textos de forma heterogênea, ora se recobrindo – pelo menos parcialmente –, ora se distinguindo.

A esquizoidia é definida num texto de 1952 (Winnicott, 1952/1992, pp. 222-227) como uma forma de retraimento, usado como única defesa possível diante de um ambiente traumatizante.

Nesse mesmo texto, Winnicott explica que a atividade de integração do *self* do bebê leva comumente a uma paranoia potencial, geralmente neutralizada pelo amor e pelos cuidados maternos. Entretanto, quando o ambiente falha, isso pode levar a uma "introversão patológica defensiva". Nesse caso, a criança passa a viver permanentemente no seu mundo íntimo, que não se torna, entretanto, firmemente organizado. Ou seja, a perseguição externa é neutralizada à custa de uma não integração. Nesse caso, a criança flutua para dentro e fora desse mundo íntimo, que está sujeito, mais ou menos, ao seu controle onipotente, embora – Winnicott adverte – não seja um controle forte. E diz: "É um mundo de magia, e quem está nele se sente louco" (Winnicott, 1952/1992, p. 227). Para o relacionamento – sempre precário – com o mundo exterior, a criança esquizoide se utiliza do falso *self* cindido.

O termo *borderline*, por sua vez, é definido num texto tardio, de 1968:

> *Pelo termo "caso* borderline" *pretendo significar um tipo de caso no qual o centro do distúrbio é psicótico, mas o paciente possui suficiente organização psiconeurótica para sempre apresentar desordens psiconeuróticas ou psico-somáticas quando a ansiedade psicótica central ameaça irromper de forma crua. (Winnicott, 1968/1997, pp. 219-220)*

Ou seja, trata-se de uma definição muito mais abrangente do que a da dinâmica *esquizoide* e mais próxima da ideia de uma *esquizofrenia latente*, no sentido amplo do termo, quer dizer, de uma psicose que está sempre ameaçando irromper de forma crua e que pode ser contida por sintomas psiconeuróticos ou *psico-somáticos*, que têm por base o funcionamento adaptativo e contentor do falso *self* protetor.

Nessa mesma direção, num texto de 1963, ao descrever um de seus casos clínicos, Winnicott inicialmente o apresenta como parte dos pacientes *borderline* que atendeu ao longo de sua trajetória (Winnicott, 1963/1990, p. 235); entretanto, mais adiante (cf. pp. 237-238), define-o como *esquizoide*. Ou seja, o termo *borderline* parece significar a presença da esquizofrenia latente, num sentido mais amplo, enquanto, num sentido mais específico, a patologia da paciente se define como *esquizoide*. Aqui, os dois termos se recobrem parcialmente.

Entretanto, há um texto publicado em 1959 em que os termos *borderline* e esquizoide aparecem lado a lado, separados pela palavra "ou", como se definissem dois tipos diferentes de patologia-limite. A frase é a seguinte: "A dependência do analista no caso do paciente esquizoide *ou* do caso *borderline* é uma realidade de fato" (Winnicott, 1959/1990, p. 134, grifo do original).

E, finalmente, no livro *Playing and reality*, editado em 1971, aparece a dinâmica esquizoide definida como "introvertida" (até aí, nada de novo), porém, como distinta de uma outra patologia limite, definida como "extrovertida", mas não nomeada. Winnicott diz:

> *Pessoas esquizoides não estão satisfeitas consigo mesmas, assim como extrovertidos que não conseguem ter contato com o sonho. Esses dois grupos de pessoas vêm para psicoterapia, num caso porque não querem levar suas vidas irrevogavelmente fora de contato com os fatos da vida, noutro caso porque se sentem marginalizados do sonho.* (Winnicott, 1971, p. 67, grifo do original)

Ou seja, na dinâmica esquizoide, que é uma *introversão* patológica defensiva, o paciente perde contato com os *fatos* da vida, quer dizer, com a realidade externa, enquanto nessa outra dinâmica, definida como uma *extroversão* patológica defensiva, ele não tem acesso ao mundo íntimo, no qual acontece o sonhar.

Pode-se, daí, concluir que essa outra dinâmica *extrovertida* descreve o sentido mais específico que assumiu o termo *borderline* na fase final de Winnicott? É possível que sim; entretanto, ele faleceu sem nos esclarecer a esse respeito, de forma inequívoca.

Tampouco me parece que as noções de introversão e extroversão, tomadas emprestadas ao universo junguiano, sejam conceitos incorporados, de fato, ao sistema teórico winnicottiano, sendo apenas, a meu ver, maneiras provisórias de descrever algo que não chegou a assumir forma conceitual definitiva.

A personalidade esquizoide, de Fairbairn, e a personalidade "como se", de Helene Deutsch, como precursoras do falso self *cindido de Winnicott*

Masud Khan (1960/1974) nos conta que Fairbairn foi o primeiro psicanalista a definir os processos mentais dos assim designados casos-limites, por meio de seu texto "Schizoid factors in the personality", publicado em 1940.[4]

---

4 Talvez Khan tenha razão se pensarmos numa teorização mais sistemática. Entretanto, não podemos nos esquecer das pesquisas de Sándor Ferenczi com pacientes-limites, relatadas principalmente no seu *Diário clínico*, escrito em 1932 (e nunca concluído), portanto anteriores ao trabalho de Fairbairn. A questão é que esse livro só veio a ser publicado mais tarde por iniciativa de Michael Balint e permanece até hoje muito pouco acessível aos não iniciados, já que suas anotações dispersas e fragmentárias geram muitas confusões e mal-entendidos, além de constituir em um verdadeiro labirinto a ser percorrido com paciência. Mas

Grosso modo, os *esquizoides*, descritos por Fairbairn, experimentam um sentimento de privação afetiva e de inferioridade, em função seja da indiferença ou do caráter possessivo de suas mães, as quais eles acreditam firmemente não os terem amado verdadeiramente. Assim, Fairbairn conta-nos:

> *Em razão de uma regressão à atitude da fase oral, não somente o investimento libidinal numa "mãe-seio", já interiorizada, se intensifica, mas o processo de interiorização em si mesmo se estende de maneira excessiva às relações com outros objetos e resulta daí uma supervaloração do mundo interior, às expensas do mundo exterior.*
> *(Fairbairn citado por Khan, 1960/1974, pp. 37-38)*

Os esquizoides caracterizam-se, além disso, segundo Fairbairn, por uma atitude onipotente, uma despersonalização do objeto e uma retirada das emoções das relações objetais. Evidentemente, não há aí nenhuma postulação direta de algo como um falso *self* cindido, mas apenas indícios sintomáticos que podem sugerir algo nessa direção, qual seja, a afirmação de que os esquizoides tendem a lidar com o ambiente interpretando papéis (quer dizer, numa dimensão de pura "casca" exterior), além de terem recrudescidas as suas defesas intelectuais (relembrando, aqui, que grande parte dos falsos *selves* cindidos se forma por hipertrofia intelectual).

Se o esquizoide de Fairbairn constitui um precursor da patologia "introvertida", posteriormente descrita por Winnicott, a sua contraparte, qual seja, a patologia "extrovertida", encontra um

---

não se pode, por essa simples razão, esquecer que esse experimentador clínico foi o primeiro a desbravar essas questões intrincadas. E que o fez, aliás – diga-se de passagem – com muita coragem.

precursor na personalidade "como se", descrita por Helene Deutsch no artigo "Some forms of emotional disturbance and their relation to schizophrenia", publicado em 1942. Ela assim descreve a conduta de um indivíduo de personalidade "como se":

> *É como a* performance *de um ator tecnicamente bem treinado, mas a quem falta a centelha necessária para tornar suas personificações verdadeiras à vida. . . . O mesmo vazio e a mesma falta de individualidade que são evidentes na vida emocional também aparecem na estrutura moral. Completamente sem caráter, inteiramente desimbuída de princípios, no sentido literal do termo, a moral dos indivíduos "como se", seus ideais, suas convicções são simplesmente reflexos de outra pessoa. . . . Ligando-se com grande facilidade a grupos sociais, étnicos e religiosos, eles buscam, por adesão ao grupo, dar conteúdo e realidade ao seu vazio interno e estabelecer a validade de sua existência por identificação.* (Deutsch, 1942, pp. 303-305)

Assim, trata-se de indivíduos que vivem totalmente voltados para o mundo exterior, sem qualquer contato com algo que possa advir de um mundo subjetivo ou interno, que parece totalmente precário – ou mesmo inexistente –, assim como é precário todo o seu desenvolvimento afetivo. Sem eixo próprio, buscando amalgamar-se a indivíduos ou grupos em busca de referenciais, mimetizam e copiam padrões e atitudes. Mas tão logo a fonte se esgota, abandonam seus antigos modelos, sem qualquer sinal emocional de perda ou de luto.

São, também, bastante sugestionáveis e submissos ao ambiente. Ainda, segundo H. Deutsch, tais indivíduos geralmente não têm qualquer consciência de seus distúrbios emocionais, que somente são percebidos por pessoas de fora, em função de sua falta de criatividade própria, que os leva a viverem dependurados em modelos externos. Assim, pode-se dizer que encarnam um tipo de vida na qual tudo é aparência, "como se fosse", sem sê-lo verdadeiramente. Aqui, pois, os sintomas de um falso *self* cindido – em que pese a ausência do conceito – já aparecem muito mais evidentes.

Singularidades da formulação winnicottiana

Em que pesem possíveis influências de tais autores nas teorizações de Winnicott,[5] é inegável, entretanto, que as suas formulações distinguiram-se das anteriores em pelos menos três aspectos:

1) Em primeiro lugar, por meio da própria postulação de um falso *self* patológico, criado com a finalidade de proteger a *criatividade primária* do *self* verdadeiro, mantendo-a encoberta, à espera de melhores condições ambientais para vir a se desenvolver. Há de se destacar, sem nenhuma dúvida, a contribuição original desse conceito e o grande serviço que vem prestando à clínica psicanalítica dos casos *borderline* e psicóticos.

---

5 Pelo menos, a obra de Fairbairn sobre os esquizoides Winnicott a conhecia bastante, tanto assim que (junto com Masud Khan) teceu comentários críticos ao seu texto "Schizoid factors in the personality" (Winnicott, 1989a/1997, pp. 413-422). O nome de H. Deutsch não encontrei em nenhum dos índices (de nomes e conceitos) que aparecem sempre no final dos livros de Winnicott. De qualquer forma, ainda que a cite em algum de seus textos – fato que não comprovei –, provavelmente não considerava a influência dela sobre as suas ideias como algo significativo, tanto assim que, no texto em que presta tributo a todos aqueles a quem deve alguma contribuição teórico/clínica, aparece o nome de Fairbairn, mas não o de Helene Deutsch (Winnicott, 1967/1997, pp. 569-573).

2) Em segundo lugar, por meio da ideia de que o paciente-limite não possui verdadeiramente uma *sexualidade* formada, no sentido forte do termo, já que o seu *self* verdadeiro, tendo permanecido em estado embrionário, não possuía capacidade para se apropriar dos impulsos instintivos, elaborá-los imaginativamente e imprimir-lhes um sentido *erótico*. Trata-se, pois, quase sempre, de uma "falsa sexualidade", que não funciona orientada pela busca do prazer, mas atende sempre a necessidades mais arcaicas. Lembro, aqui, de uma paciente minha que, quando emergiam angústias de desintegração corporal, necessitava sair à cata de homens e "fazer sexo" para manter um mínimo de coesão *psico-somática*.

3) Em terceiro lugar, finalmente, por meio da formulação de que os mecanismos de *cisão*, constitutivos desses tipos de patologia, não são originários do antagonismo entre as pulsões ou instintos de vida e de morte (com os quais o bebê supostamente teria de se defrontar, segundo a versão kleiniana), mas produzidos por falhas ambientais. Como sabemos, Winnicott (de forma análoga a Fairbairn) não achava produtivo ou necessário o conceito de instinto de morte, concebendo a agressividade do bebê a partir de outros referenciais teóricos.

Assim, é possível concluir que Winnicott, ao mesmo tempo que é parte da tradição psicanalítica, inova-a sobremaneira. Sem nunca pretender uma originalidade absoluta, na qual não acreditava, ele disse, certa vez, a Augusta Bonnard, numa carta na qual sublinhava, justamente, a pouca importância de determinar quem é o *primeiro* "pai" de determinada ideia: "vamos desfrutar de sermos nós mesmos e deleitarmo-nos ao vermos aquilo que fazemos quando o encontramos nos trabalhos dos outros" (Winnicott, 1987/1999, p. 117).

Desenvolvimento posterior dos conceitos

Eu gostaria de iniciar esta seção com uma consideração importante: a de que toda proposta a ser desenvolvida aqui atende basicamente a objetivos diagnósticos, capazes de orientar-nos *minimamente* na clínica. Esse "minimamente" é de suma importância, já que é raro encontrarmos na realidade empírica quadros puros, como os que aqui serão descritos. Assim, muito embora eu descreva aqui dois tipos de paciente *borderline*, é muito comum a existência de dinâmicas compostas que combinam, em diferentes instâncias, várias características dos exemplares aqui expostos.

Nesse sentido, é sempre necessário estudar cada caso e reestruturar a teoria em função de cada novo acontecimento clínico singular, fazendo-a funcionar como um conjunto de ferramentas conceituais flexíveis, sem qualquer caráter universal ou dogmático. Assim, espero que se possam tomar esses esforços de teorização que se seguem como um conjunto de *indicações* – abertas e provisórias –, mais do que qualquer outra coisa.

Quando, em 2006, resolvi retomar a teorização de Winnicott sobre o conceito de falso *self*, no contexto das patologias de tipo *borderline*, para dar-lhe um desenvolvimento teórico-clínico mais apurado, conhecia o trabalho de dois autores que já haviam empreendido tal tarefa. Um deles era Elsa Oliveira Dias, na sua tese de doutorado, da qual eu fui, inclusive, o orientador (Oliveira Dias, 1998); o outro era A. J. Painceira, num artigo publicado numa coletânea de textos sobre Winnicott (Painceira, 1997).

Naquele período, os desenvolvimentos teóricos propostos por Elsa sobre esse tema, na sua tese de doutorado, encontravam-se em fase de reelaboração e revisão para posterior publicação, segundo relato pessoal dela feito a mim; os de Painceira, por outro lado, eram incongruentes, em grande parte, com os meus achados. Por essas razões, resolvi tomar a experiência clínica de Winnicott, junto com a minha, como os guias primordiais nessa pesquisa.

Comecei pelos pontos que Winnicott não esclarecera. O primeiro deles era a "tendência introvertida" ou "extrovertida" nas patologias de tipo *borderline*, ou seja, por que alguns indivíduos, tendo sofrido falhas ambientais severas nos primeiros tempos, buscam um recolhimento esquizoide como proteção, e outros, ao contrário, passam a viver quase exclusivamente na casca exterior do falso *self* cindido, totalmente estranhos a qualquer espaço subjetivo?

Como não existe, na teoria winnicottiana, nenhuma tipologia "introvertido-extrovertido" – como na formulação junguiana, por exemplo –, achei que esses adjetivos explicavam quase nada, apenas indicando a direção assumida pelo tipo de defesa.

Havia, entretanto, o caso de B., descrito por Winnicott em *Holding and interpretation* e diagnosticado como um caso de esquizoidia com sintomas depressivos. Esse paciente apresentava como sintoma principal o medo de completar experiências, devido à sua mãe perfeccionista, que tentara controlar as suas mamadas quando bebê (com o objetivo de criar uma mamada perfeita), arrancando-o bruscamente da ilusão onipotente de ter criado um seio *subjetivo*, a fim de impor-lhe um outro seio, *objetivo*, segundo o padrão materno. Nas palavras de Winnicott (ditas como interpretação, numa das sessões), B. tinha pavor "do conteúdo violentamente hostil da satisfação no final da refeição, o que significava aniquilação do desejo e do seio subjetivo, seguido da hostilidade ao seio objetivo que subsistia" (Winnicott, 1955/1989, p. 10).[6] Ou seja, tudo indica que, nesse caso,

---

6 Winnicott, num outro texto datilografado e intitulado "Fragmentos de uma análise", em que fala do primeiro período da análise de B. (nunca publicado em vida, mas reproduzido por M. Khan na introdução de *Holding and*

o recolhimento esquizoide visava a proteger a relação do bebê com um seio subjetivo constituído – ainda que precariamente –, produzindo um falso *self* cindido para relacionar-se com o seio objetivo, aterrorizante. Tratava-se, pois, da produção de uma relação objetal dupla e cindida: a primeira – vivida no recolhimento esquizoide –, entre o *self* verdadeiro do bebê e o seio subjetivo; a segunda, voltada para fora (numa operação de tipo "boi de piranha"), na qual o falso *self* do bebê enfrentava o seio objetivo, aterrorizante, interpondo-se entre ele e a relação objetal protegida.

Nessa época, eu tinha, então, uma paciente esquizoide que passava horas, às vezes dias, sugando o dedo diante da televisão ligada, totalmente recolhida e indiferente ao ambiente externo. Aí, também, o recolhimento parecia proteger um objeto subjetivo, precariamente constituído, representado pelo dedo sugado.[7] Nas suas relações com o meio exterior, essa paciente usava um falso *self* bastante precário, que sofria desintegrações em face da intensificação de qualquer

---

interpretation: *fragment of an analysis*), diz: "Há inúmeras maneiras pelas quais a ansiedade pode ser produzida pela ideia de finalização de um trabalho, e, com esse paciente, o acento estava numa direção, qual seja, o *desaparecimento* do seio alucinado ou do bom objeto subjetivo externo, no momento da gratificação e da cessação do desejo" (Winnicott, 1955/1989, p. 9, grifo do original). Ora, para que algo "desapareça", necessita ter estado antes em cena, o que significa ter sido criado, ainda que precariamente. Assim, tenho de supor que a atuação perfeccionista da mãe de B. acontecia sempre no final das mamadas, quando seu bebê estaria supostamente "satisfeito" e ela, por pura imposição, realizava um gesto que interrompia brusca e traumaticamente a amamentação, tirando de cena o "bom objeto subjetivo" e fazendo aparecer, em seu lugar, um seio objetivo totalmente desconhecido para o bebê e, por isso mesmo, aterrorizante.

7 Fairbairn falaria aí, provavelmente, da relação libidinosa com o objeto mãe-seio internalizado, mas sabemos que para Winnicott não é disso que se trata, já que, para ele, pacientes desse tipo não chegam a constituir uma sexualidade no sentido próprio do termo, conforme já salientei. Para Winnicott a sucção do dedo, nessas condições, visa prolongar a fantasia onipotente de controle sobre o objeto pela manutenção da sua presença, ainda que apenas no plano da alucinação.

demanda ambiental, o que a levava a estados fusionais com os objetos e gerava grande sofrimento.

Tinha, além disso, outro paciente, no caso uma mulher, que, inicialmente, era uma *borderline* tipicamente "extrovertida", sem contato com qualquer espécie de mundo subjetivo, mas que, tão logo constituiu, via análise, um arcabouço de mundo subjetivo, entrou numa dinâmica de recolhimento esquizoide, nele permanecendo por um longo tempo.

A partir desses casos, formulei a hipótese de que o que produz o recolhimento esquizoide é a necessidade de proteger uma relação de objeto subjetiva constituída – volto a repetir: *ainda que precariamente* – de um ambiente imprevisível e, por isso mesmo, ameaçador. As possíveis falhas ambientais tornam-se ainda mais temidas quanto mais os processos de integração do *self* do bebê, em curso, possam gerar angústias de tipo paranoide, conforme Winnicott descreveu. Recolher-se, aí, significa, pois, proteger-se de qualquer possível ataque vindo do exterior.

Posteriormente, vim a levantar uma outra possibilidade na formação do recolhimento esquizoide e que seria a necessidade de proteger não propriamente um objeto subjetivo (precariamente constituído), mas um objeto-mãe/seio *idealizado* e *introjetado*, na linhagem dos "seios bons", como defesa contra um ambiente primitivo falho.[8] Mas Winnicott nos diz que, nesses casos, a introjeção tem um cunho mágico, por não partir da experiência instintual, ou seja, de uma satisfação instintual verdadeira (envolvendo elaboração

---

8 Poder-se-ia argumentar que, para Winnicott, as introjeções somente acontecem quando a criança já discriminou um mundo interno de um mundo externo e que isso somente ocorre mais tarde, após a fase de uso do objeto, o que é verdadeiro, nos casos saudáveis. Entretanto, nos casos patológicos, *justamente*, a criança pode ser obrigada e realizar essa distinção muito antes disso, devido a falhas ambientais severas.

imaginativa), e, por essa razão, não pode produzir um crescimento pessoal (Winnicott, 1988, pp. 75-76). O *self* verdadeiro, nesses casos, fica imerso nesse mundo mágico, às voltas com o objeto idealizado, até que a emergência de um ambiente suficientemente bom – via de regra, por meio da análise – possa tornar esse objeto idealizado desnecessário, descongelando o processo de amadurecimento.

Quando as falhas ambientais são ainda mais intensas e o bebê não consegue constituir *nenhuma* experiência subjetiva que *valha a pena* ser protegida, tampouco lançar mão de uma introjeção mágica, nem o recolhimento esquizoide nem a dupla relação objetal ocorrem. Nesse caso, o único contato que resta é o do falso *self* cindido com os objetos exteriores, a quem ele tenta seduzir de inúmeras formas, ao mesmo tempo que protege o *self* verdadeiro das invasões ambientais. Isso leva o paciente a ter de habitar essa "casca", permanecendo sem contato com quaisquer elementos subjetivos.

Essas foram as principais hipóteses que levantei.

Elsa Oliveira Dias, por sua vez, na sua tese de doutorado, propõe um outro tipo de constituição, no qual o elemento distintivo entre o tipo introvertido, que ela denomina *esquizoide*, e o extrovertido, que ela denomina *fronteiriço*, seria *unicamente* a preponderância de um ambiente caótico, imprevisível, de um lado, ou de um ambiente invasivo, porém mais previsível, de outro (Oliveira Dias, 1998, capítulo VII).[9]

---

9 Estou, aqui, trazendo os aportes de Elsa como eu os entendi, quando orientei e reli a sua tese, inúmeras vezes. Apesar disso, é possível que as minhas explicações e conclusões aqui expostas deixem de lado muitos aspectos importantes do seu pensamento, que aqui está resumido. Cabe ainda a consideração de que essa parte da tese de Elsa ainda não foi publicada e pode vir a sofrer revisões importantes na sua publicação. Entretanto, não poderia deixar de mencionar, aqui, essas suas contribuições, ainda que com todas essas ressalvas.

Assim, a formação de uma esquizoidia se produziria unicamente pela extrema dificuldade de o bebê lidar com a total imprevisibilidade do ambiente caótico, geradora de um medo intenso. Temos de lembrarmo-nos de que um ambiente invasivo, mas previsível – em alguma medida –, é mais fácil de ser enfrentado por meio de mecanismos de defesa do que um ambiente caótico, imprevisível, contra o qual a única proteção possível seria, então, o retraimento esquizoide, pelo qual o *self* seria posto fora de circuito, pela fuga para o mundo subjetivo. Já o ambiente preponderantemente de tipo invasivo, mas mais previsível – pelo desenvolvimento de defesas de tipo intelectual, capazes de antever a emergência de um evento potencialmente traumático –, produziria, mais facilmente, um paciente *borderline* de tipo extrovertido, já que mobilizaria mais defesas na constituição do falso *self*. Nesse caso, o indivíduo teria de habitar majoritariamente essa casca exterior, já que é nela que se processaria a maior parte das defesas possíveis contra as invasões ambientais.

No primeiro caso, teríamos uma retirada estratégica e a montagem de uma barreira exterior pouco sofisticada; no segundo, a montagem de um forte escudo protetor, no qual são investidos todos os recursos defensivos (escudo esse que é, muitas vezes, constituído por um intelecto hipertrofiado e cindido do restante da personalidade).

Penso que essas também são formulações válidas, a serem consideradas.

Uma última hipótese poderia apostar na bagagem genética do indivíduo, dando-lhe maior tendência para *um* desses tipos de defesa, o "introvertido" ou o "extrovertido".

Nesse terreno das psicopatologias, tudo ainda são conjeturas a serem comprovadas pela clínica. Nesse sentido, todas essas formas de constituição propostas são viáveis, a título hipotético, podendo mesmo constituir *variedades* da patologia em questão

Voltemos, entretanto, à questão da "introversão" e da "extroversão" borderline.

Quando escrevi o primeiro artigo a esse respeito, para nomear o tipo patológico, designado por Winnicott como "extrovertido", eu precisava de um outro conceito, já que uma necessidade de precisão conceitual me levara a assumir o termo borderline no sentido mais amplo que lhe é dado por Winnicott, ou seja, ligado à ideia de uma esquizofrenia latente, *lato sensu*.

Achei, então, que a noção de personalidade "como se" de Helene Deutsch servia-me bem, pelo menos em sua constelação sintomática; por isso a tomei emprestado, muito embora tenha-lhe proposto uma outra caracterização psicodinâmica, a partir da teoria winnicottiana.

Quando o artigo foi publicado, em 2007 (Naffah Neto, 2007),[10] ele descrevia, então, dois tipos de patologia borderline: a personalidade esquizoide e a personalidade "como se", procurando desdobrar as características típicas do falso *self* cindido de ambos os quadros clínicos.

Grosso modo, o que propus lá e em que ainda acredito, é que o falso *self* cindido dos esquizoides tem uma constituição mais frágil do que o seu congênere, já que aí o eixo do indivíduo jaz no mundo subjetivo, e não nas relações com o mundo exterior. Por isso, muito mais facilmente, esse tipo de falso *self* sofre desintegrações em face de demandas ambientais mais pesadas ou perdas traumáticas impossíveis de serem elaboradas (sob a forma de *luto*). Nessas ocasiões, o mundo subjetivo perde o seu escudo protetor, ficando exposto às invasões ambientais, o que leva o esquizoide à necessidade de multiplicar os processos de cisão, a fim de proteger o seu *self* verdadeiro das agonias impensáveis. Vem daí o termo *esquizoide*, já que o prefixo grego *skhízo* significa "separar", "dividir", "fender".

---

10 Convém assinalar que esse texto aqui citado faz parte desta coletânea: trata-se do Capítulo 6, o que abre a Parte III, "Psicopatologias winnicottianas".

Isso descreve o que geralmente denominamos *surto psicótico*, ou seja, o *self* verdadeiro tem de se defrontar *diretamente, sem quaisquer mediações*, como o mundo externo e com o ímpeto dos impulsos instintivos (ainda não apropriados).[11] Nessas condições, a fragilidade do *self* – característica do estado de não integração em que se encontra – leva-o a sucumbir e ser penetrado pelas forças do mundo e dos instintos, advindo estados de pânico, de tipo paranoide, que o obrigam a cindir-se em vários pedaços, a fim de proteger-se das agonias impensáveis. Esse processo, que Winnicott denomina *desintegração ativa*, atua ampliando, acentuando e rearranjando as cisões já existentes. A vantagem é que, aí, quem produz o mecanismo é o próprio psiquismo do indivíduo, com algum tipo de controle no intuito de se proteger.

Os surtos psicóticos designam, nesse sentido, períodos em que a esquizofrenia *latente* vem a tornar-se o que poderíamos designar esquizofrenia *manifesta*. A interpenetração entre as constelações do mundo subjetivo e as forças da realidade externa (e das moções instintivas, ainda não apropriadas pelo *self*) gera estados confusionais de grande magnitude, povoados por alucinações e delírios. Entretanto, podemos dizer que a alucinação é uma espécie de lembrança que ganha contornos reais; o delírio, uma forma (distorcida) de *pensamento*; isso

---

11 Cabe lembrar que, nas patologias de tipo *borderline*, a terceira zona – *espaço potencial* – não se forma (ou se forma de maneira precária), já que o encobrimento do *self* verdadeiro pelo falso *self*, ao impedir a experiência, pelo contato com o mundo exterior, cerceia total ou parcialmente o advento dos fenômenos transicionais e de toda a formação simbólica que daí deriva. No lugar do espaço potencial advém o falso *self* cindido, que opera por mimetizações e introjeções ambientais. Nesse caso, a mente hipertrofiada e desconectada do mundo emocional fará as aprendizagens simbólicas necessárias à adaptação (como a aquisição da linguagem, por exemplo). Mas isso significa que, quando o falso *self* cindido se desintegra, não existe terceira zona para mediar as relações com o exterior (e com as moções instintivas).

significa que esses mecanismos ainda buscam proteger o *self* verdadeiro do colapso total, da queda nas agonias *impensáveis*.[12]

Já o falso *self* cindido do tipo de personalidade "como se" é bastante mais estruturado, resistente, e também mais facetado, já que constitui a "morada-mor" do indivíduo, seu eixo principal de subsistência. Concordo, também, com Painceira, quando diz que esse tipo de falso *self* pode ser composto de várias personagens dissociadas umas das outras, que podem, alternadamente, ocupar o lugar central, dando muitas vezes a ideia de "múltipla personalidade". Embora esse tipo de falso *self* também possa sofrer desintegrações, estas são mais raras, já que existe um grande investimento psíquico no sentido de preservá-lo e recuperá-lo, devido ao medo do colapso.

Nesse aspecto, entretanto, os indivíduos de personalidade "como se" vivem um grande paradoxo: se o falso *self* os protege efetivamente da psicose nua e crua, ao mesmo tempo essa existência no plano da pura impostura os leva a extremas sensações de irrealidade, futilidade e falta de sentido na vida, como um todo. E isso tudo produz

---

12 Evidentemente, existem diferentes tipos de esquizofrenia, com características próprias, em função dos mecanismos de defesa implicados: na *catatônica*, por exemplo, a defesa é manter o corpo rígido, imóvel (numa formação de falso *self* que mimetiza o morto), enquanto o *self* verdadeiro se recolhe numa introversão autista; esse estado pode ser quebrado, de repente, pela irrupção descontrolada de intensos impulsos destrutivos. Pôr-se de morto e acordar agredindo e destruindo tudo em volta constitui, pois, também, uma forma de evitar as agonias impensáveis: primeiramente por meio de um enrijecimento/amortecimento corporal e, em seguida, pela via oposta, de uma intensa mobilização do corpo que dá vazão total aos impulsos destrutivos. Enquanto isso, o *self* verdadeiro permanece isolado, protegido. Essa defesa pode evitar, por exemplo, a experiência do pânico paranoide e a necessidade da desintegração ativa. De qualquer forma, é importante salientar que Winnicott entende as próprias defesas (contra as agonias impensáveis), quaisquer que sejam elas, como constituindo o *núcleo* das esquizofrenias.

uma grande desesperança, que, em casos extremos – Winnicott nos adverte –, pode levar ao suicídio como única forma de libertação.

Pois, diferentemente dos esquizoides, os indivíduos de personalidade "como se" são obrigados a viver na casca, não podendo se utilizar do retraimento defensivo – pelo menos, como hábitat principal –, sob o risco de perderem contato com o seu arsenal de guerra, que reside no falso *self* cindido.

Tendo a discordar, entretanto, de Helene Deutsch quando diz que esses indivíduos raramente têm consciência de sua patologia, dado que experimentam esse sentimento de irrealidade e de falta de sentido na vida, anteriormente descrito. Pelo menos é o que a minha experiência clínica tem me mostrado ao longo dos anos.

Nessa direção, penso que a clínica deve ser sempre soberana. É sempre pela dinâmica do par psicanalítico que devemos nos guiar e, a partir dela, retomar o processo de reconstrução teórica, todas as vezes em que isso for necessário. Da prática para e teoria e vice-versa, numa dialética sem síntese, num movimento interminável.

Somente assim se pode construir psicanálise.

Referências

Deutsch, H. (1942). Some forms of emotional disturbance and their relation to schizophrenia. *Psychoanalytic Quarterly*, *11*, 301-321.

Ferenczi, S. (1985). *Journal clinique – Janvier-Octobre 1932*. Payot.

Khan, M. (1974). Aspects cliniques de la personalité schizoïde: affects et technique. In M. Khan, *Le soi caché*. Gallimard. (Trabalho original publicado em 1960)

Naffah Neto, A. (2007). A problemática do falso *self* em pacientes de tipo *borderline:* revisitando Winnicott. *Revista Brasileira de Psicanálise, 41*(4), 77-88.

Oliveira Dias, E. (1998). *A teoria das psicoses em D. W. Winnicott.* [Tese de Doutorado, Pontifícia Universidade Católica de São Paulo].

Painceira, A. J. (1997). Análise estrutural da patologia fronteiriça. In J. Outeiral, & S. Abadi (Orgs.). *Donald Winnicott na América Latina:* Teoria e clínica psicanalítica. Revinter.

Winnicott, D. W. (1971). *Playing and reality.* Routledge.

Winnicott, D. W. (1988). *Human nature.* Free Association Books.

Winnicott, D. W. (1989). *Holding and interpretation.* Karnac. (Trabalho original publicado em 1955)

Winnicott, D. W. (1990). Classification: is there a psycho-analytic contribution to psychiatric classification? In D. W. Winnicott, *The maturational processes and the facilitating environment.* Karnac. (Trabalho original publicado em 1959)

Winnicott, D. W. (1990). Ego distortion in terms of true and false self. In D. W. Winnicott, *The maturational processes and the facilitating environment.* Karnac. (Trabalho original publicado em 1960)

Winnicott, D. W. (1990). Psychiatric disorder in terms of infantile maturational processes. In D. W. Winnicott, *The maturational processes and the facilitating environment.* Karnac. (Trabalho original publicado em1963)

Winnicott, D. W. (1992). Psychoses and child care. In D. W. Winnicott, *Through paediatrics to psychoanalysis.* Karnac. (Trabalho original publicado em1952)

Winnicott, D. W. (1997). Fear of breakdown. In D. W. Winnicott, *Psycho-analytic explorations*. Harvard University Press. (Trabalho original publicado em 1963)

Winnicott, D. W. (1997). Poscript: D. W. W. on D. W. W. In D. W. Winnicott, *Psycho-analytic explorations*. Harvard University Press. (Trabalho original publicado em 1967)

Winnicott, D. W. (1997). The use of an object and relating through identifications. In D. W. Winnicott, *Psycho-analytic explorations*. Harvard University Press. (Trabalho original publicado em 1968)

Winnicott, D. W. (1999). *The spontaneous gesture – selected letters of D. W. Winnicott*. Karnac. (Trabalho original publicado em 1987)

8. Contribuições winnicottianas à caracterização e à clínica da neurose obsessiva[1]

Winnicott afirmou várias vezes que pouco ou nada havia contribuído para a teoria e a técnica psicanalítica relativas às neuroses.

De fato, ninguém negaria uma maior importância às suas pesquisas sobre os períodos mais primitivos do desenvolvimento infantil, envolvendo contribuições à etiologia das *esquizofrenias* (e dos estados *borderline*). Ou deixaria de destacar a sua forma original de compreender as diversas formas de *delinquência* e de *tendência antissocial*, associando-as a um certo tipo de *deprivação* ambiental[2] e descrevendo os seus sintomas como pedidos de socorro (Winnicott, 1984/1990). De forma análoga, não poderia desconsiderar as suas

---

[1] Este texto foi publicado antes sob o título "Contribuições winnicottianas à clínica da neurose obsessiva" na revista *Percurso*, (41) pp. 27-36, dez. 2008. Para a presente edição, o texto foi revisto e parcialmente modificado.

[2] O neologismo foi proposto por Željko Loparić para a tradução de *deprivation* – que significa a privação ambiental quando a criança já se distinguiu do meio ambiente – em oposição a *privation*, quando a criança ainda se encontra fundida a ele.

complexas elaborações sobre o *estágio da concernência* e a formação de toda a gama de patologias *depressivas*.

Entretanto, seria injusto levarmos essa sua afirmação sobre as neuroses ao pé da letra. Conforme tentarei mostrar ao longo deste texto, ele deu contribuições importantes à compreensão e à clínica da *neurose obsessiva*. Curiosamente, entretanto, a *histeria* é parcamente referida em seus textos teóricos. Além disso, alguns de seus casos clínicos envolvendo sintomas fóbicos que, numa primeira avaliação, poderiam evocar uma *histeria de angústia* revelam, numa análise mais cuidadosa, não se prestarem a tal classificação.

Vale a pena abrir um breve parênteses aqui para rastrear brevemente essa questão da histeria nos textos winnicottianos. Em "Psycho-neurosis in childhood", encontramos referência a "fobias" e "sintomas de conversão" como sintomas neuróticos (Winnicott, 1961/1997, p. 69). No livro *Human nature*, encontramos a seguinte afirmação: "no estudo da histeria de conversão há algo a ser ganho de um exame da mistura original, feita pela criança, do corpo em si mesmo com sentimentos e ideias sobre o corpo" (Winnicott, 1988, p. 95). Ora, muito já se falou sobre o corpo do histérico, que nunca se confunde com o corpo biológico, mas que é o *corpo erógeno*, aquele das zonas erógenas, constituído por sensações, sentimentos e ideias. Até aí, nada de novo.

Além disso, nos estudos clínicos do livro *Thinking about children*, há pelo menos dois casos de fobia descritos que nos chamam a atenção. O primeiro é de um menino de doze meses que desenvolveu fobia de peixe na alimentação, cujos sintomas desapareceram espontaneamente após alguns meses (o que, de cara, nos sugere que eles não sinalizavam a existência de uma patologia estruturada) (Winnicott, 1996, p. 161). O segundo é de uma menina que, entre dezoito e vinte meses, desenvolveu fobia de "coisas que se movem" e cujos sintomas somente desapareceram após uma interpretação que lhe foi dada pelos pais, por orientação de Winnicott (Winnicott, 1996, pp. 269-276). Em ambos os casos, aparece a dinâmica triangular criança-mãe-pai diretamente envolvida na produção dos sintomas (no primeiro caso, uma possessividade da mãe pelo filho, gerando ciúmes ao ver o pai alimentando o filho; no segundo caso, o nascimento de um irmãozinho e uma confusão gerada entre parto e evacuação). Há de se constatar, entretanto, que essas crianças escapam, pela precocidade dos sintomas, a uma menção possível a qualquer angústia decorrente da elaboração do complexo de Édipo, já que Winnicott pensava como Freud: que ele acontece entre os três e os cinco anos de idade (quando já há *relações de objeto total*) e que são os seus conflitos que caracterizam as neuroses, no sentido pleno do termo. Nessa direção, Winnicott parece considerar ambos os casos descritos como expressão de sintomas isolados – decorrentes da dinâmica familiar – e não de neuroses estruturadas.[3]

Constatado esse menor interesse de Winnicott pela histeria, surge a questão de se ele não se justificaria pelo fato de ela ser a neurose mais estudada e elaborada por Freud.

É possível que sim; conforme já salientei, Winnicott segue, em linhas gerais, as propostas freudianas na compreensão das neuroses, ou seja, concebe-as como girando em torno dos conflitos internos inconscientes associados à elaboração do *complexo de Édipo* e do *complexo de castração*. Ou, nos seus termos: "conflito entre amor e ódio, entre o desejo de preservar e o desejo de destruir; e, num nível mais sofisticado, entre as posições heterossexual e homossexual na identificação com os pais" (Winnicott, 1961/1997, p. 68). Esses

---

3 Melanie Klein, que pensava num *complexo de Édipo* precoce e num superego arcaico, não teria qualquer dificuldade em classificar pelo menos o segundo caso citado como de *neurose infantil*. Mas não era assim que Winnicott raciocinava.

conflitos geram angústia, e as neuroses formam-se como *defesas* contra essa angústia. "E a principal defesa é o recalque", ele nos diz (p. 69). Até aí, sem dúvida alguma, podemos concluir que não há nada de novo.

Winnicott também faz questão de diferenciar o papel – secundário, segundo a sua avaliação – que desempenham as falhas ambientais na etiologia das neuroses daquele que preside tanto a formação das esquizofrenias e patologias *borderline* quanto das depressões e tendências antissociais, quando a importância do ambiente é primária e fundamental.

Nos parágrafos que se seguem, procurarei realizar uma breve exposição do impacto das falhas ambientais na formação dessas patologias (segundo a minha interpretação do pensamento de Winnicott), para, a seguir, poder abordá-lo na etiologia das neuroses.[4]

Grosso modo, as esquizofrenias (e patologias *borderline)* formam-se no que Winnicott denomina estágios de dependência absoluta e/ou dependência relativa, nos quais o bebê está totalmente à mercê dos cuidados do outro, vivendo fusionado ao ambiente (a quem cuida dele, mãe ou substituto) no período de dependência absoluta e um pouco mais independente, mas ainda bastante imaturo, no período de dependência relativa. Assim, sofre as falhas ambientais de forma muito intensa, tendo de formar um *falso self cindido* para lidar com as mesmas, quando elas ultrapassam certo limiar de suportabilidade. Então, esse falso *self*, na função de escudo protetor, mantém o *self*

---

4 A formulação dessas patologias, no pensamento de Winnicott, não existe de forma completa e acabada. O que existe é uma série de indicações deixadas por ele, que pesquisadores contemporâneos têm tentado seguir para produzirem uma visão mais clara delas. As sínteses que exponho, aqui, sobre as diferentes patologias seguem a *minha interpretação singular*, tais quais sugeridas por essas indicações winnicottianas.

verdadeiro resguardado do perigo, isolando-o tanto do ambiente perigoso quanto dos impulsos instintivos (ainda não apropriados), que se tornam ameaçadores quando não são satisfeitos pelo ambiente num tempo adequado. Isolado dessa forma, o *self* verdadeiro está fadado a permanecer num estado primário de não integração (ou de integração incipiente). Por outro lado, o falso *self* – tornado a ponte de ligação com o mundo –, quando sobrecarregado, sofre decomposições (já que é tão somente uma casca exterior, formada por mimetizações ambientais).[5] Quando o falso *self* falha, o *self* verdadeiro é obrigado a expor as suas cisões e fragmentações originárias no confronto com as demandas ambientais, *sem mediações*. Então, a psique é praticamente invadida pelo mundo, produzindo estados fusionais e confusionais de grande magnitude (o assim chamado *surto psicótico)*; é o que poderíamos designar como *esquizofrenia manifesta*.

Nessa concepção, o estado *borderline* designa a *esquizofrenia latente*, nos períodos em que o falso *self* funciona a contento, propiciando um escudo protetor ao *self* verdadeiro e algum tipo de adaptação ambiental possível.[6]

---

5 O falso *self* cindido forma-se por meio de mimetizações de traços humanos de que o bebê dispõe no seu ambiente originário, como se, *prematuramente*, tentasse encontrar meios de responder às demandas ambientais, copiando fragmentos ambientais e formando com eles uma espécie de mosaico adaptativo. Funcionando como a única ponte com o exterior e recebendo sobre si todos os impactos ameaçadores, o falso *self* ocupa o lugar do *self verdadeiro* e dele se cinde, a fim de protegê-lo desses perigos. Mas possui uma estrutura frágil, que pode se decompor quando sobrecarregada pelas demandas ambientais.

6 Em artigos publicados, trato das diferentes formas de falso *self* em pacientes de tipo *borderline*, que são classificados em dois subtipos: *esquizoide* e "*personalidade como se*" (cf. Naffah Neto, 2007, 2010). Esses textos fazem parte, também, desta coletânea.

Quanto às patologias de tipo depressivo, elas formam-se mais tarde, no estágio da concernência, quando o bebê já tem um *self* *relativamente* integrado, diferenciando um dentro e um fora e percebendo a mãe como alteridade. Nesse período, ele ainda depende da *sustentação materna* para acolher e referendar seus impulsos erótico-destrutivos e seus atos reparatórios (quando, no sadismo oral, advém a culpa pela fantasia de destruição do corpo materno). Nesse período, a boa sustentação e acolhimento maternos fazem o bebê sentir-se capaz de reparar o que experimenta ter destruído, advindo daí uma possibilidade crescente de se apropriar dos seus impulsos agressivos/destrutivos, sem que um sentimento de culpa produza a repressão de tais impulsos. Temos de considerar que, nesse período, dada a parca discriminação existente entre o mundo subjetivo e o mundo objetivo, uma fantasia de destruição é experimentada quase como um ato real. Essa possibilidade de apropriação dos impulsos instintivos pelo *self* infantil – propiciada pela sustentação materna no tempo – fará com que, mais tarde, a criança possa experimentar períodos saudáveis de *depressão*, ou seja, poderá recolher-se ao seu mundo interno para reacomodar impulsos destrutivos e amorosos, bons e maus objetos, com confiança, sem se sentir ameaçada ou culpada. De forma geral, as falhas ambientais, nesse estágio geram as patologias depressivas, envolvendo uma repressão dos impulsos instintivos. Isso produz rebaixamento geral do tônus vital, cujo sintoma é um humor depressivo de fundo, transformado rapidamente em crise depressiva sempre que a criança necessita elaborar algum luto e não o consegue, devido a sentimentos de culpa intoleráveis, que impedem o contato com os seus impulsos agressivos/destrutivos (e com o ódio inconsciente, presente nos lutos). As patologias depressivas designam, pois, justamente, a impossibilidade da depressão saudável, situacional e necessária.

Já as tendências antissociais formam-se, também, quando o bebê já diferencia o mundo interno do mundo externo e sofre uma deprivação[7] que, de alguma forma, imputa ao ambiente: por exemplo, uma mãe que teve de ser hospitalizada por um período insuportável, dado o nível de maturidade da criança. Quando, mais tarde, aparece o sintoma antissocial de tipo furto, mentira, ato incendiário, por exemplo, ele surge como uma cobrança de algo que a criança sente que o mundo lhe deve e também como uma tentativa de formar um sentimento de culpa inexistente. Diferentemente das patologias depressivas, em que o paciente sente que destruiu algo e culpa-se por isso, a criança de tendência antissocial imputa a culpa ao ambiente e cobra uma reparação por parte dele. Casos não tratados tornam-se delinquentes contumazes.

Na etiologia das neuroses, diferentemente dos três tipos de patologia aqui descritos, a função do ambiente é secundária, já que temos aí uma criança já integrada como uma pessoa total, relacionando-se com outras pessoas totais e possuindo um mundo interno rico em fantasias. Mais do que isso: trata-se de uma criança que atravessou o estágio da concernência e que teve de aprender (bem ou mal) a sustentar a ambivalência de seus impulsos erótico-destrutivos, no que Winnicott denominou *ciclo benigno*: fantasia de destruição do corpo materno, sentimento de culpa e ato reparador, gerando crescente possibilidade de integração dos impulsos instintivos pelo *self*. Além disso, realizou (em maior ou menor grau) uma discriminação entre fantasia e realidade. São essas competências, recentemente adquiridas, que possibilitarão à criança enfrentar – sem grandes

---

7 *Deprivação* é um neologismo proposto por Željko Loparić para traduzir *deprivation*, que é um conceito diferente de *privation*. *Deprivação* ocorre quando a criança já discriminou um dentro e um fora. *Privação* acontece, nos estágios primitivos, quando a criança ainda está fundida ao ambiente.

derivações patológicas – uma dinâmica triangular bastante mais complexa, envolvendo mãe e pai, intensa ambivalência afetiva e fantasias sexuais e de destruição (que, se puderem ser discriminadas de atos reais, não causarão tanto temor à criança).

Nesse sentido, segundo Winnicott, as neuroses dramatizam sempre conflitos internos inconscientes ligados à dificuldades de sustentar essa intensa *ambivalência afetiva* – característica do complexo edipiano –, bem como de diferenciar *fantasia* e *realidade* no âmbito dos desejos erótico/destrutivos que o constituem: desejo de posse amorosa da mãe e de destruir o pai rival, ao mesmo tempo que desejo de posse amorosa do pai e de destruir a mãe rival (muito embora uma das dinâmicas predomine sobre a outra). E isso tudo associado a conflitos de identificação heterossexual e homossexual: o *complexo de Édipo completo*, como Freud e Winnicott o entendem.

Entretanto – e aí jaz, talvez, uma primeira contribuição importante de Winnicott –, apesar de o ambiente ter uma função secundária na etiologia das neuroses, esta não é desprezível. Ele diz: "Vocês verão que o ambiente penetra no quadro das psiconeuroses determinando parcialmente *a natureza do tipo de defesa*" (Winnicott, 1961/1997, p. 70, grifos do original). Isso significa que são certos tipos de marcas e de lembranças envolvendo eventos que predominaram na dinâmica mãe-bebê nos estágios anteriores – ou, mais precisamente, os *sentimentos* que elas produzem – que determinarão os mecanismos de defesa de que a criança lançará mão, por ocasião do enfrentamento do complexo de Édipo. Se considerarmos que as capacidades (ou dificuldades) para o enfrentamento satisfatório da situação edipiana – ou seja, capacidade (maior ou menor) de sustentação da ambivalência afetiva amor-ódio e de discriminação entre fantasia e realidade – formaram-se nos estágios anteriores ao

Édipo (especialmente no estágio da concernência), essa afirmação winnicottiana nos parecerá totalmente justificável.

Ao falar de uma criança saudável, capaz de deprimir quando necessário – ou seja, de retrair-se ao seu mundo interno para sustentar e realocar impulsos destrutivos e amorosos, sentimentos de ódio e de amor –, Winnicott diz que ela tem como lembranças básicas *alguém* que lhe deu essa sustentação no passado para realizar trabalho análogo. E isso lhe propicia um sentimento de *esperança*, capaz de lhe dar autoconfiança no sucesso da tarefa. Ou seja: "Haverá uma acumulação de 'memórias' de boa maternagem, na época das primeiras conquistas com respeito à posição depressiva. No caso do obsessivo, em vez disso, haverá uma acumulação de 'memórias' de treino, ensino e implantação de moralidade" (Winnicott, 1956/1997, p. 31).

Ou seja, o mecanismo de defesa obsessivo eclode em crianças com dificuldades de se defrontar com seus impulsos agressivos/destrutivos, que foram patologicamente separados dos impulsos amorosos originários e são vividos *em oposição* a eles. Isso, em função de um rígido treinamento moral.

Pois, com relação a essa questão, é importante lembrar que Winnicott não aceita a noção de *pulsão de morte* nem trabalha com um dualismo pulsional. Para ele, o componente agressivo dos instintos é, originalmente, parte integrante do impulso amoroso, emergindo sob a forma dos movimentos corporais do bebê (e somente adquirindo uma intenção destrutiva mais adiante). Ou seja, nos casos saudáveis, a maior parte desse componente agressivo aparece integrada às satisfações do id e somente uma pequena porção dele permanece livre (necessitando, então, da oposição do corpo materno para ganhar vida e ser apropriada pelo *self*).

Entretanto, de início, a não integração vivida pelo bebê entre os estados excitados – nos quais ele ataca impiedosamente o peito materno – e os estados relaxados – nos quais predominam os sentimentos cálidos, amorosos – faz com que os impulsos agressivos/destrutivos e os impulsos erótico-amorosos permaneçam dissociados na experiência do bebê até que se complete a integração do *self* e os dois estados venham a se reunir num mesmo fluxo de experiência. A fusão entre os dois tipos de impulsos acontece por ocasião da fase do uso do objeto – quando o bebê passa a distinguir um mundo interno de um mundo externo, vindo a integrar *self* e objeto exterior – e se completa no estágio da concernência quando – por meio do ciclo benigno – ele vem a perder o medo dos seus impulsos agressivos/destrutivos (ao perceber que o que destrói é capaz de reparar), vindo a fundi-los como a contraparte dos impulsos erótico-amorosos, formando-se a ambivalência afetiva.

Entretanto, no caso de imposições morais, rígidas e precoces, pode se formar uma *cisão*, mais ou menos permanente, entre os impulsos amorosos/construtivos e os agressivos/destrutivos, que passam, então, a ser vividos como separados e em oposição.

De forma geral, a obsessão, segundo Winnicott, tem sua origem numa má sustentação materna do *sadismo oral* do bebê, no estágio da concernência, seja retaliando os seus atos, seja devolvendo-lhe uma imagem maléfica de si próprio, quando morde o seio.[8] Considero que ela pode incluir, também, na sua gênese, um treinamento rígido e precoce dos esfíncteres, num período em que a criança ainda não

---

8 Evidentemente, não se trata de a mãe se deixar ferir pelo bebê, mas da *qualidade* da resposta emocional que lhe devolve em seu olhar, de forma especular: imagem que tanto pode referendar quanto desqualificar os impulsos eróticos/destrutivos do pequeno ser.

possui a maturidade para tal, o que gera, também efeitos patológicos: "em termos de moralidade esfincteriana, é fácil ver que pais que esperam que a criança pequena consiga essas regulações antes de atingir o estágio no qual o autocontrole faz sentido, estão privando a criança do sentido da conquista e da *fé na natureza humana* que vem do progresso natural do controle esfincteriano" (Winnicott, 1962/1990, pp. 99-100, grifos do original). Todos esses processos acabam por produzir uma falta de esperança, fé e confiança na natureza humana, que gera um *medo* intenso do mundo interno, quando predominam os impulsos agressivos/destrutivos e os assim denominados "maus objetos"; advém daí uma evasão de qualquer contato com a vida psíquica. Por isso, essas crianças são incapazes de uma depressão saudável e de sustentarem as suas ambivalências afetivas.

Mas como se processa o sintoma obsessivo, segundo Winnicott? Ele tem sua origem num processo de *desintegração ativa*, capaz de produzir no mundo interno um "grau de confusão *inconscientemente mantida*" para camuflar os impulsos agressivos/destrutivos, quando eles predominam sobre os amorosos/construtivos (Winnicott, 1956/1997, p. 30.). Essa *desintegração ativa* atua sobre o mundo interno num período em que este já se encontra razoavelmente integrado – o estágio da concernência –, desconstruindo parte da organização conquistada. Por isso, o tipo de confusão produzida por ela é completamente diferente daquela que caracteriza os estados primários de não integração. Além disso, ela produz, também, uma espécie de *clivagem funcional* do funcionamento intelectual, confinando os conflitos nessa dimensão e separando-a de todo o restante da personalidade. O sintoma obsessivo descreve, então, o funcionamento dessa esfera intelectual, que tenta controlar, organizar uma confusão à qual não tem acesso e que, por razões defensivas, precisa ser mantida. Por isso, está sempre fadado ao fracasso, o que gera a sua compulsão (Winnicott 1965/1997, p. 158).

É preciso salientar, entretanto, que esse tipo de clivagem (da esfera intelectual), presente na formação do sintoma obsessivo, é totalmente diferente daquele que produz um falso *self* cindido, na formação das esquizofrenias e estados *borderline*. Fundamentalmente porque ocorre num período posterior – o estágio da concernência –, portanto atua sobre um *self* já razoavelmente integrado, que tem, então, uma parte desintegrada por razões puramente defensivas. Além disso, a defesa, aí, protege o *self* do contato com impulsos agressivos/destrutivos do mundo interno, em função de *sentimentos de culpa* insuportáveis. Já o falso *self* cindido, do esquizofrênico/*borderline*, protege o *self* de falhas ambientais ou de impulsos instintivos ainda não apropriados, experimentados como geradores de um *colapso* total. São dinâmicas diferentes.

O sintoma obsessivo, segundo Winnicott, pode ser usado sempre que se tenta fugir da depressão e da mania (como defesa antidepressiva), ou seja, pode aparecer em fases anteriores à do enfrentamento do complexo de Édipo. Entretanto, não é difícil imaginar o quanto uma criança com esse tipo de funcionamento mental terá as suas dificuldades maximizadas quando precisar lidar com as ambivalências afetivas numa estrutura triangular e sobreposta, como a do complexo de Édipo completo. Mas é somente então que podemos falar numa *neurose obsessiva*, no sentido pleno do termo. Nela, o sintoma obsessivo é determinado pelas memórias de maternagem da criança de períodos anteriores ao complexo de Édipo. Mas é a dinâmica edipiana que constitui o núcleo central em torno do qual gira toda a formação neurótica.

Outro aspecto importante da dinâmica da neurose obsessiva tem a ver o que Winnicott denominava *anormalidades do superego*, envolvendo sentimentos de culpa intoleráveis e inexplicáveis, que obstruem potencialidades e esforços construtivos do sujeito (Winnicott, 1956/1990, p. 19). Isso acontece – ele nos diz –, quando:

> *tenha havido o desenvolvimento de um falso superego baseado, de um jeito anormal, na intrusão de influências autoritárias muito poderosas derivadas do meio ambiente dos primeiros anos.*
>
> *Nós podemos estudar esses excessos de sentimento de culpa em indivíduos que passam por normais e que, na verdade, podem estar entre os mais valiosos membros da sociedade. É fácil, entretanto, pensar em termos de doença, e as duas doenças que devem ser consideradas são a melancolia e a neurose obsessiva. (Winnicott, 1956/1990, pp. 19-20)*

Entretanto, poderíamos perguntar: o que vem a ser um falso superego? O termo parece carregar as mesmas antinomias que opõem as noções de *self* verdadeiro e de falso *self patológico*: no primeiro caso, uma formação egoica que se processa a partir das potencialidades criativas do bebê e do seu amadurecimento saudável, no tempo próprio da criança; no segundo, uma formação defensiva, complacente com as demandas ambientais e no tempo intempestivo exigido pelo meio externo.

Nessa linha de raciocínio e seguindo as pistas deixadas por Winnicott, podemos pensar que o superego "verdadeiro" é o superego *pessoal*, formado pela introjeção de pessoas, melhor dizendo, das figuras parentais, quando elas estão presentes no ambiente infantil no tempo próprio à elaboração do complexo de Édipo. Já o falso superego é uma formação sub-humana, constituída por imposições morais rígidas e severas, num tempo anterior à experiência infantil de *objetos totais* (portanto, de *pessoas totais*). Como ele nos diz:

> *Há uma história antiga do superego em cada indivíduo: a introjeção pode se tornar humana e com a forma do pai, mas nos estágios mais antigos, as introjeções superegoicas, usadas para controle dos impulsos e produtos de id, são sub-humanas e, de fato, primitivas em qualquer grau. (Winnicott, 1956/1990, p. 19)*

Assim, pois, na etiologia da neurose obsessiva, temos a constituição de um falso superego, sub-humano e gerador de sentimentos de culpa intoleráveis, sempre que predominam impulsos agressivos/destrutivos e sentimentos de ódio intensos, articulados à dinâmica do complexo de Édipo. São eles que geram a confusão no mundo interno, inconscientemente mantida, com a finalidade de camuflar esses impulsos e sentimentos geradores da culpa insuportável. Com isso, desencadeia-se toda a sequência do sintoma obsessivo, já descrita.

Entretanto, poderíamos perguntar: o que aconteceu com o recalque que, até então, era pressuposto por Winnicott como o principal mecanismo de defesa das neuroses? Simplesmente desapareceu de cena?

Para analisar essa questão, tomarei como exemplo um paciente meu, neurótico obsessivo de sintomas brandos, desses que estão bastante próximos da normalidade, mas cuja dinâmica pode nos servir. O recorte analítico que trago aqui se situa numa fase em que começou a trazer para a relação transferencial os seus impulsos agressivos/destrutivos. O episódio aconteceu num dia em que utilizou o banheiro do consultório antes de iniciar a sessão e lá encontrou, pousado na janela, um copo que costumo usar para regar as plantas. Começou dizendo mais ou menos o seguinte: "Estranho você deixar esse copo no banheiro... Deve ser o seu copo de beber água... E se alguém resolver urinar no seu copo? Quando eu pensei nisso, eu tive medo de que alguém pudesse fazer isso comigo...".

Podemos perceber aí, implícito e camuflado, um desejo com um componente erótico-agressivo: erótico na fantasia de um pênis colocado no vazio de um copo; agressivo na ideia de urinar no recipiente em que o analista bebe água. Na minha vivência contratransferencial, entretanto, era o elemento agressivo que sobressaía (do erótico, só fui tomar conhecimento ao retomar o fragmento aqui, para análise). Entretanto, a formulação do paciente não veio de forma direta, explícita, do tipo: "Vi o seu copo de beber água e tive vontade de urinar nele". No seu discurso, é um "alguém" indefinido que pode ter esse desejo; na segunda formulação, o desejo vira medo e é vivido na forma passiva ("medo de que alguém pudesse fazer isso comigo"). Isso indica que o contato direto, sem disfarces, com o impulso erótico-agressivo ainda era difícil. Como poderíamos interpretar as transformações do desejo originário, até se atingir a forma verbal da fala do paciente?

Poderíamos pensar, seguindo os passos freudianos, que foi recalcado e retornou numa formação de compromisso, em que o sujeito da ação tornou-se indefinido. Entretanto, mesmo um sujeito indefinido pode ameaçar, já que pode ser *qualquer um*, inclusive o próprio paciente. Por essa razão – e seguindo os mesmos passos – poderíamos supor que o desejo necessitou assumir uma outra forma, disfarçando-se como medo, por meio de uma reversão da pulsão, da atividade para a passividade. Essa seria uma interpretação possível.

Se seguíssemos uma outra vertente winnicottiana, pensaríamos numa desintegração ativa do desejo/pensamento em vários componentes que seriam, então, embaralhados, gerando uma confusão total, capaz de mascarar o sujeito do desejo. Nesse caso, a minha experiência contratransferencial estaria confirmada, pois teríamos de supor que o componente agressivo/destrutivo era mais forte e suplantava o erótico; por isso, o sujeito de tal desejo precisava ser disfarçado. Teríamos de supor, também, que a defesa não teria sido totalmente bem-sucedida e que o ressurgimento do impulso agressivo/destrutivo teria levado à sua projeção num objeto exterior, retornando numa fantasia paranoide.

Mas será que temos mesmo de escolher entre as duas interpretações? Não constitui a segunda interpretação uma outra forma de dizer *quase* a mesma coisa da primeira, com outras palavras? Ou seja, a versão winnicottiana não constitui, *nesse caso*, uma retomada da formulação freudiana, apenas numa linguagem mais própria ao referencial teórico do autor?

Sim e não. Sim porque, nos dois casos, o que acontece é o *mascaramento* dos impulsos instintivos, sob diferentes ópticas. Não porque as duas formulações carregam pressupostos diferentes e têm implicações também diversas. A formulação winnicottiana tem como pressuposto uma má resolução da *fase depressiva* (ou estágio da concernência) e trabalha com a hipótese de uma *confusão* inconscientemente produzida e mantida; tem como corolário o sintoma obsessivo como tentativa malograda – produzida na esfera intelectual – de ordenar *essa* confusão; essa segunda hipótese é diretamente decorrente da primeira. Mas é inegável que Winnicott mantém, em algum nível, sob diferentes figuras, a ideia *central* do recalque freudiano: manter fora da consciência – ou dentro dela, mas de forma disfarçada, irreconhecível – algo que gera uma angústia insuportável.

Há pacientes nos quais os sintomas obsessivos alternam-se com sintomas depressivos temporários – em períodos em que o paciente consegue tolerar um contato maior com o seu mundo interno –, retornando novamente, em seguida, aos sintomas obsessivos. E há, também aqueles que permanecem numa ou noutra categoria diagnóstica, sem alternância de sintomas (Winnicott, 1956/1997, p. 31). São ainda possíveis casos mais graves, em que a neurose obsessiva pode mascarar uma dimensão psicótica da personalidade, em geral, de tipo *melancólico*. Nesse caso, a neurose funciona como uma primeira capa, que, quando desmanchada, faz eclodir um núcleo psicótico, de maior gravidade.

Tomo, como exemplo de alternância de sintomas, esse mesmo paciente anteriormente descrito, nos momentos em que conseguia, por meio da análise, abandonar seus desejos de controlar, organizar e consertar o mundo. Geralmente, reclamava especialmente da "má educação" das pessoas no trânsito e nos lugares públicos e era tomado por raivas descontroladas, sentindo-se desrespeitado por todos e agindo no sentido de admoestar as pessoas, como se quisesse "educá-las". Quando aumentava a sua possibilidade de contato com o seu mundo interno e os seus mecanismos obsessivos se abrandavam momentaneamente, caía num choro muito sentido que se debruçava num vazio. Quando tentava associar esse choro a algo, vinham motivos vagos e aparentemente inócuos: o crescimento dos filhos, que logo os levaria para longe dele; a finitude de tudo na vida etc. Ou seja, puros "ganchos" temáticos, que, naquele momento, podiam justificar o choro aparentemente injustificado. Mas, sem dúvida alguma, nesses períodos, conseguia um contato maior com a sua vida psíquica, a que pese o fato de o afeto estar, em grande parte, dissociado de seus temas originais. Essa dinâmica, entretanto, muito embora lembrasse a de uma melancolia – pelo menos, nesse aspecto dissociativo a que me referi –, não tinha a gravidade de um núcleo psicótico, mas apenas a de um sintoma melancólico transitório, que logo cedia lugar, novamente, aos obsessivos.⁹

Para Winnicott, a cura da neurose obsessiva não se completa sem a análise do *sadismo oral*. Isso pressupõe, entretanto, além da ferramenta clássica na análise das neuroses – que é a *interpretação da transferência* –, alguma forma de manejo clínico, já que esses impulsos terão de ser revividos na relação transferencial e *sustentados* pelo analista, sem qualquer tipo de retaliação e podendo devolver ao paciente uma nova referência que *repare* a desqualificação originária do componente agressivo/destrutivo neles presente. Nesse período, é fundamental, também, o analista não sair de cena (por exemplo, planejando férias ou ausências de outros tipos para que não aconteçam justamente no período crítico em que essa dinâmica está se processando). Caso contrário, corre-se o risco de repetir as falhas ambientais originárias. Isso significa que esse tipo de análise

---

9 A melancolia, para Winnicott, descreve uma patologia cujo principal mecanismo de defesa é uma repressão *profunda* dos impulsos instintivos (e dos motivos temáticos a eles associados), em função de seu componente agressivo/destrutivo, gerador de sentimentos de culpa insuportáveis. Nessa dinâmica, em que os impulsos ameaçam irromper o tempo todo, os sentimentos de culpa permanecem vigentes, mas totalmente desconectados de seus motivos originários. Por isso, o melancólico tenta dependurá-los em motivos totalmente exteriores a ele, o que – segundo Winnicott – constitui uma forma defensiva de nunca se aproximar dos seus motivos verdadeiros. O fato, justamente, de os impulsos reprimidos ameaçarem eclodir o tempo todo pode levar à formação de uma estrutura obsessiva que produza uma confusão capaz de mantê-los irreconhecíveis, caso rompam o primeiro tipo de defesa. O sintoma melancólico pode aparecer como um mecanismo de defesa isolado, transitório, ou ser parte de uma psicose, quando predominam uma incapacidade geral de o paciente se relacionar com o mundo externo e uma desesperança total na sua capacidade amorosa/construtiva.

pressupõe o mesmo tipo de manejo que Winnicott propõe para a as patologias depressivas não psicóticas.

Entretanto, nos casos em que a análise da neurose obsessiva faz eclodir um núcleo psicótico, a interpretação da transferência e o manejo têm de ser praticamente *substituídos* por uma outra ferramenta clínica: a *regressão aos estágios de dependência* nos quais as defesas psicóticas se formaram. Na *psicose de transferência*, o paciente vive o analista como totalmente identificado aos seus objetos amorosos primitivos, e não como um *representante simbólico* deles, como na *neurose de transferência*. Nesse caso, a interpretação torna-se ineficaz e prejudicial; a regressão ocorre de forma maciça, como uma segunda chance de o paciente retomar seu processo de desenvolvimento no ponto em que ficou truncado, graças ao *ambiente terapêutico* criado.

Mas, para Winnicott, algum tipo de processo regressivo deve ocorrer no tratamento de *qualquer* neurose obsessiva, já que ele propõe que a análise da confusão produzida pela *desintegração ativa* possa levar o indivíduo ao

> *caos primário, a partir do qual se organizam amostras de autoexpressão individual. Em termos de estágios iniciais de desenvolvimento, isso corresponde ao estado primário de não-integração [sic] ... No nosso trabalho, encontramos grande alívio clínico quando a elucidação de uma confusão organizada defensivamente permite ao paciente atingir esse caos primário, central. Isso somente pode ser atingido, é claro, num ambiente de um tipo especial que eu denominei preocupação materna primária, quando a mãe (analista) que sustenta está identificada(o), num*

alto grau, com o ato de sustentar o infante. Nesse ponto de uma análise, alguns pacientes necessitam, de fato, serem sustentados, de alguma forma simbólica, por uma pequena quantidade de contatos físicos. (Winnicott, 1956/1997, pp. 31-32)

Esse breve percurso nos é suficiente para concluir que a avaliação winnicottiana de não ter feito nenhuma grande contribuição à psicanálise das neuroses era mais fruto de sua modéstia do que qualquer outra coisa.

Referências

Naffah Neto, A. (2007). A problemática do falso *self* em pacientes de tipo *borderline* – Revisitando Winnicott. *Revista Brasileira de Psicanálise, 41*(4), 77-88.

Naffah Neto, A. (2010). Falso *self* e patologia *borderline* no pensamento de Winnicott: antecedentes históricos e desenvolvimentos subsequentes. *Natureza Humana, 12*(2), 1-18.

Winnicott, D. W. (1988). *Human nature*. Free Association Books.

Winnicott, D. W. (1990). *Deprivation and delinquency*. Routledge. (Trabalho original publicado em 1984)

Winnicott, D. W. (1990). Morals and education. In D. W. Winnicott, *The Maturational Process and the Facilitating Environment*. Karnac. (Trabalho original publicado em 1962)

Winnicott, D. W. (1990). Psycho-analysis and the sense of guilty. In D. W. Winnicott, *The Maturational Process and the Facilitating Environment*. Karnac. (Trabalho original publicado em 1965)

Winnicott, D. W. (1996). *Thinking about children*. Karnac.

Winnicott, D. W. (1997). Comment on obsessional neurosis and Frankie. In D. W. Winnicott, *Psycho-Analytic Explorations*. Harvard University Press. (Trabalho original publicado em 1965)

Winnicott, D. W. (1997). Fragments concerning varieties of clinical confusion. In D. W. Winnicott, *Psycho-Analytic Explorations*. Harvard University Press. (Trabalho original publicado em 1956)

Winnicott, D. W. (1997). Psycho-neurosis in childhood. In D. W. Winnicott, *Psycho-Analytic Explorations*. Harvard University Press. (Trabalho original publicado em 1961)

Parte IV
Clínica winnicottiana

9. O divã psicanalítico e o corpo materno: algumas considerações sobre o *holding* em processos de regressão psicanalítica[1]

Freud e o uso do divã

As reflexões que Freud teceu, em sua obra, sobre o uso do divã psicanalítico são pouquíssimas e estão todas reunidas no texto "Sobre o início do tratamento (novos conselhos sobre a técnica psicanalítica I)", datado de 1913. Diz ele:

> *Mantenho o conselho de que o enfermo se recoste num divã e de que nos sentemos atrás, de modo que ele não nos veja. Esta cenografia tem um sentido histórico: um resto do tratamento hipnótico a partir do qual se desenvolveu a psicanálise. Mas por várias outras razões merece ser conservada. Em primeiro lugar, por causa de um motivo pessoal, mas que talvez outros compartilhem comigo: não tolero permanecer sob a mirada fixa de um outro, oito*

---

[1] Este artigo foi originalmente publicado pela *Revista Trieb*, I(II), 2003. A presente versão foi revista e modificada.

> *horas (ou mais) por dia. E como, enquanto escuto, eu mesmo me abandono ao curso dos meus pensamentos inconscientes, não quero que meus gestos ofereçam ao paciente material para suas interpretações ou o influam nas suas comunicações. É habitual que o paciente tome essa situação, que se lhe impõe, como uma privação e se revolte contra ela, em particular se a pulsão de ver (o voyeurismo) desempenha um papel significativo na sua neurose. Apesar disso, persisto nesse critério, que tem o propósito e o resultado de evitar a inadvertida contaminação da transferência com conteúdos que podem ocorrer ao paciente, de isolar a transferência e permitir que, no momento, seja destacada e nitidamente circunscrita como resistência. (Freud 1913/1986, p. 135)*

Por aí, podemos ver que, a que pesem razões históricas para o uso do divã, as que o justificam, de fato, têm a ver – além de certa comodidade de trabalho para o analista, dada a exaustão gerada pelo *controle* incômodo da mirada fixa de outrem, durante longas horas – com uma possível contaminação da transferência com ocorrências mobilizadas nos pacientes por gestos e cacoetes da figura *real* do analista, posta, visível, na sua frente. Algo que poderíamos descrever como um "excesso de realidade" afetando uma dinâmica que tem sua origem num registro eminentemente mnemônico. É como se Freud tentasse, ao eliminar a visibilidade do analista, controlar esse "excesso de realidade situacional" e impedir que pudesse afetar a transferência, deixando que esta possa ter seus motivos exclusivamente assentados na dinâmica inconsciente do processo, nas lembranças, cuja rememoração é evitada pelo deslocamento da experiência passada para o presente. Isso lhe permitiria circunscrever a transferência como puro processo de resistência à rememoração (que é como ela é definida, nesse momento da teorização freudiana).

Freud continua, no mesmo texto, mais adiante:

> *Um número muito grande de pacientes revolta-se contra a postura deitada que lhes é prescrita, com o médico sentado, invisível, atrás deles. Pedem para realizar o tratamento numa outra posição, no mais das vezes porque não querem ser privados de ver o médico. Comumente se lhes recusa esse pedido; entretanto, não se pode impedi-los de encontrar um jeito para dizer algumas frases antes que comece a "sessão" ou depois que se anunciou o seu término, quando se levantam do divã. Assim, dividem o seu tratamento em um uma parte oficial, em cujo transcurso comportam-se no mais das vezes muito inibidos, e outra parte "cordial", na qual realmente falam com liberdade e comunicam toda espécie de coisas, sem computá-las como parte do tratamento. O médico não consentirá nesta separação por muito tempo; tomará nota do que é dito antes e depois da sessão e, na primeira oportunidade, voltará a desmantelar o biombo que o paciente queria levantar. Esse biombo se constrói, também aqui, como material de uma resistência transferencial.*
> (Freud, 1913/1986, pp. 139-140)

Aqui, Freud fala de dois tipos de resistência gerados pelo uso do divã. A primeira delas, da qual já havia falado anteriormente, é a resistência à privação da visão do analista, que, segundo ele, tem a ver com um desejo de satisfação da pulsão escópica, especialmente quando faz parte da dinâmica do paciente um *quantum* de voyeurismo. A outra é um uso que o paciente tenta fazer dos momentos *antes-de-deitar* e *depois-de-se-levantar*, dividindo a sessão em duas partes, uma na qual a análise está valendo e outra na qual não está. Aí, certamente, cabe ao analista, pela interpretação, procurar desmanchar essa cisão/biombo, trazendo para a parte "que vale" os conteúdos ditos na parte que "não vale". Obviamente, ambas são resistências transferenciais, ou seja, que ocorrem no âmbito e em função da transferência.

As considerações de Freud sobre o uso do divã param por aí. Partindo delas, num artigo recente, tentei desenrolar outros aspectos envolvidos na questão. Da constatação de que o processo psicanalítico se desenvolve num plano inteiramente *invisível*, sugeri que não estariam somente nas razões alegadas por Freud a utilidade de suspender-se a visibilidade na relação analista-analisando. Pela suspensão da visão ordinária pode-se criar, na relação analítica, um vazio prenhe de virtualidades, auxiliando analista e analisando a virem a habitar esse plano invisível, em que pulsam afetos e pululam sentidos, sem o controle paralisante da visão (Naffah Neto, 2002, p. 18).

Também Ogden (1996/1998) procura desenvolver suas considerações sobre o uso do divã em análise, partindo de uma das constatações de Freud (a de que a invisibilidade lhe favorecia "abandonar-se ao curso de seus pensamentos inconscientes") e juntando a ela o conceito de *rêverie* (de Bion) e o de "áreas de jogo sobrepostas" (de Winnicott). Vai, então, desembocar na noção de "terceiro analítico" (seu conceito central). Diz ele:

> *O uso do divã pelo paciente (e a posição do analista atrás do analisando, fora do seu campo visual) promove condições para que ambos tenham a necessária privacidade para entrar cada qual em seu próprio estado de* rêverie,

*estados que implicam numa área de "sobreposição".
(A psicoterapia ocorre na sobreposição de duas áreas
de jogo, a do paciente e a do terapeuta – Winnicott,
1971, p. 38).*[2] *Portanto, o uso do divã pelo paciente (e
a privacidade do analista atrás dele) fornece meios que
propiciam o acesso do analista e do analisando aos "espaços de jogo", uma área de estados sobrepostos de rêverie,
que é condição necessária para a elaboração e análise
do terceiro analítico intersubjetivo inconsciente. (p. 67,
grifos do original)*

A noção de *terceiro analítico* designa, justamente, uma espécie de *intersubjetividade inconsciente*, construída a partir da capacidade do analista de "'transformar seu próprio inconsciente num órgão receptivo para as transmissões inconscientes' do outro", diz Ogden (1996/1998, p. 72), citando Freud.[3] Para isso, seria necessário acontecerem "estados sobrepostos de *rêverie*", favorecidos por essa espécie de privacidade bilateral, criada pelo uso do divã.[4]

Mas não convém me alongar demais nessas considerações, porque não é nessa direção que pretendo continuar. Se tive o trabalho de tecê-las, foi simplesmente para pontuar o que Freud nos deixou

---

[2] O texto citado de Winnicott é: "Playing: a theoretical statement", do livro *Playing and reality* (Winnicott, 1971/1991).

[3] O texto citado de Freud é de 1912: "Recomendations to physicians practising psycho-analysis", tradução de James Strachey, v. 12, p. 115.

[4] Observe-se, também, que Ogden junta os conceitos de Bion e de Winnicott sem a menor cerimônia. Isso se justifica na medida em que a sua teorização própria – como a de André Green – aglutina conceitos de diferentes autores numa nova elaboração. A mim, particularmente, incomoda essa junção realizada sem maiores cuidados (cf., nesse sentido, o Capítulo 3 da presente coletânea sobre Bion e Winnicott e suas divergências*)*.

sobre o uso do divã e apontar a direção que boa parte dos estudos tenta trilhar, seguindo as indicações do mestre.

Neste capítulo, gostaria de alterar esse rumo e tentar compreender a dimensão simbólica do divã quando está em questão o processo que Winnicott denominava *holding*, em especial nos processos de regressão psicanalítica (a estágios de dependência).

A troca do divã

A inspiração para este estudo surgiu quando tive de realizar uma troca de divã no meu consultório. Dados o estado precário do divã que utilizava até então (com as molas caídas e um buraco a se formar no centro) e a impossibilidade (ou quiçá o não desejo) de permanecer sem divã durante o tempo que levaria para mandar consertá-lo, houve por bem trocar de divã. Foi, então, que aconteceram os episódios que relato a seguir.

O divã antigo era um desses do tipo cama, em que o paciente fica deitado, com a cabeça apoiada numa almofada. Nas várias vezes em que eu o usara, para descansar (quando pacientes haviam faltado), ele sempre me incomodara um pouco: achava-o estreito demais e pouco aconchegante. Além disso, o fato de os analisandos falarem em direção ao teto – talvez por questões acústicas da sala – dificultava para mim a escuta, especialmente quando falavam baixo. Resolvi comprar um de outro formato, um meio-termo entre divã e *chaise longue* (em que se fica recostado e não deitado), mais largo e com apoios para os braços. Tentava, com isso, aumentar o conforto pela melhor sustentação corporal (maior largura), o aconchego (os apoios para os braços faziam do divã um espaço macio e côncavo, receptivo), além de procurar facilitar a escuta das falas.

Tive o cuidado de avisar a um dos meus analisandos a mudança que ocorreria, pois sabia que, para ele, qualquer alteração na sala provocava angústias insuspeitadas, quando não eram preparadas com antecedência. A rotina e inalterabilidade do ambiente físico representavam, na sua dinâmica psíquica, sinais claros de permanência e segurança (dado que ele se estruturou a partir de defesas de tipo *esquizoide*, para as quais a inalterabilidade do ambiente facilita o contato com o verdadeiro *self*[5]). Expliquei-lhe os motivos da troca dos divãs e também lhe avisei sobre a substituição de um dos quadros da parede (um que havia mofado) e ele reagiu com naturalidade a elas. Não me preocupei com os outros analisandos, dado que nunca haviam mostrado qualquer tipo de angústia com mudanças efetuadas na sala.

A troca do divã, entretanto, produziu – justamente em alguns desses outros analisandos – "incômodos" que, obviamente, não podiam se explicar unicamente por razões anatômico-ortopédicas (além de mim, alguns colegas de consultório haviam experimentado o novo divã, achando-o bastante confortável). As "reclamações" que apareceram – às vezes sutis, meramente gestuais; às vezes explícitas, verbais – levaram-me a dois movimentos. O primeiro deles foi o de deitar-me várias vezes no novo divã, para testá-lo e afastar qualquer possibilidade de desconforto anatômico; com uma certa dose de boa vontade (e o auxílio de minha esposa), descobri que ele não apoiava *completamente* a coluna lombar e, com a introdução de

---

5 Nesses casos, o que Winnicott denomina verdadeiro *self* permanece escondido, protegido contra falhas ambientais ocorridas – possivelmente *mudanças* inesperadas na mãe-ambiente, que a criança não tinha condições de assimilar – numa fase de amadurecimento precoce (mas em que já havia o que defender no interior de uma espécie de bolha autista, construída como defesa e usada de quando em quando). A confiabilidade ambiental cria, então, condições propícias para baixar o nível de angústia (aquela de alguém que espera o trauma se repetir) e para o verdadeiro *self* vir a tomar forma.

uma almofada e um travesseiro, corrigi o defeito. Entretanto, como eu tive (e ainda tenho, às vezes) lombalgias crônicas, considero-me competente para testar divãs; o "defeito" corrigido era mínimo e não justificava, de forma alguma, as várias demonstrações de incômodo que testemunhara. Uma das analisandas, inclusive (uma das mais queixosas e, paradoxalmente, porta-voz de uma dinâmica claramente neurótica, sem nenhum traço aparente de estado-limite), chegara a desmontar parte do novo divã, retirando a almofada de recosto para deixá-lo *igual ao antigo*, ficando, então, realmente muito mal acomodada! Obviamente, o que incomodava mais era a *mudança*, em si, sem aviso prévio.[6]

Acho que esses episódios acabaram não sendo explorados por mim na dinâmica transferencial como poderiam ter sido, dada a dificuldade que senti de dar forma verbal – quer dizer, *consciente* – para as intensidades transferenciais (envolvendo o divã) que experimentara. Isso me levou à necessidade de uma discriminação maior desses contornos e a iniciar esta reflexão teórico-clínica.

A *função do* holding, handling *e as suas patologias*

Winnicott descreve o ato de sustentar, segurar bem o bebê (*holding*), como fundamental para que não ocorra uma tensão extrema e a criança se sinta partindo em pedaços e/ou caindo no fundo de um poço sem fundo, sensação essa que ele descreve como uma das *agonias impensáveis*. O segurar firme, tranquilo, envolvendo presença afetiva – por meio da sustentação *(holding)* e do manuseio

---

[6] Ela, inclusive, recriminou-me por eu não a ter consultado quanto à troca, como se isso fosse uma desconsideração total pela sua pessoa. Mas a minha preocupação em corrigir o "defeito" soou-lhe como uma forma de atendimento às suas queixas, levando-a a uma posterior aceitação do novo divã.

(*handling*) – gera, ao contrário, confiabilidade (*reliability*), que é fundamental para que o bebê adquira coesão *psico-somática* e a psique venha a alojar-se no corpo, assumindo corporeidade.

O bebê que não é sustentado com firmeza tenderá a fazer autossustentação numa fase em que não tem absolutamente condições para isso, não chegando, pois, a formar coesão *psico-somática* consistente. Cresce, então, vivendo numa "tensão postural que o mantém com o que suspenso, envolto numa tala ortopédica. Jamais está relaxado e, em geral, é extremamente cuidadoso com os movimentos, dando a impressão de extrema fragilidade. Sente que, se afrouxar a vigilância, pode se desmanchar" (Dias, 1998, pp. 261-262). Outros transtornos, mais severos, provocados por falta de sustentação materna têm a ver com falhas de *temporalização* e *espacialização*. Diz-nos Dias, descrevendo o fenômeno:

> *O segurar, que começa de modo simples, se complexifica e se amplia para um segurar a situação no tempo. Quando se diz que algo falha, é o segurar total que falha, e a criança que sente estar caindo para sempre tem o sentimento de estar caindo para fora do mundo onde a presença consistente e real das coisas é possível. Ou, o que dá no mesmo, caindo fora do tempo que tem demarcações e onde as coisas começam, têm um meio e terminam. Note-se que a expressão "cair para sempre" ou "cair infinitamente" contém um elemento temporal. É possível perceber, clinicamente, que os psicóticos são às vezes apanhados por um sentimento de infinito. Eles não podem sentir que as coisas começam e terminam. (p. 262)*

Por fim, há casos mais extremados de *cisão psico-somática*, em que a psique pode não vir a habitar o corpo, ou a habitar somente parte dele, nas esquizofrenias.

A partir de suas informações clínicas, *Winnicott* vai ampliando a noção de *holding*, a ponto de ela vir a designar a totalidade dos cuidados maternos capazes de gerar *confiabilidade*. Diz ele:

> *Sustentar (Holding):*
> *Proteger da injúria fisiológica.*
> *Levar em conta a sensibilidade cutânea da criança – tato, temperatura, sensibilidade auditiva, sensibilidade visual, sensibilidade para a queda (ação da gravidade) e a sua falta de conhecimento da existência de qualquer coisa que não seja ela mesma.*
> *Isso inclui a rotina total de cuidados, através de dia e noite, e não é a mesma com duas crianças quaisquer, porque é parte da criança e não existem duas crianças iguais.*
> *Igualmente, segue as mudanças diárias, minuto a minuto, consequentes ao crescimento e desenvolvimento infantil, tanto físicos quanto psicológicos. (Winnicott, 1960/1990, p. 49)*

Obviamente, considerando a noção ampliada de *holding*, teríamos um elenco muito maior de patologias envolvendo as suas falhas. As aqui descritas abarcam apenas parte delas, as que são ligadas à coesão *psico-somática* (e ao *holding* ligado ao *handling*), que mais diretamente implicam o divã e as questões que estamos examinando aqui.

Diz Jan Abram: "Na situação analítica, é a atenção do analista – *combinada* com a fisicalidade do meio ambiente: o divã, o calor, a cor da sala e assim por diante – que espelham a preocupação materna primária" (1996, p. 187, grifo do original). De todos esses elementos, quero destacar, aqui, justamente o divã, enfatizando, entretanto, que é *sempre dessa combinação* (ou seja, *o divã como parte, extensão, da atitude acolhedora e de suporte do analista*) que ele extrai todos os seus sentidos curativos, em análise.

A *regressão psicanalítica* e o *divã* tornando-se corpo materno

A assim chamada *regressão a um estado de dependência*, durante a análise, constitui um processo fundamental, para Winnicott, pois pacientes com defesas erigidas contra falhas ambientais traumáticas precoces – muitas vezes envolvendo a constituição de um *falso self* patológico para proteger o *self verdadeiro* – terão nesse processo sua única chance de reverter esse estado de coisas. Tais defesas são as que ele descreve como organizações defensivas esquizofrênicas, característica de pacientes esquizoides, de personalidade "como se" ou de esquizofrênicos manifestos.[7] A sequência de acontecimentos necessária a essa regressão e retorno foi apontada por ele num de seus textos:

1. *A provisão de um ambiente* (setting) *que gere confiança.*
2. *Regressão do paciente à dependência, com o sentido devido do risco envolvido.*

---

7 Para uma caracterização dessas patologias, cf. a Parte III desta coletânea, "Psicopatologias winnicottianas".

3. O paciente experimentando um novo sentido de self, e o self até então escondido rendendo-se ao ego total. Uma nova progressão do processo individual que tinha estagnado.
4. Um descongelamento da situação de falha ambiental.
5. Da nova posição de força egoica, o ódio relacionado à falha ambiental precoce sendo sentido no presente e expresso.
6. Retorno da regressão à dependência a um progresso regular em direção à independência.
7. Necessidades instintuais e desejos ganhando existência (becoming realizable), *com genuína vitalidade e vigor.*

Tudo isso repetido muitas vezes. *(Winnicott, 1954/1992, p. 287)*

Dentre as falhas ambientais que implicam regressão psicanalítica encontram-se aquelas diretamente implicadas na cisão *psico-somática* e que afetam um número muito maior de pacientes do que pode parecer à primeira vista. A experiência clínica tem me mostrado, cada vez mais que, um falso *self* razoavelmente bem adaptado pode induzir a erros diagnósticos consideráveis, fazendo com que tomemos, muitas vezes, pacientes com defesas esquizofrênicas por meros neuróticos. Isso torna a necessidade de regressão, durante o processo de análise – seja ela uma regressão curta, episódica ou longa, duradoura – algo a ser sempre esperado.

Surge, então, a questão mais diretamente articulada ao uso do divã e ao papel que ele cumpre nesses episódios regressivos. Diz Winnicott:

O divã e os travesseiros estão lá para o uso do paciente. Eles aparecerão em ideias e sonhos e, então, representarão (stand for) *o corpo, os seios, os braços, as mãos etc. do analista, numa variedade infinita de modos. Mas enquanto o paciente está regredido (por um momento ou uma hora ou um longo período de tempo), o divã é o analista, os travesseiros são seios, o analista é a mãe numa certa era passada. No extremo, nem mesmo é verdadeiro dizer que o divã representa o analista.* (Winnicott, 1954/1992, p. 288, grifos do original)

Os acontecimentos que se seguiram à troca de divãs no meu consultório são um exemplo vivo da *representação simbólica* que esse instrumento carrega e da dimensão que ocupa no psiquismo dos pacientes. Evidentemente, enquanto domina esse nível simbólico – em que o divã *representa* algo – estamos em dinâmica caracteristicamente neurótica. Nos períodos de regressão, entretanto, seu caráter pode transcender o nível puramente simbólico para tornar-se expressão direta do *corpo materno* (naquilo que se veio a denominar *psicose de transferência*). Nessas ocasiões, o divã pode ocupar papel fundamental nas experiências transformadoras do *holding/handling* psicanalítico, capaz de – via regressão – dar sustentação e desenvolvimento a experiências precoces, congeladas no tempo, especialmente aquelas implicadas na coesão/cisão *psico-somática*.

À guisa de exemplo, posso citar episódios clínicos envolvendo aquela mesma paciente de que falava há pouco, com defesas de tipo esquizoide. Acontece que, no início da análise, essa paciente passava períodos inteiros na sua casa, deitada num sofá em frente à televisão ligada, cheirando seu travesseiro e/ou chupando o dedo, num ciclo em que dia e noite se alternavam quase sem nenhuma discriminação da sua parte, tão encerrada se encontrava em seu refúgio psíquico. Mal se levantava para as necessidades básicas – alimentação e excreção – e perdia quase completamente a noção de tempo, não conseguindo sair de casa para nenhuma das suas atividades de rotina, incluindo a análise. Com a ajuda de medicação antidepressiva, começou pouco a pouco a frequentar as suas sessões de análise. Havia sessões, entretanto, em que simplesmente chegava e deitava-se no divã, permanecendo aconchegada e calada durante todo o transcurso da sessão. E eu simplesmente respeitava o seu silêncio, entendendo que qualquer outra atitude minha seria intrusiva e desrespeitaria o estado regressivo em que se encontrava. Posteriormente, quando viemos a conversar, pudemos perceber que *essa* forma de vir à sessão representava uma alternativa a ficar em casa, cheirando seu travesseiro e chupando o dedo. Nessa nova alternativa – que punha em movimento a dinâmica congelada, mediante o deslocamento transferencial –, o objeto transicional, representado pelo travesseiro,[8] era simplesmente transferido para o divã e para a minha presença, acolhedora e silenciosa (por trás do móvel).[9]

Em situações como essa, o cuidado caloroso – mais ou menos reservado – do analista, aliado a um divã receptivo e aconchegante, pode compor uma mãe-ambiente transferencial bastante apropriada.

---

8 O dedo, rigorosamente, não pode ser considerado um objeto transicional, já que não constitui uma *posse não-eu*.
9 Aliás, numa garimpagem preciosa, Elisa Maria de Ulhôa Cintra me deu a conhecer o trabalho brilhante de Pierre Fédida, num livro recentemente publicado (2002a), no qual desdobra, de forma extremamente poética, os vários sentidos metafóricos, espaçotemporais, desse *atrás/para trás/por trás,* articulados pelo uso do divã e pela escuta analítica (p. 80 e seguintes).

Jan Abram (1996) nos diz que: "O conceito de *holding* de Winnicott no contexto terapêutico não inclui o analista tocar o paciente" (p. 187). Isso pode ser verdade na maior parte dos casos, quando o divã pode ser vivido como uma extensão do corpo do analista, para compor transferencialmente o corpo materno. Entretanto, Margaret I. Little nos conta que, em sua análise com Winnicott, ele lhe segurava as mãos durante longo tempo e sempre que fosse necessário, o que é bastante compreensível por se tratar de uma paciente *borderline* bastante grave (Little, 1992). Portanto, o nível de implicação e reserva do analista – especialmente no que tange às necessidades, por vezes inevitáveis, de contato corporal de suporte, em situações regressivas – também deverá variar de caso para caso, em função das necessidades de cada paciente, sempre levando em conta, evidentemente, as questões transferenciais implicadas.

Merece especial atenção, nesse âmbito das necessidades de cada paciente, o caso daqueles (numerosos) que – por razões variadas – não conseguem se deitar ou não podem tirar proveito do uso do divã.

Análises face a face

É fato que muitos pacientes (classificáveis como estados-limite, ou mesmo neuróticos) não conseguem se deitar, seja por serem agitados demais (caso de alguns adolescentes, por exemplo), por criarem fantasias persecutórias muito intensas ou mesmo por necessitarem do olhar do analista sobre si próprios (sem o qual surge – por vezes – a angústia de perder a forma própria, de dissolver-se). Harold Searles, com sua longa experiência com pacientes tanto de tipo *borderline* quanto esquizofrênicos, vai mais longe nessa direção, sugerindo que as interações de *expressões faciais* entre analistas e pacientes são de grande importância nos processos de diferenciação e integração egoicas. Diz ele, num de seus exemplos:

> *A senhora Douglas (um pseudônimo) é uma esquizofrênica crônica com quem eu trabalhei por muitos anos . . . Aqui, eu gostaria de relatar que o progresso na sua diferenciação e integração de ego foi consideravelmente acelerado, durante o último ano aproximadamente, num contexto em que focalizava as minhas expressões faciais, ou que carecia disso, durante as sessões. (Searles, 1994, p. 372)*

Nessa mesma direção, diz-nos que, numa fase da análise em que a transferência ganha uma forma mais simbiótica – mesmo com pacientes neuróticos –, a expressão facial de ambos os participantes passa à dimensão de objeto transicional, "pertencendo", num certo sentido, "tanto ao outro quanto a si próprio" (Searles, 1994, p. 379), dada a sua função altamente especular/reflexiva. Nessas ocasiões, paciente e analista podem tirar proveito dessa dinâmica de espelhamento recíproco de conteúdos inconscientes, num processo que retoma – em alguma medida, evidentemente – a ideia ferencziana de análise mútua.

Isso poderia sugerir que, em alguns casos clínicos com diagnóstico de patologia *borderline* ou de psicose, o próprio analista poderia achar mais proveitosa a análise face a face. Searles nos permite essa conclusão quando nos conta que nunca recomendou o uso do divã para determinado paciente *borderline*, já que este deu-lhe razão para sentir que "a sua integração egoica era suficientemente precária e que era melhor para ele permanecer sentado" (p. 366). Nesses casos de análises face a face, o analista viria a funcionar espontaneamente como um espelho psíquico do paciente, ou seja, "poderia descobrir-se fazendo caretas ou sofrendo agonias, ou outras expressões faciais de um tipo e grau que sente como muito estrangeiras a ele e que são, em larga escala, a resposta a sentimentos dissociados da parte do paciente" (p. 379).

Entretanto, mesmo nos casos em que a análise face a face possa ser proveitosa, a interferência do analista, no sentido de manter o paciente sentado, parece ter limites. Assim, Searles (1994) nos relata casos de pacientes *borderline* que espontaneamente se deitavam no divã, sem que houvesse nenhum movimento da sua parte para dissuadi-los dessa escolha (p. 385). Como o caso da paciente que ele descreve como *borderline "como se"*, de 40 anos, que se deitou logo após a segunda entrevista e permaneceu agindo assim durante todo o resto do processo analítico. Nesses casos, ele procurava prestar mais atenção nas interações faciais mútuas que ocorriam no início e final de sessão e no sentido especular/reflexivo que podiam vir a ter para o paciente. Observe-se, por exemplo, o seguinte diálogo, travado entre ele e um dos seus pacientes:

> *"O que eu disse, no final da sessão, ontem, quando me levantei do divã, eu pretendia que fosse uma brincadeira; só que, quando eu disse aquilo, minha voz não soou como a brincadeira que eu pensava que fosse – e o seu rosto não expressava que você visse aquilo como uma brincadeira... você parecia surpreso".* Eu lhe disse (comenta Searles): *"Lembro-me de ter sentido algo na linha de um 'choque' e duvidado de que você estivesse consciente de quão raivosamente aquilo havia saído de você".* (Searles, 1994, p. 385)

Aqui, pode-se observar uma aplicação direta das recomendações freudianas de propiciar uma ligação entre os acontecimentos dos períodos antes-de-deitar e depois-de-levantar e o resto da sessão (para impedir a formação de um biombo de resistência). Só que Searles acrescenta ênfase às relações especulares analista-analisando.

A necessidade de um enquadre face a face também é apontada por Pierre Fédida quando se lida com o que ele denomina "problemas narcísicos, carências narcísicas, regressão de Balint, manifestações de personalidade esquizoide segundo Kretschmer" (2002b, p. 62). Para ilustrar essa sua posição, conta-nos o caso de uma paciente, bastante bonita, que o procurou para análise após ter tido um ato sexual com o analista anterior:

> *No tratamento precedente ela se mantivera deitada no divã, mas eu não quis que ela retomasse a posição deitada. Pensei que essa posição criaria todas as condições de idealização do terapeuta até a passagem ao ato. Pareceu-me muito mais importante que ela percebesse também meus defeitos. (Fédida, 2002b, p. 63)*

A descrição prossegue, discorrendo sobre as tentativas (inevitáveis) de sedução da paciente e da importância da relação especular analista-analisanda nesse contexto. Primeiramente, quando ela apareceu com uma saia de tênis (alegando que não tivera tempo de trocá-la) e ele pôde refletir com o olhar que a achava bonita, e – aludindo indiretamente à situação de sedução – exibiu um riso espontâneo. O segundo momento importante ocorreu quando, de férias na Grécia, ela lhe telefonou dizendo que havia alugado uma casa e que o esperava. Neste caso – fazendo uso da posição metafórica que prescreve ao analista –, Fédida pediu-lhe para descrever verbalmente o interior a casa, fazendo-se, assim, *simbolicamente* presente dentro dela, sem ter de responder diretamente ao convite. Segundo a sua interpretação, essa paciente era alguém com compulsão à autopunição: "A fantasia de tornar-se puta, aquela que se tornaria cada vez mais feia, era como que uma punição necessária de sua própria beleza da qual ela era culpada" (Fédida, 2002b, pp. 63-64). Tratava-se, pois – para ser fiel aos seus termos –, de alguém com *problemas narcísicos*.

Há ainda – dentre os casos em que se pode recomendar uma análise face a face – aqueles pacientes que, a partir de um certo período do tratamento, passam a usar o divã num tipo de defesa que John Steiner denominou *refúgio psíquico*. Diz ele: "O refúgio psíquico fornece ao paciente uma área de relativa tranquilidade e proteção contra as tensões, quando qualquer contato significativo com o analista é visto como uma ameaça" (Steiner, 1997, p. 17). Obviamente, o divã – no recolhimento que propicia – pode oferecer-se como um excelente gancho para esse tipo de evitamento de contatos significativos com o analista, quando – por algum motivo – o paciente sente-se ameaçado por eles, podendo isso levar a uma acomodação e paralisia do processo terapêutico. A sugestão de que o paciente volte a sentar pode, então, funcionar como um ato analítico, capaz de recolocar o processo em movimento.

Esses casos ilustram, brevemente, o grande número de situações em que diferentes tipos de analisandos não conseguem se deitar, ou mesmo não podem tirar proveito do uso do divã, em função das vicissitudes singulares de suas análises.

Talvez seja nessa perspectiva que possamos entender a afirmação de Ogden (1996/1998), quando diz: "*A menos que haja razões impeditivas para o uso do divã em determinadas situações*, eu atendo todos os pacientes no divã, independentemente do número de sessões semanais de cada um" (p. 67, grifos do original).

De volta ao divã

A constatação de que seja variado o leque das *razões impeditivas* ao uso do divã não deve, entretanto, levar-nos a uma banalização dele como instrumento psicanalítico. É fato que a psicanálise tem se beneficiado bastante dessa liberdade de enquadre técnico, e que, portanto, estejamos hoje algo distantes da posição de Freud, quando aconselhava que, comumente, se recusasse o pedido do paciente para sentar-se (Freud, 1913/1986, p.139). Entretanto, todas as considerações aqui desenvolvidas parecem-me suficientemente inequívocas para demonstrar a grande utilidade – para não dizer indispensabilidade – desse recurso clínico, representado pelo divã.

Tenho acompanhado pacientes tipicamente classificáveis como patologia *borderline*, para os quais o divã tem-se mostrado extremamente útil, o que põe em questão a tese – razoavelmente difundida – de que o seu uso pode ser prejudicial às patologias de fragilidade egoica, por induzir regressões desnecessárias e perigosas. Penso que nas *análises suficientemente boas* – transpondo aqui, para a função analítica, o conceito original de Winnicott – quaisquer regressões que venham a ocorrer são sempre necessárias e regeneradoras. Acredito, também, que a relação do analista com esse instrumento clínico, num nível inconsciente – portanto, advinda de sua análise própria – sua maior ou menor aposta na sua utilização clínica, devam influir bastante na maior ou menor confiança dos analisandos para utilizá-lo ou não.

Aliás, tenho observado que a confiança no analista é condição essencial: quando ele se torna, realmente, alguém *confiável* e o divã é vivenciado como uma extensão da sua presença sustentadora, em geral, pode vir a ser utilizado, com proveito, mesmo por pacientes de patologia *borderline* (embora, dependendo da patologia e dos traumas originários, seja mais difícil, para esse tipo de paciente, conquistar essa confiança). À guisa de exemplo, lembro-me de um paciente *borderline* que, no início da análise – e durante um longo período –, tinha necessidade de atacar e destruir a minha competência analítica, para testar o quanto eu poderia suportar a sua destrutividade. Quando percebeu que eu tinha condições de acolhê-lo por inteiro, a aceitação do analista foi concomitante à aceitação do divã. E assim a análise funcionou, desde então, de forma proveitosa.

Muito antes de tornar-me psicanalista – e, portanto, de ler Winnicott, Balint –, eu já me surpreendera com o efeito curativo de um divã, manejado por um analista não intrusivo (como, mais tarde, aprendi a denominá-lo [Balint, 1994]). Tratava-se de uma amiga que, após sofrer um aborto espontâneo e entrar num estado bastante regredido, procurou análise. Nesse período, ia ao consultório de seu analista, deitava-se no divã e dormia durante todo o transcurso da sessão. Contou-me, algum tempo depois: "Eu me deitava, ele me cobria com uma manta, e eu dormia durante toda a sessão. E ele não me perturbava, ficava apenas lá, sentado ao lado, pura presença. Isso aconteceu durante todo o primeiro mês e foi fundamental para que eu me recuperasse". Nunca entramos em detalhes sobre a dinâmica psíquica que se processava aí. Hoje, entretanto, percebo que o analista fazia com ela o que ela não pudera fazer com o feto, ou seja, acolhia-a e sustentava-a, enquanto ela se desenvolvia (psiquicamente falando), para sair da regressão à qual fora levada pela identificação com o filho que não vingara.

Essas são algumas das questões que vêm redimensionar o uso, hoje em dia tão conturbado, desse antigo instrumento psicanalítico nos processos em que o papel da análise não é simplesmente interpretar produções do inconsciente, mas criar condições de uma nova experiência de vida que possa retomar falhas ambientais precoces – ou mesmo situações traumáticas presentes – e por meio da possibilidade de revivê-las, oferecer ao paciente a possibilidade de um recomeço.

Referências

Abram, J. (1996). *The language of Winnicott – a dictionary of Winnicott's use of words.* Karnac Books.

Balint, M. (1994). O analista não-intrusivo. In G. Kohon, *A escola britânica de psicanálise – a tradição independente.* Artes Médicas.

Dias, E. O. (1998). *A teoria das psicoses em D. W. Winnicott.* [Tese de doutorado, Pontifícia Universidade Católica de São Paulo].

Fédida, P. (2002a). *Dos benefícios da depressão – elogio da psicoterapia.* Escuta.

Fédida, P. (2002b). Amor e morte na transferência. In P. Fédida, *Clínica Psicanalítica – Estudos.* Escuta.

Freud, S. (1986). Sobre la iniciación del tratamiento (Nuevos consejos sobre la técnica del psicanálisis). In S. Freud, *Obras Completas* (Vol. XII). Amorrortu. (Trabalho original publicado em 1913)

Little, M. I. (1992). *Ansiedades psicóticas e prevenção – Registro pessoal de uma análise com Winnicott.* Imago.

Naffah Neto, A. (2002). Dez mandamentos para uma psicanálise trágica. *Percurso – Revista de Psicanálise, XV*(28), 15-22.

Ogden, T. H. (1998). Reconsiderando três aspectos da técnica psicanalítica. *Boletim de Novidades Pulsional – Centro de Psicanálise*, *XI*(109). (Trabalho original publicado em 1996)

Searles, H. (1994). The role of the analyst's facial expressions in psychoanalysis and psychoanalytic therapy. In H. Searles, *My work with borderline patients* (pp. 359-399). Jason Aronson Inc.

Searles, H. (1997). A vulnerabilidade do esquizofrênico aos processos inconscientes do terapeuta. *Boletim de Novidades – Pulsional*, *X*(98), 40-61.

Steiner, J. (1997). *Refúgios psíquicos – Organizações patológicas em pacientes psicóticos, neuróticos e fronteiriços*. Imago.

Winnicott, D. W. (1965/1990). The theory of the parent-infant relationship. In D. W. Winnicott, *The maturational processes and the facilitating environment*. Karnac Books. (Trabalho original publicado em 1960)

Winnicott, D. W. (1992). Metapsychological and clinical aspects of regression within the psyco-analytical set-up. In D. W. Winnicott, *Trough paediatrics to psychoanalysis*. Karnac Books. (Trabalho original publicado em 1954)

10. As funções da interpretação psicanalítica em diferentes modalidades de transferência: as contribuições de D. W. Winnicott[1]

Quando interpretar?

É corrente a ideia – baseada numa primeira leitura dos textos de Winnicott – de que ele somente utilizava a interpretação psicanalítica quando tratava de pacientes neuróticos – e, até certo ponto, de pacientes depressivos –, privilegiando o manejo transferencial quando os pacientes eram *borderline*, psicóticos ou apresentavam tendência antissocial (em qualquer dos seus níveis de gravidade). No entanto, essa versão das coisas é superficial, se não equivocada. Conforme tentarei mostrar ao longo deste percurso, o que legitima o uso da interpretação como ferramenta clínica, na clínica winnicottiana, não é o mero diagnóstico diferencial das patologias em questão – muito embora ele seja *fundamental* –, mas o *tipo* de transferência que está em curso: ou seja, se está em foco uma *neurose* de transferência ou

---

1 Este texto foi originalmente publicado, com o mesmo título, no *Jornal de Psicanálise*, 43(78) pp. 79-90, jun. 2010. Para a presente publicação, foi revisado e sofreu modificações.

uma *psicose* de transferência.² Para complicar ainda mais a questão, tentarei mostrar que pacientes de tipo *borderline* (ou mesmo psicóticos) podem, em períodos específicos – quando não estão em surto ou imersos em processos regressivos –, entrar numa relação de *neurose* de transferência (pelo menos, a clínica winnicottiana leva a essa suposição). E que, nesses casos, cabe interpretar a transferência, mesmo em se tratando de pacientes psicóticos. Por fim, também pacientes neuróticos podem apresentar núcleos psicóticos e entrar, num certo momento, numa psicose de transferência e num processo regressivo, requerendo, então, manejo transferencial.³

Portanto, as coisas não são tão simples quanto podem parecer à primeira vista.

A *interpretação na neurose de transferência*

Primeiramente, cabe esclarecer o que Winnicott entendia por *neurose de transferência*. Retomando a definição freudiana e imprimindo-lhe os seus matizes próprios de interpretação – como, aliás, sempre fazia com tudo o que tomava da tradição psicanalítica –, ele nos diz:

---

2 O conceito de *psicose de transferência* aparece em vários textos de Winnicott. Por exemplo, quando diz: "Mais perigoso, entretanto, é o estado de coisas numa análise na qual o paciente permite ao analista alcançar os níveis mais profundos da personalidade do analisando, por causa da sua posição como objeto subjetivo ou, por causa da dependência do paciente na *psicose de transferência*; aí há o perigo de que o analista intérprete em vez de esperar que o paciente criativamente descubra (Winnicott, 1963/1990, p. 189, grifo do original).
3 As formas de manejo transferencial das patologias depressivas e da tendência antissocial infelizmente escapam aos propósitos desta reflexão, razão pela qual não as abordarei aqui.

> *A característica da técnica psicanalítica é esse uso da transferência e da* neurose de transferência. *Transferência não é somente uma questão de conformidade, ou de relacionamentos. Diz respeito a uma maneira pela qual um fenômeno altamente subjetivo repetidamente surge numa análise. A psicanálise consiste sobremaneira no arranjo de condições para o desenvolvimento desses fenômenos e na interpretação dos mesmos no momento correto. A interpretação refere o fenômeno específico da transferência a um pedaço da realidade psíquica do paciente, e isso, em alguns casos, significa referi-lo, ao mesmo tempo, a um pedaço da sua vida passada. ... Seguindo esse trabalho, o paciente perde aquela neurose de transferência específica e começa a borbulhar em direção a uma outra.* (Winnicott, 1959/1990, p. 159, grifos do original).

No mesmo texto, quando examina o caso de um paciente que diz ao analista: "Você me lembra a minha mãe", Winnicott comenta:

> *Na análise, o analista terá as pistas para interpretar não só a transferência de sentimentos da mãe para o analista, mas também os elementos instintuais inconscientes que subjazem a isso, os conflitos que são despertados e as defesas que se organizam. Dessa forma, o inconsciente começa a ter um equivalente consciente e a se tornar um processo vivo envolvendo pessoas, e a ser um fenômeno aceitável para o paciente. . . . Eu serei melhor lembrado como alguém que afirma que, entre o paciente e o analista*

> *está a sua atitude profissional, a sua técnica, o trabalho que ele realiza com a sua mente. Agora eu digo isso sem medo, porque não sou um intelectual e, de fato, faço o meu trabalho muito a partir do ego corporal, por assim dizer. Mas penso em mim mesmo, no meu trabalho analítico, operando com um esforço mental, tranquilo, mas consciente. Ideias e sentimentos vêm à tona, mas são examinados e peneirados antes que a interpretação se faça. Isso não quer dizer que os sentimentos não estejam envolvidos. Por um lado, posso ter dor de estômago, mas isso usualmente não afeta as minhas interpretações; por outro lado, posso ter sido de alguma forma estimulado erótica ou agressivamente por uma ideia posta pelo paciente, mas, novamente, isso comumente não afeta meu trabalho interpretativo: o que digo, como digo e quando digo* (Winnicott, 1959/1990, pp. 161-162, grifos do original).

Nessa passagem, Winnicott levanta duas ideias importantes: a primeira delas é que a interpretação consiste num trabalho eminentemente *mental*, afirmação que desenvolverá em outros textos; a segunda é que, numa *neurose* de transferência, ele se mantém bastante distinto da dinâmica do paciente, receptivo e vulnerável a ela, mas sustentando-se sobre os próprios pés, não entrando nunca numa relação de tipo fusionada (como acontecerá inevitavelmente na *psicose* de transferência, na qual será arrastado para esse tipo de relação).

Nesse sentido, ele se põe nas antípodas de certa linhagem inglesa – desenvolvida especialmente a partir de Paula Heimann – que monta toda a interpretação a partir da vivência contratransferencial do analista. Curiosamente, Winnicott prefere – aliás, como Freud e Melanie Klein –, pensar na contratransferência como "aquilo que esperamos *eliminar* por meio da seleção, análise e formação de analistas" (Winnicott, 1959/1990, p. 164, grifo do original), deixando em aberto toda a dinâmica da psicose de transferência que, segundo ele, não pode ganhar qualquer nova luz por meio do conceito de contratransferência (exigindo-lhe um estiramento de sentido artificial para poder se aplicar aos fenômenos da experiência analítica na psicose).

Entretanto, poderíamos perguntar: o que isso significa? Que Winnicott não leva em conta o que o paciente mobiliza nele no contexto da neurose de transferência? Penso que não é bem assim. Como ele mesmo afirma, os sentimentos presentes participam, sem dúvida alguma, da formulação da interpretação. Entretanto, tudo o que emerge ali, no momento, tem de ser devidamente peneirado para cumprir o que Winnicott entende como a função principal da interpretação, qual seja: diferenciar a figura do analista experimentada como *objeto subjetivo* (na vivência transferencial) da sua figura real (*objeto objetivo*), que permanece em cena, confundida com a primeira. A esse respeito, ele diz: "Nessa posição, tenho algumas características do fenômeno transicional, já que represento o princípio de realidade, sou eu que mantenho o olho no relógio, embora seja, todavia, um objeto subjetivo para o paciente" (Winnicott, 1962/1990, p. 166). Ao produzir essa diferenciação – entre *objeto subjetivo* e *objeto objetivo* –, a interpretação ajuda o paciente a discriminar o que já aconteceu no passado daquilo que está acontecendo no presente; seu mundo interno, repleto de fantasias, do mundo real, palpável. Isso produz um reforço na função de *uso do objeto*.

Vou tentar explicitar melhor essa ideia usando um fragmento clínico de um paciente meu. Trata-se de um rapaz de 30 anos que nunca pôde integrar os seus impulsos agressivos/destrutivos em função de uma mãe retaliadora e de um pai extremamente competitivo, que entrava em estado de fúria quando sentia que a sua autoridade estava sendo posta em xeque. Nessa sessão – que se dá após um longo período de análise –, traz-me as suas dificuldades de exprimir irritação comigo a cada vez que faço algo que o desagrada. Pergunto-lhe o porquê da dificuldade, e ele me responde: "Tenho medo de entrarmos numa disputa que acabe dando em merda". Respondo-lhe: "Não sou o seu pai, sou o Alfredo; aqui você pode trazer a sua irritação que eu não vou entrar em fúria". A interpretação remete o paciente às suas memórias e fantasias inconscientes envolvendo o pai, fazendo-o, simultaneamente, ganhar um analista real, capaz de acolher os seus impulsos agressivos e ajudá-lo a integrar o que, na história real, ficou dissociado. Esse é um exemplo banal de interpretação usada para fins de manejo transferencial (quando a raiva efetivamente puder comparecer à cena analítica).

Um segundo exemplo traz o fragmento clínico de um outro paciente, também na casa dos 30 anos, que está comigo há cerca de um ano e que, na sessão em foco, queixa-se da dificuldade imensa de relaxar no divã – assim como em outras situações de vida –, dizendo que permanece sempre tenso e de sobreaviso. Pergunto-lhe, então, se quando era bebê não ficou exposto a alguma situação ambiental perigosa. Ele me conta o que lhe contaram: que, quando nasceu, seus pais estavam morando na França e que a sua mãe não tinha empregada nem babá. E que a sua irmã mais velha ficou tomada de ciúmes do bebê, transformando a vida da mãe num verdadeiro inferno, tumultuando todas as situações em que a ela necessitava cuidar do filho recém-nascido. Digo-lhe, então, que – muito provavelmente – esse estado de alerta permanente formara-se nessa época, com a função importante de proteger a sua vida contra o perigo real de uma irmãzinha enraivecida, possuída pelo ciúme. Mas que isso já tinha acontecido lá atrás e que agora ele não corria mais esse risco.

Não é sempre que isso ocorre, mas, nesse caso, a interpretação trouxe-lhe um alívio imediato, permitindo, a partir daí, um relaxamento e uma tranquilidade que ele nunca experimentara antes, tanto na análise quanto em outras situações de vida. No caso, trata-se de uma interpretação envolvendo uma *reconstrução* da sua história de vida, mas cujo efeito é semelhante ao do caso anterior. Reenvia o paciente a memórias inconscientes arcaicas – presentes sob a forma de marcas corporais nunca antes significadas – e discrimina a figura da mãe/irmã da figura do analista, abrindo campo para o uso de um objeto real, em presença do qual é possível relaxar sem entrar em agonias impensáveis.

A partir desse percurso, podemos concluir que interpretar meramente a dor de estômago ou a estimulação erótica produzida no analista pelo paciente, no "aqui e agora" – à moda da tradição kleiniana –, embora possa vir a revelar o mecanismo inconsciente atuante, pode restringir a interpretação ao acontecimento momentâneo, mantendo a confusão entre objeto subjetivo e objeto objetivo ou, num outro âmbito, entre cena passada e cena presente. Por exemplo, se o analista diz ao paciente: "Você está tentando me seduzir eroticamente para desviar a minha atenção de coisas importantes suas, que não quer perceber", a interpretação, se correta, apenas revela a resistência envolvida, deixando totalmente no escuro a dinâmica transferencial.

Tudo o que emerge na experiência analítica tem de ser considerado, mas deve ser devidamente selecionado, para que a interpretação compreenda a complexidade transferencial de uma forma curta e simples, já que Winnicott procurava ser econômico nas suas interpretações. Ele nos diz:

> *A verbalização quando feita exatamente no momento propício mobiliza forças intelectuais. Somente é ruim mobilizar processos intelectuais quando eles se tornaram seriamente dissociados do psico-soma. As minhas*

interpretações são econômicas, eu espero. Uma interpretação por sessão satisfaz-me, se levou em consideração o material produzido pela cooperação inconsciente do paciente. Digo uma coisa, ou uma coisa em duas ou três partes. Nunca uso sentenças longas, a não ser que esteja muito cansado. Se estiver próximo do ponto de exaustão, começo e ensinar. Nesse sentido, no meu ponto de vista, uma interpretação contendo a palavra 'além do mais' já é uma sessão de ensino. (Winnicott, 1962/1990, p. 167)

Nessas considerações, aparece mais uma vez, de forma explícita, a afirmação de que a interpretação é um *processo intelectual (mental) do analista, destinado a mobilizar processos intelectuais no paciente*, e de que ela é funcional desde que não estejam em questão dissociações sérias entre mente e psico-soma.[4]

Mobilizar processos intelectuais significa, nesse contexto, acioná--los para a tradução dos processos inconscientes no formato daquilo que a mente já realiza no âmbito do processo secundário, ou seja, do pensamento consciente. Isso faz, como diz Winnicott, com que o "o inconsciente comece a ter um equivalente consciente". Convém lembrar aqui que, para Winnicott, a *mente* (ou intelecto) diferencia-se, primeiramente, para dar ao bebê alguma previsibilidade dos acontecimentos ambientais, portanto como uma zona diretamente em contato com o mundo exterior, cabendo a ela: transformar a

---

4 Isso, sem dúvida, requer cuidados especiais no caso de *neurose obsessiva*, já que, devido à intensa dissociação entre a esfera mental produtora dos sintomas e o mundo interno dos objetos persecutórios, uma mobilização intelectual poderia simplesmente vir a reforçar as defesas obsessivas no paciente. Por isso, Winnicott afirma que a análise da neurose obsessiva requer um tanto de manejo transferencial (cf. Naffah Neto, 2008).

temporalidade subjetiva em *cronos*, mensurar espaço, analisar e categorizar eventos, armazenar e classificar memórias, traçar relações de causalidade e fazer previsões (Winnicott, 1965, p. 7). Enfim, fazer a transição do processo primário para o processo secundário.

Cabe ainda lembrar que Winnicott era totalmente contrário à proposta de interpretações feitas fora do *timing* de elaboração própria do paciente, ou seja, à revelia de qualquer cooperação inconsciente por parte do mesmo, privilegiando o conhecimento técnico do analista em detrimento das pistas dadas pelo processo analítico em curso. Eu o cito:

> *É muito importante, exceto quando o paciente está regredido à primeira infância e a um estado de fusão, que o analista não saiba as respostas, exceto à medida que o paciente dê as pistas. O analista apreende as pistas e faz as interpretações; frequentemente acontece que o paciente falhe em dar essas pistas, tornando inevitável, então, que o analista nada possa fazer. É importante para o paciente essa limitação do poder do analista representada pela interpretação correta, feita no momento correto, e baseada nas pistas e na cooperação inconsciente que o próprio paciente está suprindo e que constitui o material que constrói e justifica a interpretação. . . . (Caso contrário) o analista pode aparecer como muito sabido e o paciente pode expressar admiração, mas, no fim, a interpretação correta torna-se traumática e o paciente tem de rejeitá-la, porque ela não é sua. Ele se queixa de que o analista tenta hipnotizá-lo, ou seja, de que o está convidando a uma severa regressão à dependência,*

> *puxando-o para uma fusão consigo mesmo. (Winnicott, 1960/1990, pp. 50-51)*

Ou seja, dito de forma inequívoca, todas as regressões espontâneas e necessárias ao processo psíquico do paciente serão bem-vindas, menos aquelas criadas pelo analista, ao menosprezar e desconsiderar as capacidades daquele que está tratando.

Para Winnicott, é *sempre* da cooperação inconsciente do paciente que deve surgir a condução da análise, quer se trate de pacientes neuróticos, *borderline* ou psicóticos. Em outro texto, ele é ainda mais enfático a esse respeito, dizendo que interpreta, muitas vezes, durante o processo, para não acertar exatamente na mosca ou mesmo para errar, de tal forma que o paciente não fique com a impressão de que ele sabe tudo (cf. Winnicott, 1962/1990, p. 167). Desmistificar o suposto saber do analista é, aí, uma forma de convocar a elaboração imaginativa do paciente com vistas ao trabalho a ser feito.

A *neurose de transferência* em pacientes psicóticos

Winnicott entende que existem dois tipos de psicose. Eu o cito:

> *O termo psicose é usado para significar ou bem que, enquanto infante, o indivíduo não foi capaz de atingir um grau de saúde pessoal que dá sentido ao conceito de complexo de Édipo, ou bem, alternativamente, que a organização da sua personalidade continha fraquezas que se revelaram por ocasião da solicitação máxima da condução do complexo de Édipo. Podemos verificar*

que há uma linha muito fina entre esse segundo tipo de psicose e a psiconeurose. (Winnicott, 1959/1990, p. 131)

Esse segundo tipo de psicose caracteriza-se, pois, por defesas criadas contra a ameaça de desmoronamento da personalidade, por ocasião da necessidade de sustentação da intensa *ambivalência de sentimentos* produzida pelo complexo de Édipo. É essa forma de psicose que, na minha forma de ver, pode produzir *neurose* de transferência durante períodos analíticos. Ou então, estruturas de tipo *borderline* que tenham sido geradas em períodos anteriores ao Édipo, mas que contenham um falso *self* cindido que funcione a contento durante períodos de vida.[5]

Um exemplo desse tipo aparece descrito por Winnicott no texto "Psychiatric disorder in terms of infantile maturational processes", publicado em 1963. Eu o descrevo, aqui, para analisar a neurose de transferência produzida em contexto analítico e as formas de interpretação usadas como ferramenta clínica.

A paciente é denominada por Winnicott de Senhorita X, e ele nos diz que as suas necessidades "eram as de um paciente psicótico (apesar do fato de ela não ser tão doente quanto muitos esquizofrênicos que conhecera, com quem vivera e a quem tentara ajudar)" (Winnicott, 1963/1990b, p. 237). Essa menor gravidade do caso pode nos sugerir que ela fosse do segundo tipo de psicose anteriormente descrito, embora seja difícil afirmar isso com todas as letras.

De qualquer modo, na primeira sessão relatada, a de segunda-feira, a paciente apareceu carregada de mantimentos que comprara numa loja que descobrira perto do consultório. Isso sugeriu a

---

5 Quanto ao primeiro tipo de psicose, Winnicott diz que, no extremo, ele guarda muito pouca semelhança com a psiconeurose, já que nunca nenhum complexo de Édipo ou ansiedade de castração foram sentidos como uma ameaça maior à personalidade do indivíduo.

Winnicott o desenvolvimento de um tipo de transferência envolvendo aquilo que a paciente denominava a sua "avidez", como se vir para a análise fosse vir para uma grande refeição. Tinha havido uma longa preparação para que isso acontecesse, que alternara os sintomas anoréxicos da paciente com uma libidinização extrema de comidas bem preparadas e bem servidas.

Na sessão de terça-feira, a paciente deitou-se no divã na posição de poder ficar fitando o analista, como sempre fazia, e cobriu-se com a manta. Nada aparentemente aconteceu. Falaram sobre alguns temas de forma inconstante, mas nada se desenvolveu. No final, a paciente estava contente e disse que tinha aproveitado a sessão. Winnicott diz que não se sentiu, de forma alguma, desnorteado, embora não soubesse, de fato, o que estava acontecendo.

Na sessão seguinte, de quarta-feira, a senhorita X começou se desculpando por não ter material para trazer. Em seguida, entabulou uma conversa com Winnicott sobre corrida de cavalos, comparando o jóquei inglês, que deixa o cavalo livre para pular (e, então, quando a corrida é ganha, isso significa que o cavalo é realmente bom) e o jóquei alemão, que calcula tudo, incluindo o número de passos que o cavalo terá de dar até o obstáculo. No final, disse que o que a impressionava era o *treinamento* dos cavalos.

Winnicott já "pôs as suas orelhas em pé", pois sabia que ela tinha um grande interesse no "*treinamento*" de analistas, pois tivera uma experiência analítica frustrada, anterior à análise com ele, vindo depois a descobrir que esse primeiro profissional não tivera "*treinamento*" analítico.[6] Esse fracasso da primeira análise impedira-a durante muito tempo de voltar a procurar um segundo analista.

---

6 Aqui, eu chamo a atenção para a expressão inglesa *training of analysts*, que, em português, não tem muito sentido, já que não dizemos "treinamento de analistas", mas "*formação* de analistas". Embora não se trate de uma análise lacaniana, a palavra *training* aí é fundamental.

Em seguida, a paciente contou um sonho sobre um pintor de quem falara uma semana antes, de cujos quadros gostava muito. No sonho, ela ia comprar um quadro, talvez um que vira na exposição original, porém descobriu que todos eles haviam mudado. Os originais assemelhavam-se a pinturas de criança e era um desses que queria comprar. Mas os que estavam agora à mostra eram todos calculados e sofisticados, e o pintor sequer se lembrava dos anteriores; ela chegou a desenhar um deles para fazê-lo lembrar-se, sem sucesso. Winnicott nos conta: "Quando eu disse que o sonho continuava o tema da técnica dos cavalos para pular obstáculos, o assunto do treinamento e da perda da espontaneidade, ela percebeu que era assim e ficou satisfeita. E elaborou o tema" (Winnicott, 1963/1990b, p. 236).

Essa primeira interpretação de Winnicott – dada à meia boca, apenas associando os elementos principais e deixando o restante à elaboração da paciente – produziu, então, resultados, levando-a a um pensamento que tivera após a sessão do dia anterior, terça-feira, na qual aparentemente nada parecia ter acontecido. Mas as aparências enganam, e essa sessão tinha sido decisiva.

Explicando melhor, naquela sessão, ela percebera que Winnicott não se comportara como o analista anterior, que, a cada vez que ela se calava ou tentava entrar em contato com o seu mundo subjetivo, fazia-a sair do divã e sentar-se, ou mudava totalmente de procedimento. Percebeu, portanto, que essa nova análise não teria de ser interrompida, como a anterior.

O sonho fazia alusão à primeira análise, na qual era impedida de buscar as pinturas infantis de que necessitava – pinturas da sua primeira infância –, sendo obrigada a aceitar, no lugar delas, pinturas calculadas e sofisticadas que nada tinham a ver com ela. Mas, paralelamente a isso, a conduta da paciente, ao longo dessas sessões, colocava em teste a segunda análise. Como? Permitir-se permanecer no seu ritmo próprio e não produzir nada de visivelmente importante na sessão de terça-feira era uma forma de testar como Winnicott se comportaria diante desse material supostamente tão pobre. Não iria ele atuar como o analista anterior e tentar "produzir" um material mais rico, tirando-a do contato com o seu mundo subjetivo? Descobriu que não, que esse segundo analista, ao contrário do primeiro, era "treinado".

Mas – vocês poderiam perguntar – por que digo que o que está em foco é uma neurose de transferência, considerando que o paciente é psicótico? Porque o que está em cena é o analista sob duas visadas diferentes e simultâneas: de um lado, Winnicott como *objeto subjetivo*, o que quer dizer amalgamado à figura incompetente do analista anterior; e, de outro lado, Winnicott *objeto objetivo*, analista atual, que necessita ser discriminado do primeiro colega. Ora, é essa experiência paradoxal do analista, simultaneamente subjetiva e objetiva, fantasiosa e real, permitindo que ele ocupe uma posição de fenômeno transicional, que define a *neurose de transferência*, segundo Winnicott.

O trabalho com essa paciente, nessa sessão, foi tão efetivo que, na sessão seguinte, de quinta-feira, ela chegou atrasada 15 minutos, o que era coisa muito rara na sua análise. O carro não tinha chegado a tempo, mas ela comentou que essa explicação não era satisfatória, pois havia sonhado na noite anterior que tinha se atrasado para essa sessão. Winnicott, então, interpretou que alguma coisa havia mudado, de tal forma que agora ela mostrava ambivalência com relação a ele e à análise. As elaborações seguintes, feitas pela dupla, evidenciaram que o medo (associado ao intenso desejo) de vir à sessão tinha a ver com a sua avidez e o receio das dificuldades que Winnicott teria futuramente para manejá-la quando ela atingisse a capacidade total para reclamar para si o analista e tudo o que ele possuía. Medo de colocar a sua avidez em cena e, com isso, perder o analista.

Para concluir essa parte, gostaria apenas de salientar que, quando se interpreta um paciente psicótico nessas circunstâncias, o cuidado tem de ser ainda maior, já que a mobilização dos processos intelectuais pode, *aqui sim*, vir a reforçar dissociações ou cisões já existentes entre a esfera mental e o restante do psiquismo. Seguir as pistas inconscientes e nunca caminhar na frente do paciente constituem cuidados indispensáveis.

A psicose de transferência e o manejo clínico

A *psicose de transferência* emerge sempre com pacientes em estado de intensa regressão a estados de dependência e, diferentemente da *neurose de transferência*, nela a figura real do analista é inteiramente eclipsada. Traduzindo em termos winnicottianos: o analista é unicamente experimentado como *objeto subjetivo*. Margareth Little, falando-nos de sua análise com Winnicott, nos longos períodos de regressão por que passou, nos conta:

> Para mim, D. W. não representava *minha mãe*. Na minha *ilusão transferencial, ele* era *minha mãe* . . . *e, como há uma continuidade real entre mãe e feto, genética e corporalmente (por meio das membranas e da placenta), assim, para mim, suas mãos* eram *o cordão umbilical, seu divã a placenta, os cobertores as membranas, muito aquém de qualquer nível* consciente, *até um estágio bem posterior.* (Little, 1990, p. 98, grifos do original)

É nesse sentido que, num outro texto, Winnicott diz que nesse tipo de transferência é como se o presente retornasse ao passado, e o analista se defrontasse com os processos primários do paciente, no ambiente original em que foram confirmados (cf. Winnicott, 1955/1992, pp. 297-298).

É justamente por não colocar em cena nenhuma mistura de tempos cronológicos – já que o presente *retorna* ao passado –, tampouco de tipos de objeto – já que aí o analista é somente experimentado como *objeto subjetivo* –, que a psicose de transferência não requer interpretação. Ou seja, nesse contexto, a interpretação torna-se desnecessária, já que não há nada a ser discriminado, diferenciado, nem no nível dos tempos envolvidos nem no nível dos objetos aí implicados. Necessária aí é tão somente a *sustentação* da transferência, para que o paciente possa reviver a situação traumatogênica diante de um ambiente mais acolhedor e, assim, retomar experiências que, na história real, não puderam se realizar ou ficaram truncadas.

Por essa razão, não cabe mais a *atenção flutuante* do analista como ferramenta clínica, e muito menos se esperar *associações livres* de um paciente em tais condições. Já não estamos mais na técnica psicanalítica padrão, mas na técnica modificada.

Um paciente regredido exige a presença maciça do analista, incluindo, muitas vezes, contatos corporais à guisa de *holding*. Ao mesmo tempo, o analista não pode perder a função de realidade, como Winnicott comenta:

> *O analista necessitará permanecer orientado para a realidade externa, enquanto, de fato, está identificado ao paciente, ou mesmo fundido a ele. O paciente deverá se tornar altamente dependente, ou mesmo absolutamente dependente, e essas palavras são verdadeiras mesmo*

quando há uma parte sadia da personalidade (dele) que atua todo o tempo como uma aliada do analista e, de fato, lhe diz como se comportar.... O psicótico borderline gradualmente quebra as barreiras daquilo que eu denominei atitude profissional e técnica do analista, e força uma relação direta de tipo primitiva, até o ponto de uma fusão.... Há muito a ser dito sobre o uso que o analista pode fazer das suas reações conscientes e inconscientes diante do impacto do paciente psicótico ou da parte psicótica do paciente sobre o seu self e o efeito disso tudo em sua atitude profissional. (Winnicott, 1959/1990, pp. 163-164)

Concluindo: se diante da *neurose de transferência* o analista necessita manter-se sobre os próprios pés, receptivo, mas distinto da dinâmica do paciente, para poder elaborar mentalmente as interpretações, a *psicose de transferência* já lhe solicita algo totalmente diverso: um estado de identificação ao paciente, chegando mesmo à fusão, sem que perca, ao mesmo tempo, a orientação para a realidade externa e o contato consigo próprio. Winnicott é categórico quando nos diz: "Penso que numa análise de psicóticos... o analista se encontra numa posição comparável à de uma mãe de um bebê recém-nascido" (Winnicott, 1947/1992, p. 202).

Talvez seja por isso que recomenda que jovens analistas se limitem ao atendimento de pacientes neuróticos. Eu o cito: "A vasta maioria das pessoas que pode vir a nós para psicanálise é não--psicótica [*sic*] e os estudantes devem primeiramente aprender a análise de casos não-psicóticos" (Winnicott, 1959/1990, p. 162). Mas podemos perguntar: até que ponto isso é possível? Não foi o próprio Winnicott quem disse, inúmeras vezes, que grande parte dos neuróticos acaba revelando, ao longo da análise, a existência de núcleos psicóticos escondidos? Também não foi ele quem disse que os dois tipos de transferência geralmente se alternam ao longo do processo, exigindo do analista cuidado e atenção (cf. Winnicott, 1956a[1955]/1975, p. 299)?

Essas perguntas, mais uma vez, põem em questão essa profissão que Freud criou e que ele mesmo descobriu tão complexa e intrincada que a classificou como *impossível*.

Referências

Little, M. (1990). *Psychotic anxieties and containment – A personal record of an analysis with Winnicott.* Jason Aronson Inc.

Naffah Neto, A. (2008). Contribuições winnicottianas à clínica da neurose obsessiva. *Percurso – Revista de Psicanálise, XXI*(41), 27-36.

Winnicott, D. W. (1965). *The family and the individual development.* Routledge.

Winnicott, D. W. (1990a). Classification: is there a psycho-analytic contribution to psychiatric classification? In D. W. Winnicott, *The processes and the facilitating environment.* Karnac. (Trabalho original publicado em 1959)

Winnicott, D. W. (1990a). Communicating and not communicating leading to a study of certain opposites. In D. W. Winnicott, *The maturational processes and the facilitating environment.* Karnac. (Trabalho original publicado em 1963)

Winnicott, D. W. (1990b). Counter-transference. In D. W. Winnicott, *The maturational processes and the facilitating environment.* Karnac. (Trabalho original publicado em 1959)

Winnicott, D. W. (1990b). Psychiatric disorder in terms of infantile maturational processes. In D. W. Winnicott, *The Maturational Processes and the Facilitating Environment*. Karnac. (Trabalho original publicado em 1963)

Winnicott, D. W. (1990). The aims of psycho-analytical treatment. In D. W. Winnicott, *The Maturational Processes and the Facilitating Environment*. Karnac. (Trabalho original publicado em 1962)

Winnicott, D. W. (1990). The theory of the parent-infant relationship. In D. W. Winnicott, *The Maturational Processes and the Facilitating Environment*. Karnac. (Trabalho original publicado em 1960)

Winnicott, D. W. (1992). Clinical varieties of transference. In D. W. Winnicott, *Through paediatrics to psychoanalysis*. Karnac. (Trabalho original publicado em 1955)

Winnicott, D. W. (1992). Hate in the countertransference. In D. W. Winnicott, *Through paediatrics to psychoanalysis*. Karnac. (Trabalho original publicado em 1947)

11. A reconstrução do ambiente traumatogênico a partir da dinâmica transferencial na clínica winnicottiana[1]

Construções em análise, da perspectiva freudiana

Foi tardiamente, num artigo de 1937 (1937/1986), que Freud teceu considerações sobre a ferramenta clínica de *construção* – ou *reconstrução* – em análise. Eu o cito:

> *Todos sabemos que o analisado deve ser movido a recordar algo vivenciado e recalcado por ele, e as condições desse processo são tão interessantes, que a outra peça do trabalho, a operação do analista passa, em contrapartida, a um segundo plano. O analista não vivenciou nem recalcou nada que interesse; a sua tarefa não pode ser recordar algo. Em que consiste, pois, a sua tarefa? Tem de deduzir o esquecido a partir dos indícios que ele deixou*

---

1 Este texto foi originalmente publicado na *Revista Natureza Humana*, 20(2), pp. 1-11, 2018. Para a presente edição, foi revisto e modificado em alguns aspectos.

> *por trás de si; melhor dizendo: tem de* construí-lo. . . .
> *Seu trabalho de construção, ou se se prefere, de reconstrução, mostra várias coincidências com o do arqueólogo que exuma alguns domicílios ou alguns monumentos destruídos e sepultados.* . . . *É inquestionável o direito de ambos de reconstruí(-los) por meio da completação e do encaixamento dos restos conservados. (Freud, 1937/1986, pp. 260-261, grifos do original)*

Mais adiante, no mesmo artigo, Freud procura, então, diferenciar construção – ou reconstrução – daquilo que comumente designamos *interpretação*. Eu o cito:

> *"Interpretação" se refere àquilo que se empreende com um elemento singular do material: uma ocorrência, um ato falho etc. É "construção", em contrapartida, apresentar ao analisado uma peça de sua pré-história esquecida, por exemplo, da seguinte maneira: "Você, até o seu ano x, considerou-se como o único e irrestrito possuidor da sua mãe. Veio, então, o segundo filho e, com ele, uma séria desilusão. A mãe abandonou você por um tempo e, depois, nunca voltou a se lhe consagrar com exclusividade. Seus sentimentos em relação à mãe tornaram-se ambivalentes, o pai ganhou um novo significado para você" etc. (Freud, 1937/1986, pp. 262-263)*

Entretanto, poderíamos nos perguntar – e Freud o faz – como se poderia ter certeza de que a construção é correta e de que não estamos, meramente, sugestionando o paciente. Sua resposta mais cabal é a de que, quando a construção é correta, ela produz trabalho psíquico, ela mobiliza associações no paciente. Além disso, ele nos diz:

> *Consideramos cada construção uma conjetura, que aguarda ser examinada, confirmada ou desacreditada. Não reclamamos para ela nenhuma autoridade, não demandamos do paciente um assentimento imediato, não discutimos com ele quando, de início, a contradiz. Em suma, comportamo-nos seguindo o arquétipo de um conhecido personagem de Nestroy, aquele mucamo que, para qualquer pergunta ou objeção, tem pronta essa única resposta: "No curso dos acontecimentos, tudo irá se aclarar".* (Freud, 1937/1986, pp. 266-267)

Muito embora essas considerações sobre as reconstruções em análise sejam bastante tardias na obra freudiana, Freud já as utilizara muito tempo antes, em especial quando havia grandes dificuldades de recordação por parte do paciente, seja por resistência, seja porque tal acontecimento da sua história pregressa tinha ocorrido numa idade muito tenra, em que seria praticamente impossível a recordação, dado o desenvolvimento precário da criança. É o caso, por exemplo, da análise, bastante divulgada, do "homem dos lobos".

Nesse caso clínico, a partir dos sintomas do paciente e da recordação de um sonho de angústia, que ele teve em torno dos 4 anos de idade, com lobos em cima de uma árvore, e das associações que se seguiram – nas quais aparecia um lobo de quem se tinha arrancado o rabo –, Freud reconstrói a visão da cena primária do coito entre os pais, quando o paciente tinha 1 ano e meio. Faz, então, ponderações sobre as marcas que essa visão havia deixado no paciente e na repercussão dessas marcas tanto na formação dos seus sintomas quanto na produção do sonho de angústia com os lobos, quando, aos 4 anos de idade, em plena fase edipiana, a ideia encoberta do lobo sem rabo evocou-lhe o complexo de castração (Freud, 1918[1914]/2010).

Evidentemente, o caso clínico é bastante complexo, e fugiria completamente aos meus propósitos alongar-me, aqui, na sua descrição minuciosa, já que isso exigiria longas digressões. Cito, apenas à guisa de exemplo, a reconstrução que Freud vai realizando da visão da cena primária pelo bebê de 1 ano e meio, a partir das suas deduções clínicas. Ele conclui que ela aconteceu numa época em que o paciente havia contraído malária, e, a partir daí, seguindo pistas clínicas, vai reconstruindo o acontecimento traumático. Eu o cito:

> *Ele, então, dormia, em sua caminha, no quarto dos pais, e acordou à tarde, digamos que devido à febre montante, às cinco horas talvez, a hora marcada pela depressão. Combina com nossa suposição de um dia quente de verão em que os pais tinham se retirado, semidespidos, para uma sesta vespertina. Quando ele acordou, foi testemunha de um coito a tergo [por trás] repetido três vezes, pôde ver os genitais da mãe e o membro do pai e compreendeu tanto o fato como a sua significação.*
> (Freud, 1918[1914]/2010, pp. 52-53)

Convém explicar alguns detalhes dessa construção: primeiramente, Freud supõe que o bebê dormia no quanto dos pais porque estava doente, com malária; que a cena ocorreu às cinco horas da tarde, porque era a hora em que ocorriam as mudanças de humor das suas depressões sintomáticas; que o coito dos pais foi repetido três vezes, porque esse detalhe fora trazido pelo próprio paciente, muito embora ele não tenha reconhecido isso e o tenha projetado na interpretação de Freud. Por fim, Freud acrescenta, em nota de rodapé, que a compreensão do ato sexual não ocorreu por ocasião da visão do coito, com 1 ano e meio de idade, mas na época do sonho, aos 4 anos, comentando: "Com um ano e meio ele recolheu impressões cuja compreensão lhe foi possibilitada na época do sonho por seu desenvolvimento, sua excitação sexual e sua pesquisa sexual" (Freud, 1918[1914]/2010, p. 53).

Também a visão da genitália feminina é pressuposta em função de sintomas posteriores, como a angústia inexplicável diante de uma borboleta, cujo formato em V evoca duas pernas abertas (supostamente, as pernas da mãe, durante o coito), detalhes esses que foram devidamente analisados e discutidos por Serge Leclaire como exemplificação do seu conceito de *letra*, como conjunto de marcas formadoras das zonas erógenas. No caso do "homem dos lobos", segundo Leclaire, a letra básica seria o V das pernas abertas da mãe, que teria se imprimido como marca indelével sobre os olhos do pequeno menino, marcando-os como zonas erógenas (Leclaire, 1977, Capítulo 4). Em função da interdição incestuosa, a evocação dessa letra, presente nas asas da borboleta, bem como – em sua forma invertida – nas orelhas dos lobos do sonho, provocaria sempre angústia. Mas as considerações de Leclaire apenas explicitam e desenvolvem um pouco mais as descrições do mestre Freud, já que ele, como todo pós-lacaniano, define-se, no fundo, com um bom freudiano.

Por esse exemplo de reconstrução, na análise do "homem dos lobos", bastante típico do procedimento freudiano, é possível perceber que as reconstruções por ele operadas implicavam sempre a história sexual do paciente, seus acontecimentos traumáticos, seus avatares, as marcas e fantasias dela decorrentes e seu papel na formação dos sintomas mórbidos. Com a crescente centralidade que o complexo de Édipo veio a ocupar nas suas teorizações psicopatológicas, é possível afirmar, inclusive, que as reconstruções freudianas versam sempre sobre acontecimentos associados a complicações edipianas não elaboradas.

As reconstruções na clínica winnicottiana como reconstituição do ambiente traumatogênico

Com Winnicott, obviamente, a ênfase muda consideravelmente, pois – muito embora ele não desconsidere as complicações de uma má elaboração do complexo de Édipo, presentes nas neuroses – a questão é muito mais complexa do que isso, já que as neuroses definem apenas as patologias daqueles que conseguiram atravessar a contento as fases de amadurecimento mais críticas – aquelas que antecedem a constituição da pessoa total, de um *self* integrado –, tendo sido capazes de se apropriar das suas experiências eróticas e agressivo-destrutivas, formando uma sexualidade infantil. Para Winnicott, o problema maior é o dos psicóticos, daqueles que não chegam a existir verdadeiramente, subsistindo apenas seja na casca de um falso *self* cindido do restante da personalidade, seja num retraimento esquizoide, seja nos delírios e alucinações de uma esquizofrenia a céu aberto. Nesse contexto, as reconstruções em análise ganham outro estatuto.

Tenho observado, na análise de pacientes de tipo *borderline*, no sentido amplo do termo,[2] que – grande parte das vezes – o paciente, mesmo tendo sofrido grandes falhas ambientais por parte da mãe ou responsável, numa idade muito precoce – e tendo uma consciência

---

2 Winnicott assim define o termo: "Pelo termo 'caso *borderline*' pretendo significar um tipo de caso no qual o centro do distúrbio é psicótico, mas o paciente possui suficiente organização psiconeurótica para sempre apresentar desordens psiconeuróticas ou psico-somáticas quando a ansiedade psicótica central ameaça irromper de forma crua (Winnicott, 1968/1997, pp. 219-220).

meramente intelectual disso –, ainda assim sente-se intensamente culpado pelos próprios males, responsabilizando-se, inclusive, pela infelicidade e desajustamento do genitor traumatizante. Isso porque essas falhas ambientais ocorrem muito precocemente, quando o ambiente ainda é vivido pelo bebê como um prolongamento do seu ser, indistinto dele. Assim, quando mais adiante essas marcas traumáticas ganham algum significado, elas produzem um sentimento de culpa pelos acontecimentos traumatizantes.

Lembro-me, por exemplo, de uma paciente esquizoide que se culpava intensamente por sua mãe tê-la tratado, sempre, como uma filha idealizada, que nada tinha a ver com a pessoa real dela. Ela dizia: "Eu fui uma grande decepção para a minha mãe, desde que nasci. Não era um bebê bonito, nem atraente; isso foi a causa de tudo". Sabe-se, inclusive, que bebês que sofreram esse tipo de traumatismo tiveram de hipertrofiar a mente para fazer face às falhas ambientais, tornando-se aquilo que Ferenczi veio a chamar de "bebês sábios" (Ferenczi, 1923/1993, p. 207), forçados a um amadurecimento precoce, realizado às custas de um sofrimento emocional intenso.

Para esses pacientes, a reconstrução do ambiente traumatizante – e das falhas ambientais sofridas na infância – ao longo do processo de análise serve para distinguir *o que é do paciente e o que é do ambiente*, reduzindo consideravelmente o sentimento de culpa e/ou a falsa responsabilidade pelo que é da competência (ou incompetência) de outrem.

A partir de um caso clínico descrito pelo próprio Winnicott, pretendo mostrar o quanto essa ferramenta é de grande utilidade clínica e, ao mesmo tempo, demonstrar que ela somente pode se realizar apoiada na dinâmica transferencial.

Trata-se do caso descrito num artigo de 1958, denominado "Psychogenesis of a beating fantasy" (Winnicott, 1958/1997, pp. 45-48).

Winnicott começa a sua descrição citando o texto freudiano "Batem numa criança" (Freud, 1919/2010), dizendo que, nas considerações do referido artigo, a fantasia de espancamento está sempre associada com uma fixação na fase anal. Entretanto, propõe que cada caso seja examinado como singular, pois pensa não há uma regra que se aplique a todos eles.

Em seguida, começa a descrever um caso clínico, no qual a fantasia de espancamento foi justamente o sintoma que trouxe a paciente ao seu consultório. Ela já havia tido duas análises anteriores – sendo que a primeira havia sido longa – e nenhuma das duas tinha conseguido eliminar esse sintoma. A fantasia de espancamento era usada pela paciente como uma espécie de válvula de escape sexual, muito embora ela não envolvesse nenhum tipo de sofrimento ao longo de sua ativação fantasiosa.

Vários acontecimentos, na sua história de vida, foram buscados como origem do sintoma, mas todos se revelaram, ao longo da análise, como meras fantasias. Havia a fantasia de ter sido espancada com uma vara, quando tinha em torno de 5 anos, por uma tal senhora Stickland (observem aí, o nome *Stickland*, que poderia ser traduzido, para o português, como "terra de vara", portanto um nome bastante sugestivo). Além disso, havia uma outra fantasia, em que a sua mãe, certa vez, tirara uma vara do guarda-roupa para espancá-la; essa segunda encenação tinha inúmeras variações. Por fim, uma terceira fantasia era que o pai a espancara num momento de excitação sexual. Esta última, entretanto, era – segundo Winnicott – uma fantasia encobridora de um acontecimento real, quando a paciente, certa vez, surpreendeu o pai num episódio sexual constrangedor.

A paciente, ao que tudo indica, era alguém com sérios problemas emocionais e passou dez anos em análise com Winnicott, ao longo dos quais sofreu regressões a fases de dependência bastante profundas, chegando ao ponto em que havia apenas "um pequeníssimo ego saudável que permanecia em contato com a realidade externa" (Winnicott, 1958/1997, p. 46).

Nessa época, Winnicott teve de atendê-la na casa dela, cuidando dos seus negócios e comprando-lhe comida, e eventualmente chamando um *home help* para lhe preparar comida e cuidar dos trabalhos domésticos. Eventualmente a paciente saía do estado regressivo, fazendo progressos, mas esse processo era constantemente interrompido, o que o tornava bastante doloroso, tanto para a paciente quanto para o analista.

Foi ao longo desse período que Winnicott fez uma descoberta importante. Eu o cito:

> *Foi de interesse, ao longo dessa profunda regressão e do movimento para frente que a seguia, que a fantasia de espancamento foi a única coisa que permaneceu constante*, apesar de pertencer a um estágio posterior de desenvolvimento. *Toda vez que a paciente desenvolvia tensão sexual, o alívio era obtido ao longo da fantasia que estou descrevendo. Era, talvez, a única válvula de escape sexual disponível, pois muito cedo, no tratamento, o contato sexual com homens tinha se tornado sem sentido. Tem de ser notado, de passagem, que essa paciente... não tinha (também) nenhuma homossexualidade manifesta.* (Winnicott 1958/1997, p. 46, grifos do original)

Ora, uma fantasia de espancamento que permanece constante ao longo de uma regressão tão profunda, *apesar de pertencer a um estágio posterior de desenvolvimento*, é algo que chama a atenção. Ou seja, aparece aí uma primeira evidência de que ela é algo *marginal* ao campo analítico. Explico-me melhor: ao longo da regressão profunda, na qual a paciente chegou à condição de um pequeníssimo ego saudável em contato com a realidade externa – portanto, à condição de um pequeno bebê, totalmente imaturo –, seria impossível manter a fantasia de espancamento. Portanto, aparece aí uma primeira evidência de que a fantasia de espancamento não pertence propriamente ao cerne da psique da paciente.

Mais do que isso: durante esses dez anos, Winnicott explorou o campo transferencial em toda a sua extensão e variedade e não encontrou elo significativo algum que pudesse elucidar o sintoma da fantasia de espancamento no seu interior. Sem dúvida nenhuma, a paciente demonstrava possuir uma fixação anal e manipulava seus gases intestinais como uma especialista no assunto, mas – isso posto – não havia nenhum outro elo significativo que elucidasse a fantasia perversa.

Então, Winnicott faz uma primeira construção, baseado no material surgido numa das sessões, afirmando que "a ideia de espancamento estava tomando o lugar de uma extrema desesperança de comunicar-se com a mãe num nível anal" (Winnicott, 1958/1997, p. 46). Mas vamos entender melhor o que isso quer dizer.

A mãe da paciente a tinha desmamado e abandonado aos cuidados de uma babá aos dois meses de idade; isso era um fato conhecido. Portanto, deveria ter havido, também, uma desesperança de a paciente poder se comunicar com a mãe num nível oral. Entretanto, um bebê de dois meses não é ainda suficientemente organizado – segundo Winnicott – para experimentar pesar ou desesperança. Por isso, somente num nível de organização posterior, o nível anal, a paciente poderia ter sentido essa desesperança. Nesse sentido, a fantasia de ser espancada, como formação substituta, ainda era melhor do que a realidade de nenhum contato com a mãe.

Podemos, também, nos perguntar em que medida essa colocação de Winnicott consiste numa construção. Eu entendo que sim, já que ele segue as pistas clínicas para reconstruir uma parte da história da paciente que somente se faz presente no campo transferencial por meio dos seus efeitos.

Mas essa primeira construção de Winnicott somente adquiriria seu sentido pleno a partir da segunda, quando ele conclui – e comunica à paciente – que a dinâmica sadomasoquista não pertencia à psique dela, mas sim a uma fixação anal na psique de sua mãe. Ou seja, que durante toda a vida, a paciente mantivera um relacionamento direto com o inconsciente recalcado de sua mãe, assumindo como sua uma dinâmica da psique materna.

Por isso, e somente por isso, a fantasia de espancamento podia ter permanecido inalterada ao longo de toda a regressão profunda da paciente, mesmo pertencendo a um estágio posterior de desenvolvimento, já que a fantasia não era sua, mas de sua mãe. Também por isso ela não produzia sofrimento, quando ativa, já que o que era operativo era o masoquismo e a fixação maternos.

Essa segunda reconstrução, relativa ao ambiente traumatogênico, realiza precisamente aquele tipo de discriminação de que falei anteriormente, distinguindo o que era da paciente e o que era de sua mãe. Também aí fica mais em evidência o estatuto de uma construção ou reconstrução analítica – diferente de uma interpretação –, já que não há, no artigo de Winnicott, nenhuma evidência de que ele pudesse ter tido algum contato anterior com a mãe da paciente. A reconstrução fora feita mais por exclusão; ou seja, já que o masoquismo não pertencia à paciente – o que a exploração do campo transferencial, durante dez anos, evidenciara – algumas características sadomasoquistas da mãe da paciente, relatadas pela paciente ao analista, tornavam-na a possuidora mais provável de tal dinâmica. Tudo isso associado à articulação entre a fantasia perversa e à desesperança e carência de mãe da paciente, formava um conjunto de pistas clínicas a serem articuladas numa conclusão lógica. Além disso, é provável que outros elementos não descritos no artigo tenham entrado na produção da reconstrução winnicottiana, já que as narrativas psicanalíticas – dado o tipo de material inefável e fugidio com que lidam – são sempre incompletas.

O que foi significativo, entretanto – Winnicott nos conta –, é que essa reconstrução provocou uma mudança significativa na associação que a paciente mantivera com a fantasia de espancamento por toda a vida, permitindo, assim, a finalização da análise. Enfim, ela podia livrar-se de algo extremamente pesado e desconfortável, que carregara toda a vida como se fosse um mecanismo seu, a fim de manter minimamente um contato afetivo com a sua mãe.

Conta Winnicott que, quando a paciente ficou mais velha, a mãe tornou-se disponível, muito embora como uma amiga de qualidade triste e sofredora. O que evidencia que ele acompanhou o caso, após a finalização da análise, durante um bom tempo. Como era, aliás, o seu costume.

Concluindo

O princípio de construção ou reconstrução, em análise, remonta à prática do criador da psicanálise, muito embora – devido à centralidade que o complexo de Édipo veio a ocupar na sua teoria – as reconstruções sejam sempre realizadas com a finalidade de recuperar a história sexual dos pacientes, os acontecimentos traumáticos envolvendo a elaboração edipiana, seus avatares, as marcas e fantasias daí decorrentes e seu papel na formação dos sintomas mórbidos presentes.

Com Winnicott, a ferramenta psicanalítica ganha uma função diferente, já que pretende abarcar períodos precoces, nos quais o bebê ainda não tem uma sexualidade constituída,[3] lançado que está, simplesmente, no esforço de manter-se vivo, numa continuidade de ser (*going on being*), sustentado por seu meio ambiente. Ou seja, envolvendo marcas traumáticas que sequer adquiriram um significado singular, uma *representação* (no sentido freudiano do termo), para que pudessem ser recalcadas; que permanecem assim, como *fantasmas errantes*, marginais à psique infantil, dada a imaturidade do bebê quando elas aconteceram; e que dependem, nesse sentido, desse processo de reconstrução transferencial para se processarem como experiência plena e adquirirem algum significado.

Entretanto, a que pesem as diferenças entre as duas práticas, advindas das concepções teóricas distintas dos dois autores, a construção permanece como uma ferramenta clínica de grande utilidade, indispensável a qualquer processo psicanalítico no qual a recuperação da história de vida do paciente ocupe um lugar central.[4]

Referências

Ferenczi, S. (1993). O sonho do bebê sábio. In S. Ferenczi, *Obras completas* (Vol. III, p. 207). Martins Fontes. (Trabalho original de 1923)

---

3 Essa problemática da sexualidade infantil, no pensamento de Winnicott, é bastante complexa, e fugiria completamente aos objetivos desse artigo alongar-me nela, porque já foi tratada de forma exaustiva anteriormente (Naffah Neto, 2017) e constitui um dos capítulos da presente coletânea.

4 Obviamente, estão excluídas daí as clínicas psicanalíticas que trabalham exclusivamente como o "aqui e agora" transferencial e para as quais a reconstrução do passado não adquire qualquer sentido analítico importante.

Freud, S. (1986). Construcciones en el análisis. In S. Freud, *Obras completas* (pp. 255-270). Amorrortu. (Trabalho original publicado em 1937)

Freud, S. (2010). História de uma neurose infantil ("O homem dos lobos"). In S. Freud, *Obras completas* (Vol. 14, pp. 9-160, Trad. Paulo César de Souza). Companhia das Letras. (Trabalho original publicado em 1918[1914])

Freud, S. (2010). "Batem numa criança": contribuição ao conhecimento da gênese das perversões. In S. Freud, *Obras completas* (Vol. 14, pp. 293-327, Trad. Paulo César de Souza). Companhia das Letras. (Trabalho original publicado em 1919)

Leclaire, S. (1977). O corpo da letra ou o enredo do desejo da letra. In S. Leclaire, *Psicanalisar* (pp. 65-80). Perspectiva.

Naffah Neto, A. (2017). A problemática da sexualidade infantil segundo D. W. Winnicott: desfazendo mal-entendidos. In A. Naffah Neto, *Veredas psicanalíticas: à sombra de Winnicott* (pp. 32-57). Novas Edições Acadêmicas. (Artigo originalmente publicado em 2014)

Winnicott, D. W. (1997). Psychogenesis of a beating fantasy. In D. W. Winnicott, *Psycho-Analytic Explorations* (pp. 45-48). Harvard University Press. (Trabalho original publicado em 1958)

Winnicott, D. W. (1997). The use of an object and relating through identifications. In D. W. Winnicott, *Psycho-Analytic Explorations* (pp. 218-228). Harvard University Press. (Trabalho original publicado em 1968)

GRÁFICA PAYM
Tel. [11] 4392-3344
paym@graficapaym.com.br